Chikhi / Schönenbach (Hrsg.)

Ich will frei sein, nicht mutig

Gewidmet allen säkularen, universalen Feministinnen,
besonders jenen, die im Stich gelassen wurden

Naïla Chikhi / Rebecca Schönenbach (Hrsg.)

Ich will frei sein, nicht mutig

FrauenStimmen gegen Gewalt

Alibri Verlag
Aschaffenburg

2021

Alibri Verlag
www.alibri.de
Mitglied in der Assoziation Linker Verlage (aLiVe)

1. Auflage 2021

Umschlaggestaltung: Claus Sterneck

Druck und Verarbeitung: druck-24h, Białystok

ISBN 978-3-86569-328-0

Inhaltsverzeichnis

Lale Akgün

Vorwort

Die marokkanische Autorin Fatima Mernissi schrieb schon 1975 in ihrem Buch *Geschlecht, Ideologie, Islam*, dass die Sexualität in der islamischen Welt territorial sei. Damit meinte sie die Regulierung der Sexualität durch die räumliche Trennung von Frauen und Männern – wobei jedem dieser Räume eine geschlechtsspezifische Bedeutung beigemessen wird.

Diese räumliche Trennung wird fortgeführt, indem den Frauen eine Verschleierung auferlegt wird, sobald sie den äußeren, männlich definierten Bereich betreten: die Straße. Genauer: Alle Orte außerhalb des eigenen Heims, wo die Frau sich unverschleiert bewegen darf, sofern kein fremder, nicht verwandter Mann anwesend ist.

Es ist bitter, dass Mernissis Worte heute noch so aktuell sind und dass sie in der Silvesternacht 2015/16 in Köln noch einmal akut wurden. Denn das, was Mernissi für die islamische Welt beschreibt, war durch Migranten nun nach Köln transportiert worden. Die Tatsache, dass sie abends allein unterwegs waren, wurde Hunderten von Frauen mitten in Köln zum Verhängnis.

In der Silvesternacht 2015/16 kam es am Kölner Hauptbahnhof zu einem bisher beispiellosen Ereignis. Über 1000 Frauen wurden von über 2000 Männern angepöbelt, sexuell belästigt und sogar vergewaltigt. Abgesehen von Kriegssituationen hatte es in Deutschland bisher keine derartige geplante Massenbelästigung und -vergewaltigung von Frauen gegeben. Die Täter stammten überwiegend aus den Maghreb-Staaten, vor allem aus Marokko, und dort vielfach aus den Slums von Casablanca. Über diesen Vorgang ist viel berichtet worden. Das Protokoll der Ereignisse kann in einem gut recherchierten Bericht auf der Webseite der Wochenzeitung *Die Zeit* abgerufen werden.[1]

Zehn Monate später war ich auf einer Tagung in Casablanca. Die anwesenden Marokkaner und Marokkanerinnen stammten durchweg aus der

Oberschicht Marokkos, einige waren auch aus Casablanca. Als diese aufgeklärten Marokkaner und Marokkanerinnen, die sich auch, aber nicht in erster Linie, als Muslime bezeichneten, mitbekamen, dass ich nicht nur aus Deutschland komme, sondern sogar aus Köln, suchten sie das Gespräch mit mir. Gemeinsam analysierten wir, was da in der Silvesternacht in Köln passiert war.

Die jungen Männer stammten alle durchweg aus der Unterschicht. Unterschicht bedeutet in diesen Ländern nicht nur Armut, sondern auch Bildungsferne und orthodoxe Frömmigkeit, mit all den Komponenten, die dazugehören. Beispielsweise zu behaupten, dass es für den Islam nicht akzeptabel sei, dass Menschen beider Geschlechter frei miteinander umgehen. Das Beisammensein von Männern und Frauen ist dabei Regeln unterworfen, die aus einem unheilvollen Cocktail von unterdrückter Sexualität, falscher Moral und religiösen Geboten, die schon den Jüngsten in den Koranschulen beigebracht werden, bestehen.

Für die meisten so sozialisierten Menschen gehört eine künstliche Trennung gewissermaßen prinzipiell zum Umgang der Geschlechter. Jede Kommunikation ist der konstruierten Annahme unterworfen, dass ein Mann und eine Frau, die nicht in direkter Linie miteinander verwandt sind, theoretisch Sex miteinander haben könnten und deswegen keinen normalen Umgang miteinander haben dürfen. Sie dürfen sich demnach nicht die Hände schütteln, nicht allein in einem Raum bleiben, nicht nebeneinandersitzen und letztlich auch nicht miteinander reden. So lernen die jungen Männer auch keinen angemessenen und Selbstbestimmung respektierenden Umgang mit dem anderen Geschlecht, denn auch das will eingeübt sein. Statt dessen lernen sie zu unterscheiden zwischen ehrbaren und den „anderen“ Frauen. Das bedeutet: die Aufteilung der Frauen in „ehrbare Frauen“ und „Huren“.

Die „ehrbaren Frauen“ sind die gehorsamen Frauen; diejenigen, die bereit sind, sich den Normen des Patriarchats zu unterwerfen; die bereit sind, machohaftes Verhalten als gelebte „Männlichkeit“ zu respektieren. Dies sind vor allem die Frauen der Familie: die Mutter, die Schwester, die Ehefrau. Deren „Ehre“, das heißt ihre sexuelle Unantastbarkeit, ist ein Tabu. Wer dieses Tabu bricht, muss mit Bestrafung rechnen, bis zum „Ehren“mord. Das kann die Frau aus dem eigenen Clan genauso treffen wie den Mann, der sich unerlaubt einer Frau der Familie genähert hat.

Die „anderen“ Frauen, die „Huren“, sind zugleich Objekte der Begierde und der Verachtung, mit denen man – überspitzt gesagt – so umgehen darf, wie am Kölner Hauptbahnhof geschehen. Diesen Frauen fehlt es angeblich an sittlicher Würde: sie gehören nicht zum inneren Kreis der Familie, sie sind – augenscheinlich – keine Musliminnen und laufen „halbnackt“ herum, was als Einladung zum Sex aufgefasst werden darf. Außerdem sind „die Deutschen“ ja freizügig. Nicht wenige Imame erzählen, dass der Genuss von Schweinefleisch das Gefühl der Eifersucht verschwinden lässt, weswegen „christliche“ (es wird hier ausschließlich in religiösen Kategorien gedacht) Männer nicht eifersüchtig seien. Diese „Religionslehrer“ unterstützen die jungen Leute dabei, sich selbst besser, wertvoller, ja moralischer zu fühlen, weil sie über den „liederlichen Werten“ der modernen und postmodernen Gesellschaft stehen.

Allerdings steckt in dieser nach außen demonstrierten Verachtung auch eine hohe Ambivalenz. Denn der Wunsch, am Leben der modernen Gesellschaft zu partizipieren, ist genauso groß wie das Wissen, dass man in einem Käfig voller religiöser Vorschriften steckt – im Heimatland wie auch in Deutschland. Das erzeugt eine große Wut, die sich ihren Weg bis zu den Frauen am Kölner Hauptbahnhof bahnte.

Natürlich waschen Imame und Islamfunktionäre nach jeder Ausschreitung ihre Hände in Unschuld und wiederholen mit schöner Regelmäßigkeit, „das habe mit dem Islam nichts zu tun“. Allerdings übersehen sie geflissentlich, dass die fundamentalistische Auslegung der Frauenfrage durch die Zweiteilung in „tugendhafte“ und „liederliche“ Frauen eine fatale Rolle spielt, weil sie sie religiös auflädt. Sie sind die Biedermänner der muslimischen Welt.

Mit dem Stempel „Keine tugendhafte Frau“ haben sie das Schutzrecht verwirkt und so wird auch die brutale Gewalt gegen Frauen und die Verletzung elementarer Persönlichkeitsrechte scheinbar legitimiert. Diese Frauen „verdienen“ es nicht besser, und nicht zuletzt deswegen – so die Rechtfertigung der Täter – dürfen sie sexuell belästigt werden.

Könnte man die ganze Absurdität und Frauenverachtung solcher Konstrukte treffender darstellen?

In Marokko – das gaben mir meine Gesprächspartner sehr deutlich zu verstehen – könnten diese jungen Männer niemals in der Weise auftreten, in der sie in Köln aufgetreten sind. Ganz einfach, weil die soziale Kontrolle sehr stark ist. Ein junger Mann, der in Casablanca eine junge Frau, und sei sie noch so aufreizend gekleidet, anpöbeln oder belästigen würde, müsste mit strengsten Sanktionen rechnen. Das ist in Deutschland nicht der Fall, weswegen einer meiner Gesprächspartner im Interview die Deutschen als „Muschis“ bezeichnete. Eigentlich ist die Erklärung in diesem Zusammenhang sehr einfach: unterdrückte Sexualität bricht sich Bahn, wenn die soziale Kontrolle – nur aus Angst vor Sanktionen aufrechterhalten – wegfällt, wenn ethische Werte nicht internalisiert worden sind. Sexualität lässt sich aber nicht einfach wegdrücken. Sexualität lässt sich vielleicht durch Selbstkontrolle im Zaum halten, jedoch nicht ignorieren.

Wir hielten im Gespräch fest: Bestimmte scheinheilige Islamauslegungen bereiten nicht nur muslimischen Männern und ihrer Community Probleme, sondern auch Außenstehenden, zu denen auch liberale Muslime zählen, wenn diese andere Werte vertreten. In dieser rigiden Religiosität fehlt der Respekt vor Andersglaubenden und Andersdenkenden, und es fehlen Aufklärung und Empathie.

„Schicken Sie diese jungen Männer zurück!", sagten meine Gesprächspartner zum Schluss, „wir wissen, wie man mit ihnen umgehen muss, Sie leider nicht!"

Haben sie Recht? Ist unser Umgang mit diesen jungen, von den patriarchalen Strukturen des orthodoxen Islams geprägten jungen Männern falsch? Was muss geschehen, damit auch wir lernen, wie man mit ihnen umgeht? Und – müssen nicht vielmehr diese jungen Männer lernen, was normale Beziehung zwischen den Geschlechtern heißt?

Das sind im Grunde genommen rhetorische Fragen, trotzdem erlaube ich mir den Versuch einer Antwort.

Die erste Frage möchte ich mit einem lauten JA! beantworten. Ja, der Umgang ist falsch. Kommunikation ist die Kunst, so miteinander zu reden, dass der eine die Sprache des anderen versteht. Die Reaktion der liberal-bürgerlichen Gesellschaft: „Das finden wir aber gar nicht gut, was ihr da gemacht habt" entspricht unseren Vorstellungen von Ablehnung. Sie kommt jedoch bei den Tätern nicht als Geste der Ablehnung ihrer Taten an, sondern im besten Fall als Hinnahme, im schlechtesten Fall als Dummheit. Technisch gesprochen: Die Botschaft des Senders führt beim Empfänger nicht zur erwünschten Reaktion. Kann sie auch gar nicht, weil der Empfänger „diese" Sprache nicht versteht. Die Konsequenz aus einem so „laschen" Widerspruch hieße für die jungen Männer, genauso weiterzumachen wie bisher.

In diesem Zusammenhang fällt mir die sehr erfolgreiche Kampagne „lila Nadel"[2] in der Türkei ein. Obwohl die Gleichstellung von Männern und Frauen seit der Gründung der Republik rechtlich festgeschrieben ist, ist die Türkei immer noch ein Land mit zutiefst patriarchalen Strukturen, in dem sich zudem der orthodoxe Islam immer mehr ausbreitet. Aber die Türkei ist auch ein säkulares Land mit einer starken feministischen Bewegung. So ist es nachvollziehbar, dass sich viele Frauen nicht länger den „goldenen

Regeln“ des Patriarchats unterwerfen wollen. Sie kennen die ungeschriebenen Gesetze, wonach wahrlich tugendhafte Frauen stillhalten müssen, unsichtbar, geduldig und unterwürfig. Selbst wenn die Frauen Opfer sind, müssen sie sich an diese Regeln halten, weil sie angeblich auch dann schuldig sind. Denn Frauen sind bekanntlich immer schuldig.

Ende der 80er Jahre platzte den türkischen Feministinnen der Kragen. Ihnen war klargeworden, dass freundliches Bitten um mehr Gleichberechtigung nicht zu dem erwünschten Erfolg führen würde. Es mussten andere Maßnahmen her, Maßnahmen, die diese Männer „verstehen“ würden. Unter dem Motto „Schweig nicht, schrei und stich mit der lila Nadel zu“ starteten sie am 2. November 1989 mit einer Kampagne und verkauften lila Nadeln auf den Bosporus-Dampfern Istanbuls. Die vorausgegangene Stellungnahme machte den Männern klar, worum es ihnen ging:

> „Diese Welt, dieses Land, diese Stadt gehören nicht nur Männern. Die Straßen und die Gassen dieser Welt, dieses Landes, dieser Stadt gehören nachts nicht nur Männern. Uns Frauen gehören nicht nur die Häuser, sondern auch die Straßen, in die sich diese Häuser öffnen. Deswegen wehren wir uns gegen diejenigen, die uns das Leben in diesen Straßen, diesen Gassen schwermachen. Wir wehren uns gegen die Männer, die durch Blicke, durch Zurufe, durch Grabschen, und – wenn sie die Möglichkeit dazu bekommen – durch Vergewaltigung dafür sorgen, dass wir es als Frauen bereuen, überhaupt auf die Straße gegangen zu sein. Wir wehren uns ebenso gegen die Institutionen, die den Männern dieses Verhalten ermöglichen, sei es durch Wegschauen, sei es durch Wohlwollen.
>
> Wir Frauen werden, an welchem Ort auch immer, zu welcher Uhrzeit auch immer, in welcher Kleidung auch immer, den Kopf hochhalten. Wir werden uns nicht schuldig fühlen, weil wir sexuelle Gewalt erfahren haben, sondern diejenigen beschuldigen, die sexuelle Gewalt ausüben. Unsere Solidarität ist unsere Stärke. Diese Welt, diese Stadt, diese Straßen und Gassen werden andere sein, Tag und Nacht. Schäm Dich nicht, schrei! Schweig nicht, stich zu!“

Den Frauen war es bitterernst. Die Nadel mit dem lila Kopf signalisierte allen Männern „wenn Du Deine Grenzen nicht einhältst, dann wirst du in deine Schranken gewiesen“. Sie haben gehalten, was sie versprochen haben und zugestochen! Eine Freundin, die in einem Sammelbus in Ankara einem Grabscher neben sich in ziemlich intime Körperteile gestochen hatte, erzählte später lachend, er hätte keinen Mucks von sich gegeben. Das ist eine saubere Kommunikation. Die Männer der Resterampe des Patriarchats verstehen diese Sprache. Wer in autoritären Verhältnissen erzogen worden ist, hat vor Autoritäten Respekt, auch wenn die Autorität aus einer ziemlich großen Nadel besteht.

Meine Antwort auf die zweite Frage wäre daher: Lernen Sie von den türkischen Feministinnen, wie man mit sexuell Übergriffigen umgeht. Sie müssen ja nicht gleich mit einer lila Nadel zustechen, sondern nur konsequent reagieren.

Und das heißt nicht „Alles verstehen, heißt alles verzeihen". Vielleicht ein guter Kalenderspruch, aber völlig unpassend im Zusammenhang mit der Silvesternacht 2015/16, in der es zu massiver Gewalt kam, der auch mit lila Nadeln nur schwer zu begegnen gewesen wäre. Natürlich kann man die Taten der jungen Männer erklären, sollte diese jedoch nicht isoliert von ihrer familiären, gesellschaftlichen und kulturellen Herkunft betrachten. Man sollte auch nicht ent-schuldigen, was nicht zu ent-schuldigen ist – wenn man mit dem Begriff Schuld überhaupt operieren möchte, denn es geht um Verantwortung. Wenn jemand die übergriffigen Männer ent-schuldigen könnte, dann allein die Opfer und nicht irgendwelche Figuren aus Politik und Feuilleton.

Wir leben in einer multikulturellen und multireligiösen Gesellschaft, und das ist auch gut so. Denn dieses Zusammenleben birgt sehr viele Chancen, gerade für Europa, wenn es nicht erstarren will. Allerdings muss man den Mut haben, einzugestehen, dass multireligiöse und multikulturelle Gesellschaften konfliktreiche Gesellschaften sind. Die unterschiedlichsten Weltanschauungen, kulturellen und religiösen Traditionen und Praktiken stoßen aufeinander, und sie widersprechen sich an vielen Punkten. Wer hat Recht? Was ist richtig? Wie schaffen wir es, friedlich zusammenzuleben?

Ich meine, vor allem durch unseren säkularen Rechtsstaat, der sich auf die Menschenrechte bezieht. Eine Staatsform, die auf der Trennung von Staat und Weltanschauungen aufgebaut ist. Zu diesen Weltanschauungen zählen auch die verschiedenen Religionen. Es mag ja sein, dass nach bestimmten religiösen Vorstellungen die Stellung von Mann und Frau unterschiedlich ist. Den säkularen Rechtsstaat hat es aber nicht zu interessieren, was die eine oder andere Religion behauptet, weil der Staat keine Religion hat. Und bindend für alle ist letztendlich das säkulare Rechtssystem, das die Gleichberechtigung von Frauen und Männern festlegt.

Doch oft werden Religion und Tradition jenseits des staatlichen Eingriffs dazu missbraucht, patriarchale Strukturen zu rechtfertigen. Diese unselige Allianz von Religion und Patriarchat sorgt seit Jahrhunderten für die Unterdrückung der Frau.

Neben einem säkularen Staat, der die Religion in ihre Schranken weist, brauchen wir eine Gesellschaft, die die Männer in ihre Schranken weist.

Auf der Konferenz in Casablanca waren meine Gesprächspartner und ich uns in einem Punkt einig: Wer Frauen stärken will, muss die Frauenrechte stärken. In jeder Hinsicht.

Uneins waren wir uns in der dritten Frage, auf welche Weise die nachzuholende Erziehung dieser jungen Männer erfolgen sollte, damit sie lernen, was Gleichberechtigung von Mann und Frau bedeutet. Die Antwort auf diese Frage – das wäre wohl ein weiteres Buch.

Anmerkungen

1 Mohamed Amjahid / Christian Fuchs / Vanessa Guinan-Bank / Anne Kunze / Stephan Lebert / Sebastian Mondial / Daniel Müller / Yassin Musharbash / Martin Nejezchleba / Samuel Rieth: Was geschah wirklich?, in: ZEITmagazin Nr. 27/2016; https://www.zeit.de/zeit-magazin/2016/27/silvesternacht-koeln-fluechtlingsdebatte-aufklaerung (aufgerufen am 15.12.2020).

2 Karakuş, Filiz: 2 Kasım 1989: Mor İğne kampanyası başlatıldı; catlakzemin.com; https://www.catlakzemin.com/2-kasim-1989 (aufgerufen am 15.12.2020).

Naïla Chikhi / Rebecca Schönenbach

Einführung

Der durch die Aufklärung herbeigeführte, grundlegende Wandel der westlichen Gesellschaften förderte gleichzeitig ein Umdenken der tradierten religiös-patriarchalen Geschlechterrollen. Er führte unter anderem zur Zurückweisung des religiösen Absolutheitsanspruchs, zur Verlagerung des Glaubens in die Privatsphäre, zur Trennung der Religion vom Staat, zur Modernisierung des Bildungssystems sowie zur Anerkennung der Menschenrechte als universell, unveräußerlich und unteilbar.

So definierten die Pionierinnen der Frauenrechtsbewegung die Stellung der Frau in der Gesellschaft sowie ihren Status als Bürgerin neu. Erste klare Forderungen wie die Anerkennung der Menschenwürde der Frau wurden formuliert. Nach mehreren Jahrzehnten des Kampfes und trotz des weitverbreiteten frauenfeindlichen Klimas erlangten Frauen die Durchsetzung individueller und bürgerlicher Rechte für die Frau.

In der Tradition ihrer Wegbereiterinnen erhoben die Feministinnen der zweiten Frauenbewegung in den 1970er Jahren ihre Stimmen gegen die weiterhin bestehende, vermeintlich göttliche Geschlechterordnung. Sie kämpften für die weitere Frauenemanzipation aus der patriarchalen Bevormundung, für gesellschaftliche, sexuelle, strukturelle und wirtschaftliche Mündigkeit. Beruhend auf dem Prinzip der Gleichheit aller Menschen und aus feministischer Solidarität sollten die in Europa und den USA erlangten Rechte und Freiheiten für alle Frauen rund um den Globus gelten.

Auch wenn die Gleichberechtigung der Geschlechter selbst in den demokratischen und westlichen Gesellschaften immer noch nicht in allen Lebensbereichen durchgesetzt ist, ist ihre gesetzliche Verankerung eine der wichtigsten feministischen Errungenschaften. Ebenso bedeutend sind die internationalen verbindlichen Bestimmungen zur Beseitigung aller geschlechtsspezifischen Diskriminierungs- und Gewaltformen, wie die Charta der Grundrechte der Europäischen Union, die in der universellen

Menschenrechtserklärung garantierte Gleichberechtigung sowie die in der Istanbul-Konvention formulierten Rechte der Frauen.

Die Errungenschaften der zweiten Frauenbewegung ließen in den vergangenen Jahren den Eindruck entstehen, dass frauenverachtende religiöse Normen und unterdrückerische, patriarchale Strukturen zum größten Teil überwunden seien. Die Ära der individuellen Freiheit und Selbstbestimmung aller Frauen sei eingeläutet.

Diese Phase des Fortschritts war in den sogenannten islamischen Gesellschaften allerdings von sehr kurzer Dauer. In den unlängst von den Kolonialmächten befreiten Ländern breitete sich eine totalitäre Ideologie aus: Der Islamismus. Ein wesentliches Merkmal dieser Strömung ist seine Frauenverachtung, die sich vornehmlich aus repressiven Normen und einer rückwärtsgewandten, religiösen Sexualmoral nährt. Durch die Propaganda der Islamisten und aufgrund der instabilen politischen und wirtschaftlichen Lage in diesen Ländern konnte sich auch der Frauenhass dieser Ideologie schnell in den Köpfen einnisten. Von da an mussten muslimische Frauen erneut auf bitterste Weise die Brutalität der Allianz zwischen Patriarchat und religiösem Fundamentalismus erfahren. Im Gegensatz zu der zeitgleich in Europa entstandenen Frauenbewegung wurde die Einforderung der Gleichberechtigung in islamischen Gesellschaften zum Stillstand gebracht. Seit über 40 Jahren appellieren muslimisch sozialisierte, universale und laizistische Feministinnen mit aller Kraft an ihre westlichen Mitstreiterinnen. Zum einen hoffen sie auf die eigentlich selbstverständliche, feministische Solidarität und zum anderen wollen sie ihre Gefährtinnen vor der auch sie bedrohenden Gefahr warnen. Bis heute finden diese Frauenstimmen so gut wie kein Gehör.

Grund dafür ist ein Mentalitätswandel im „Abendland“. Nach dem emanzipatorischen, religionskritischen und revolutionären Geist der zweiten Frauenbewegung, die ihren Nachkommen ermöglichte, vererbte, jedoch nicht selbst erkämpfte, Freiheiten zu genießen, entstand eine neue Auffassung von Gleichberechtigung. Gleichberechtigung wurde nun für Gruppen gefordert, deren Diskriminierung als wichtigeres Anliegen bewertet wurde als der Erhalt der Grundrechte für Frauen, da letztere als gegeben angenommen werden.

Einer der beispielhaften Momente dieses Backlash ist die Debatte nach der massenhaften, sexuellen Gruppengewalt gegen Frauen in der Silvesternacht 2015/16. Eine Diskussion über die Gruppengewalt gegen Frauen, ihre Hintergründe und mögliche Prävention verebbte oder wurde von rechtspopulistischen Kräften instrumentalisiert. Dominiert hat vor allem der anti-rassistische Intersektionalismus, dessen Betonung des Schutzes von Religionen und Minderheiten die Rechte der Frauen wieder ins Abseits geraten lässt.

Doch die Gleichberechtigung aller Frauen sollte ein Kernanliegen aller fortschrittlichen Kräfte sein. Sie sollte nicht hinter Partikularinteressen von Parteien oder gesellschaftlichen Gruppen zurücktreten. Deshalb beschlossen wir Frauen, uns dieses Thema wieder anzueignen, indem wir mit diesem Buch Frauen eine Stimme verleihen. Die Autorinnen stammen aus verschiedenen Ländern und Kulturen, haben unterschiedliche religiöse Überzeugungen, Weltanschauungen und sexuelle Orientierungen. Sie sind verschiedenen Alters und verschiedener Bildung, wohnen in unterschiedlichen Bundesländern und kannten sich meist nur vom Namen her. Allen diesen Frauen stellten wir nur eine gleiche Aufgabe: Ausgehend von der Silvesternacht 2015/16, lasst eure Stimmen hören!

Umso überraschender ist das Ergebnis, das wir hier vorstellen dürfen: Alle Autorinnen vertreten den universalen Feminismus und sehen in der säkularen Demokratie das Fundament zur Förderung und Wahrung der in Deutschland geltenden Gleichberechtigung der Geschlechter. Obwohl die Autorinnen aus unterschiedlichen Perspektiven an das Thema herangegangen sind, weisen sie auf das Gleiche hin: Wo Islamismus Raum gegeben wird, steigt die Gewalt gegen Frauen. Wie und wodurch die Gesellschaft dem Islamismus Raum gibt, wird in den Essays der Autorinnen aus unterschiedlichen Blickwinkeln beschrieben und analysiert.

Vor allem in einer Zeit, in der fundamentalistische und identitäre Strömungen erstarken, sollten wir uns stets an die Worte von Simone de Beauvoirs erinnern: „Vergesst nicht, es genügt eine politische, ökonomische oder religiöse Krise – und schon werden die Rechte der Frauen wieder infrage gestellt. Diese Rechte sind niemals gesichert. Ihr müsst lebenslang auf der Hut sein.“

Heute noch erheben Frauen rund um den Globus ihre Stimmen für die Universalität und Achtung der Menschenrechte und Gleichberechtigung für alle Frauen – auch in den Ländern, in denen der Islamismus Einzug gehalten hat, und das nicht selten unter Gefahr für Leib und Leben. Bei den Demonstrationen für Würde, Gleichberechtigung und Demokratie am 8. März 2020 in Algerien hielt eine Demonstrantin ein Plakat hoch:

> „Quand je sors, je veux être libre, pas courageuse.“
>
> „Wenn ich ausgehe, will ich frei sein, nicht mutig.“

Hört ihre Stimme. Für alle Frauen, in jedem Land und zu jeder Zeit gilt: Wir wollen frei sein!

Naïla Chikhi & Rebecca Schönenbach November 2020

Rebecca Schönenbach

Über die Opfer islamischer Extremisten und die Gatekeeperinnen der Debatte

In den letzten Jahren fand in den sozialen Netzwerken eine breite, öffentliche Debatte über Sexismus und sexuelle Gewalt statt. Gleichzeitig wurde die Diskussion über jene Formen der Gewalt verweigert, deren häufigste Opfer Musliminnen sind. Dieser Essay untersucht den Mechanismus, der zu diesem widersprüchlichen und schädlichen Umgang mit Gewalt gegen Frauen führt.

Die Gatekeeperinnen des sozialen Friedens

Seit Jahren werden in Deutschland intensiv Debatten über Sexismus und sexuelle Gewalt in den sozialen Medien geführt, an denen sich alle Nutzer beteiligen können. 2013 initiierte Anne Wizorek die Hashtag-Kampagne *#aufschrei*. Zeitgleich wurde der damalige Spitzenkandidat der FDP, Rainer Brüderle, im Magazin *Der Spiegel* der sexuellen Belästigung beschuldigt. Tausende Frauen teilten daraufhin alltägliche, sexistische Vorkommnisse auf Twitter. Die schiere Zahl der Tweets bewirkte, dass die Erfahrungen der Frauen ernst genommen wurden. Wurden entsprechende Berichte vorher mit dem Hinweis auf rein subjektives Erleben abgewehrt und abgewertet, machte die Masse der Wortmeldungen deutlich, dass zwar jede einzelne Erfahrung subjektiv, aber das Phänomen Alltagssexismus nicht mehr zu leugnen ist. 2017 entstand mit *#metoo* eine Kampagne, durch die weltweit hunderttausende Frauen von Belästigungen und Übergriffen berichteten. Diesmal fiel die Kampagne mit den Vorwürfen gegen den Hollywood-Produzenten Harvey Weinstein zusammen. Auch zahlreiche prominente Schauspielerinnen teilten erstmals Erlittenes öffentlich. Mit *#metoo* wurde zudem postuliert, dass der Maßstab für Belästigung das

Empfinden der Frau ist, egal, ob es sich um einen Blick, einen Satz oder körperlichen Kontakt handelt – fühlt sich die Adressatin belästigt, ist es ein Übergriff. Die Hashtag-Kampagnen hatten weit über die sozialen Netzwerke hinaus Wirkung. Das Thema wurde noch im selben Monat im Europäischen Parlament diskutiert, Politikerinnen traten für mehr Maßnahmen gegen Sexismus ein. Die Leiterin der Antidiskriminierungsstelle des Bundes forderte eine Beratungsstelle für Schauspielerinnen, die nachfolgend mit Bundesmitteln gegründet wurde. Neben staatlich finanzierten Projekten gegen Sexismus on- und offline führten die Kampagnen auch zu realen Veränderungen im Sprachgebrauch. So wurden Redaktionen auf die verniedlichende Wirkung von Bezeichnungen wie Beziehungsdrama oder Sex-Skandal für Partnerschaftsgewalt und Vergewaltigung hingewiesen.

Schon beim *#aufschrei* 2013 bestanden die mittlerweile als Netzfeministinnen bezeichneten Frauen darauf, sexuelle Gewalt als strukturelle Gewalt der Gesellschaft zu diskutieren. Sexismus sollte nicht losgelöst von anderen Diskriminierungsformen aufgrund von Hautfarbe, Religion, sexueller Orientierung, Herkunft oder Behinderung betrachtet werden. Strukturelle Gewalt definiert die Zentrale Informationsstelle autonomer Frauenhäuser folgendermaßen:

> „Gewalt, die gesellschaftlich verankert ist und die ohne einen einzelnen Täter auskommt, wird als strukturelle oder indirekte Gewalt bezeichnet. Auch von struktureller Gewalt sind einzelne Individuen betroffen. Im Fall von struktureller Gewalt ist es aber unmöglich geworden deren Folgen auf konkrete Personen als 'Täter' zurückzuführen. Hier treten nicht Personen in Erscheinung, die anderen direkten Schaden zufügen. Die Gewalt ist systemimmanent und äußert sich in ungleichen Machtverhältnissen und folglich in ungleichen Lebenschancen."

Vereinfacht gesagt wird strukturelle Gewalt durch diejenigen ausgeübt, die gesellschaftliche Macht innehaben und Mitglieder gesellschaftlich benachteiligter Bevölkerungsgruppen diskriminieren. Um gegen strukturelle Macht vorzugehen, müssen die Abhängigkeitsverhältnisse berücksichtigt und Schwächere vor weiterer Diskriminierung geschützt werden.

Vor diesem Hintergrund starteten die Netzfeministinnen nach den Übergriffen in der Silvesternacht 2015 die Kampagne *#ausnahmslos*. In dem begleitenden Aufruf forderten sie:

> „Der konsequente Einsatz gegen sexualisierte Gewalt jeder Art ist unabdingbar und von höchster Priorität. Es ist für alle schädlich,

> wenn feministische Anliegen von Populist_innen instrumentalisiert werden, um gegen einzelne Bevölkerungsgruppen zu hetzen, wie das aktuell in der Debatte um die Silvesternacht getan wird. Sexualisierte Gewalt darf nicht nur dann thematisiert werden, wenn die Täter die vermeintlich 'Anderen' sind: die muslimischen, arabischen, Schwarzen oder nordafrikanischen Männer – kurzum, all jene, die rechte Populist_innen als 'nicht deutsch' verstehen. Sie darf auch nicht nur dann Aufmerksamkeit finden, wenn die Opfer (vermeintlich) weiße Cis-Frauen sind. Der Einsatz gegen sexualisierte Gewalt muss jeden Tag ausnahmslos politische Priorität haben, denn sie ist ein fortwährendes Problem, das uns alle betrifft."
>
> Und weiter: „Das Problem des Sexismus und der sexualisierten Gewalt darf nicht 'islamisiert' und damit pauschal einer Religion und ihren – häufig vermeintlichen – Angehörigen zugeschrieben werden. Damit werden mindestens 5 Millionen Menschen in Deutschland unter Generalverdacht gestellt. Redaktionen sollen reißerische und stigmatisierende Deutungen vermeiden, denn diese ziehen konkrete negative Folgen für Mitglieder unserer Gesellschaft nach sich."

Die Netzfeministinnen waren mit dem Gedanken nicht allein. Ohne ahnen zu können, was sich in jener Nacht abspielen würde, stand die voraufgezeichnete Neujahrsansprache von Bundeskanzlerin Merkel in der Silvesternacht 2015 unter dem Motto „Wir dürfen uns nicht spalten lassen". Sie bezog sich auf die vorherige Kritik durch Rechtsaußen an der Flüchtlingspolitik und warnte davor, Menschen auszugrenzen. „Wir dürfen uns nicht spalten lassen" wurde in den nachfolgenden Jahren zu einem politischen Mantra, das nach jedem Gruppenübergriff auf Frauen und nach jedem Terroranschlag wiederholt werden sollte.

Die Warnungen der Bundeskanzlerin wie die der Netzfeministinnen kamen nicht von ungefähr. Wie zuvor bei der Kritik an Einwanderungs- und Asylpolitik besetzte Rechtsaußen auch nach Köln schnell das politische Feld. Sie verlangten eine sofortige Grenzschließung, prägten ihrerseits Hashtags wie das rassistische *#Krimigranten*, und beschuldigten Flüchtlinge pauschal, Frauen zu überfallen.

Doch machten die Netzfeministinnen leider den gleichen Fehler wie die von ihnen kritisierten rassistischen Rechtsaußen: Sie ordneten alle Migranten aus islamischen Ländern, die zitierten „5 Millionen Menschen", als Muslime ein. Sie zwangsislamisieren damit diese Menschen, von denen viele Christen, Jesiden oder Atheisten sind oder sich als nicht gläubige Kulturmuslime definieren. Netzfeministinnen sowie Rechtsaußen kollektivieren beide Menschen aus islamischen Ländern über ihre Herkunft pauschal als Muslime. Die „häufig vermeintlichen Angehörigen" in der Stellungnahme zur Kampagne *#ausnahmslos* wurde gemeinhin darauf bezogen, dass die Täter keine Muslime gewesen sein könnten, da sie sich unislamisch verhalten und Alkohol getrunken hätten. Im nächsten Satz werden dann wieder alle 5 Millionen Menschen in Deutschland mit Migrationshintergrund aus islamischen Ländern zu einer Gruppe erklärt – und so paradoxerweise unter Generalverdacht gestellt. Denn durch die Zuordnung der Täter zu einer Gruppe der Muslime wird verhindert, zwischen Täter sein und Muslim sein zu unterscheiden. Wenn die Ursachen einer Tat nicht analysiert werden dürfen – nicht „zwangsislamisiert" werden dürfen –, aber alle Muslime als Gruppe kollektiviert werden, werden alle Muslime auch mit den Tätern in Verbindung gebracht. Muslimen wird damit jede Individualität und individuelle Verantwortung für ihr Handeln abgesprochen. Aber nur die Täter sind als Individuen für ihre Übergriffe verantwortlich, nicht Menschen, die zufällig die gleichen Diskriminierungsmerkmale mit den Tätern teilen. Erst die Gleichsetzung von Individuen mit Gruppen entlässt einen Täter aus seiner individuellen Verantwortung. Wer Täter und Ursachen der Tat nicht benennt, bezichtigt ungewollt alle Menschen mit den gleichen Zuschreibungsmerkmalen des Verhaltens dieser Täter. Der Aufruf *#ausnahmslos* bekämpfte damit nicht Sexismus in jeder Form, sondern wurde zur rassistischen Umkehrung seines durch die Urheberinnen im Wortsinn beabsichtigten Zwecks, indem er Muslime ausnahmslos mit Tätern gleichsetzte.

Frauenrechte und Religionskritik

Jene Frauen um Wizorek, die so erfolgreich durchsetzten, unhinterfragt gehört zu werden, wurden zu Gatekeeperinnen der Debatte über Gewalt gegen Frauen. Der Aufruf *#ausnahmslos* wurde von mehreren Spitzenpolitikerinnen unterzeichnet, darunter Renate Künast, Katja Kipping, Claudia Roth und der damaligen Familienministerin Manuela Schwesig. Der Versuch, Leitplanken für die Debatte um die Übergriffe an Silvester 2015 festzulegen, dominierte die Debatte nach Silvester. Einer der meist diskutierten Texte in den sozialen Medien war der Artikel „Warum habt ihr keinen Respekt?" der Journalistinnen Dagmar Dehmer und Andrea Dernbach im *Tagesspiegel* vom 10. Januar 2016. Während sich die einen nur über die in ihren Augen verharmlosenden Aussagen der Journalistinnen ärgerten, die die Täter als sozial ausgegrenzte Kleinkriminelle darstellten, verwiesen die anderen auf den langen Abschnitt über den jahrzehntelangen Kampf gegen sexualisierte Gewalt in Deutschland. Letztere Fraktion, die „Fraktion strukturelle Gewalt ist überall gleich", pflichtete den Autorinnen bei, dass sexualisierte Gewalt ein Deutschland innewohnendes Phänomen sei, die Übergriffe an Silvester daher nicht singulär, sondern vielmehr struktureller Gewalt zuzurechnen. Obwohl die Autorinnen gefordert hatten, über und mit den Opfern zu reden, taten das weder sie noch ihre Kontrahenten. Diese Fraktion, die „Fraktion Feminismus ist überflüssig", stritt hauptsächlich ab, dass es in Deutschland überhaupt weit verbreiteten Sexismus und sexuelle Gewalt gibt. Sie leugnete, dass Gewalt gegen Frauen hauptsächlich im privaten Umfeld stattfindet und ihr fast alle Frauen durch Täter der Mehrheitsgesellschaft ausgesetzt sind. Stattdessen behauptete die „Fraktion Feminismus ist überflüssig" lieber einen pauschalen Zusammenhang zwischen sexueller Gewalt gegen Frauen und Migration. Die „Fraktion strukturelle Gewalt ist überall gleich" unterstützte Dehmer und Dernbach. Sie sah Gewalt gegen Frauen als der Gesellschaft inhärentes Problem. Aus dieser Sicht gab es keinen Grund, die Täter von Köln anders zu charakterisieren als deutsche Täter ohne Migrationshintergrund. Herkunft und Religion der Täter sollten höchstens als Diskriminierungsmerkmale berücksichtigt werden, wenn Diskriminierungserfahrung ursächlich für ihre Gewalt sein könnte. Andernfalls solle sich die Diskussion um strukturelle Gewalt gegen Frauen drehen.

Beide Pole übersahen einen verstörenden Aspekt des Artikels. Nach den Ausführungen über den langen Kampf der Frauenbewegung gegen sexuelle Gewalt verweisen die Autorinnen auf die erneuten Vorfälle sexueller Gewalt in der katholischen Kirche und schreiben dazu: „An der etablierten Rolle der Institution Kirche in Deutschland hat die jahrzehntelange Gewalt, die sie duldete, vertuschte und strukturell förderte, nichts geändert."

Dabei ist es gerade der im Artikel beschriebenen Frauenbewegung zu verdanken, dass heute sexuelle Gewalt in und durch die Kirche öffentlich angeprangert wird. Ohne den erfolgreichen Kampf gegen das christliche „das Weib sei dem Manne untertan" und gegen die christliche Sexualmoral hätten Frauen die gesetzliche Gleichberechtigung nicht erlangen können. In den 1970er Jahren tanzten Frauen bewusst in der Walpurgisnacht durch die Straßen, um an die Hexenverfolgung der Kirche zu erinnern. Sie stellten sich gegen jede Gewalt, aber gerade gegen die Gewalt der Kirche gegen Frauen. „Wir erobern die Nacht zurück" hätte auch nach Köln gerufen werden können, denn es ging darum, sich Tag und Nacht angstfrei auf den Straßen bewegen zu können. Frauen wehrten sich gegen Beschuldigungen, durch ihren „unkeuschen" Minirock einen sexuellen Übergriff provoziert zu haben. Die christliche Sexualmoral wurde hauptsächlich auf Frauen angewandt. Bei Männern wurde „Du sollst nicht ehebrechen!" als ein eher vernachlässigbares Delikt gesehen, während Frauen sich sexueller Aktivität schämen sollten. Diese Doppelmoral der alles beherrschenden Schamkultur prangerte die 2. Frauenbewegung mit Erfolg an.

Vor allem in der Abtreibungsdebatte versuchten die Kirchen, ihre Macht geltend zu machen. Der Kölner Kardinal Höffner wetterte im Februar 1972: „Abgeordnete, die nicht bereit sind, die Unantastbarkeit menschlichen Lebens, auch des ungeborenen Kindes, zu gewährleisten, sind für einen gläubigen Christen nicht wählbar." Bis zur Reform des Abtreibungsparagraphen mit der Fristenlösung (und darüber hinaus) protestierten Frauen gegen die Kirche, die Frauen Schuld einreden wollte. Noch 1989, Jahre nach der Einführung der Fristenregelung, rief Erzbischof Dyba aus Fulda zu einem Trauerläuten der Kirchenglocken auf. Die Kirchenglocken sollten Frauen, die abtreiben wollten oder abgetrieben hatten, an das Jüngste Gericht erinnern. Auf Dybas Betreiben hin wurde das „Mahnläuten" gegen die Todsünde der Abtreibung auf der Bischofskonferenz beschlossen. Aber die Geistlichen hatten sich verrechnet. Trotz dieser massiven Angriffe erreichte die 2. Frauenbewegung, dass die Macht der Kirchen zurückgedrängt wurde. Kirchliche Arbeitgeber konnten Frauen, die sich scheiden ließen, nicht mehr entlassen. Durch die Frauenrechtlerinnen wurde häusliche oder sexuelle Gewalt nicht mehr totgeschwiegen, sondern öffentlich diskutiert und gebrandmarkt. Betroffene Frauen erlebten in den 1970er Jahren erstmals Solidarität, bekamen nicht nur Zuspruch, sondern konkrete Hilfe in neu erkämpften Frauenhäusern. Nicht zuletzt ist es der feministischen Rechtsanwältin Alexandra Goy zu verdanken, dass sexuelle Belästigung am Arbeitsplatz unter Strafe gestellt wurde und dass schließlich 1997 auch Vergewaltigung in der Ehe als Straftatbestand anerkannt wurde. Helke Sander griff in ihrer auf der 23. Delegiertenkonferenz des „Sozialistischen Deutschen Studentenbundes" 1968 gehaltenen Rede auf, dass „das Private politisch sei". Sie forderte die Männer auf, ihr Verhalten auch im privaten Bereich zu ändern. Nur durch Verhaltensänderungen der Männer konnten Frauen in allen Bereichen zu Ebenbürtigen werden.

Als Erzbischof Dyba Ende der 80er Jahre Frauen mit der Hölle drohte, bezeichnete der Grüne Bernd Messinger Dyba als Ayatollah von der Rhön. Damals war dem Grünen offensichtlich bewusst, dass es nicht nur im Christentum einen Zusammenhang von Religion und Frauenunterdrückung gibt. Tatsächlich ähnelten Dybas Ansichten denen der iranischen Ayatollahs, auf die Messinger anspielte, nicht nur bei Frauenrechten. Dyba bezeichnete beispielsweise in einem im Magazin Der Spiegel veröffentlichten Artikel Homosexualität als Degeneration. Heute würde keine Zeitung mehr einen solchen Artikel publizieren oder ein Bischof nach solchen Äußerungen wie Dyba zum Militärbischof der Bundeswehr avancieren. An der *„etablierten Rolle der Institution Kirche in Deutschland"* hat sich, anders als Dehmer und Dernbach behaupten, durchaus etwas geändert. Durch die Proteste der 2. Frauenbewegung wurde aber nicht nur die Macht der Kirchen zurückgedrängt, vor allem trat ein Wertewandel bei Gläubigen und Gesellschaft ein. Ohne die Wut und Ausdauer der Frauen der 2. Frauenbewegung wäre es nicht gelungen, die christlich fundierte Schamkultur durch scharfe Kritik an kirchlicher Moral zurückzudrängen, so dass es Frauen heute möglich ist, tausendfach sexuelle Gewalt und Belästigung mit Hashtag-Kampagnen öffentlich zu machen.

Mit der Forderung, Sexismus und sexualisierte Gewalt nicht zu „islamisieren", lehnten die Netzfeministinnen jede Diskussion von religiösen Ursachen für Gewalt gegen Frauen ab. Sie lehnten ab, sich über Ayatollahs zu unterhalten. Indem sie außerdem vor der Ausgrenzung ganzer Gruppen warnten, die sie selbst, ganz wie Rechtsaußen auch, konstruiert hatten, überließen sie das Feld der Kritik eben jenen Rechtsaußen.

Rassismus statt Religionskritik

So organisierte die AfD-Aktivistin Leyla Bilge 2018 zweimal einen „Frauenmarsch", um vorgeblich für das Recht auf Freiheit und Selbstbestimmung für Frauen zu demonstrieren. Nur stammt Bilge aus einem Umfeld, dass sich eher mit Frauenfeinden solidarisiert. So moderierte Bilge beispielsweise die Konferenz „Opposition heißt Widerstand" Jürgen Elsässers. Elsässer hielt über Jahre die Verbindungen zu den schiitischen Extremisten Özoguz, den Betreibern des vom Verfassungsschutz beobachteten MuslimMarktes, und begleitete 2012 Yavuz Özoguz sogar auf eine Reise in den Iran mit Privataudienz bei Ahmadinedschad. Im selben Jahr lud Elsässer einschlägige Vertreter der AfD zu einer seiner Konferenzen ein. Die Verbindungen von Rechtsaußen zu islamischen Extremisten sind keine Seltenheit. AfD-Vertreter bereisten 2018 und 2019 Syrien, um den Großmufti von Syrien und Vertreter Assads zu treffen. Beide gelten als Stellvertreter des iranischen Regimes, das Frauenverachtung im Iran gesetzlich verankert hat. Bilge selbst arbeitet für einen AfD-Bundestagsabgeordneten. Auf ihren Kundgebungen wurden denn auch AfD-Vertreter als Redner angekündigt. Die Überschneidungen zwischen AfD-Vertretern und islamischen Hardlinern ist wenig überraschend, denn die Familienpolitik der AfD stellt Frauenrechte hinten an und propagiert ein archaisches Frauenbild. Abtreibungsgegnerin Beatrix von Storch findet sich ebenso in dieser Partei wie Jungfunktionäre, die Frauen das Wahlrecht wieder entziehen möchten. Das angebliche Engagement für Frauenrechte ist vor diesem Hintergrund mehr als fragwürdig, es bleibt die polemische Gleichsetzung von Gewalt gegen Frauen mit Migration, die sich bei von Storch am 1. Januar 2016 so liest: „Was zur Hölle ist in diesem Land los? Wieso twittert eine offizielle Polizeiseite aus NRW auf Arabisch. Meinen Sie, die barbarischen, muslimischen, gruppenvergewaltigenden Männerhorden so zu besänftigen?“ AfD-Vertreter nutzen, wie von den Netzfeministinnen befürchtet, Frauenrechte als Vorwand, um gegen Menschen mit Migrationshintergrund zu hetzen. Nur ist die Gleichsetzung von Gewalttätern mit Muslimen eben auch Werk der „Netzfeministinnen“.

Feministische Religionskritik muss sich spätestens seit Silvester 2015 gleichermaßen gegen die Vereinnahmung durch Rechtsaußen wie gegen die Rassismusvorwürfe der Netzaktivistinnen wehren. Letztere verwechseln Religion mit angeborenen Merkmalen (wie im Übrigen auch die Ayatollahs im Iran) und liefern daher die Religionskritik dem Rassismus aus.

Die Leidtragenden dieser Polarisierung sind Musliminnen und andere Frauen aus islamischen Communitys. Deren Berichte über Gewalt gegen Frauen werden regelmäßig entweder instrumentalisiert oder ignoriert.

Frauenbewegung in islamischen Ländern

Dabei gibt es durchaus Musliminnen, die ihre Erfahrungen mit Sexismus und Belästigung genau so öffentlich machten wie *#metoo*. Auf Grund ihrer Berichte initiierte die ägyptisch-stämmige US-Amerikanerin Mona Eltahawy 2018 *#mosquemetoo*. Unter dem Hashtag posteten tausende Frauen

Übergriffe in Moscheen, in Koranschulen, durch Imame und während Pilgerreisen in Mekka sowie Repressionen durch Familie und Gesellschaft. Zeitgleich wurden immer mehr Anschuldigungen von sexueller Gewalt und Vergewaltigung durch den angesehenen europäisch-islamischen Vordenker Tariq Ramadan bekannt, Enkel des Gründers der extremistischen Muslimbrüder. Doch anders als bei Brüderle oder Weinstein befeuerte der prominente Fall die Aktion *#mosquemetoo* nicht. Schnell wurden Vorwürfe laut, die Kampagne befördere Islamophobie und Rassismus. Den Frauen wurde auf ihre Tweets geantwortet, sie sollten aufhören und Rassisten keinen Vorschub leisten. Es gab deutlich weniger Berichterstattung als bei *#metoo*, geschweige denn Forderungen von Politikerinnen in Europa, endlich etwas gegen besonders Musliminnen betreffende Gewalt zu unternehmen.

Während den Frauen der Mehrheitsgesellschaft Gehör geschenkt und jede Kritik an ihren Berichten als unsolidarisch und unempathisch abgelehnt wurde, wurde Musliminnen beschieden, dass sie ihre Erfahrung verschweigen sollten, damit ihre Peiniger nicht mit Kritik belästigt werden. Während die Opfer Harvey Weinsteins eine Welle an Solidarität erlebten, wurden die Opfer Tariq Ramadans in Frankreich von dessen Anhängern on- und offline verfolgt, beschimpft und bedroht, ohne Solidarität von anderen Frauen zu erfahren. Das Schweigen wurde mit den schon genannten Befürchtungen begründet, Diskriminierung Vorschub zu leisten. Unterstützt von der Behauptung, die Übergriffe unterschieden sich nicht von denen, die auf Frauen der Mehrheitsgesellschaft ausgeübt würden, die Nennung der Täter sei daher überflüssig.

Doch in islamischen Ländern greift diese Argumentation nicht.

In Algerien lancierte beispielsweise 2017 eine junge Frau einen Aufruf, nachdem sie zum Eid-Fest am Ende des Ramadans mit ihrer Familie am Strand war. Während des Ramadans hatten islamische Fundamentalisten Frauen in sozialen Medien bedroht, die es wagten, Bikini zu tragen. Aus Furcht vor Belästigung traute sich die junge Frau nicht, sich in Badekleidung zu zeigen. Nach diesem Erlebnis startete Sarah, die anonym bleiben wollte, auf Facebook eine private Gruppe und rief zur „Operation Bikini“ auf. Frauen verabredeten sich, um gemeinsam den öffentlichen Raum zurückzuerobern. Dabei ging es weniger darum, Bikini tragen zu dürfen, als darum, egal in welcher Kleidung im öffentlichen Raum das Recht zu haben, frei von Belästigung und Angriffen zu bleiben. Innerhalb kurzer Zeit hatte die Gruppe mehrere tausend Mitglieder und immer mehr Frauen nahmen an den Demonstrationen teil. Von *La Provincial* befragt, sagte die junge Frau:

> „Das Ziel ist nicht, Lärm zu machen, geschweige denn the buzz zu machen, sondern die Gesellschaft tief und behutsam zu verändern. Dies kann nur gelingen, wenn Tausende von Voyeuren an das gewöhnt werden, was sie immer noch für verboten halten. Wir wollen nicht ihre Sicht der Dinge ändern, sondern einfach nur Toleranz und Akzeptanz für den anderen vermitteln.“[1]

Als im Iran Ende 2017 erneut Proteste ausbrachen, demonstrierten vor allem Frauen wieder für ihre Rechte. Sie wehrten sich öffentlich gegen den gesetzlichen Kopftuchzwang des iranischen Regimes. Das Bild Vida Movaheds, die auf einem Stromkasten stehend ihr Kopftuch an einem Stock vor sich hielt, wurde zur Ikone der Bewegung. Movahed wurde, wie so viele Frauen, verhaftet. Einige der Frauen wurden zu Gefängnisstrafen von mehr als 20 Jahren und Stockhieben verurteilt, die meisten werden in Haft gefoltert. Das Regime geht drastisch gegen die protestierenden Frauen vor, da die Degradierung der Frau zu einem Menschen zweiter Klasse ein wichtiger Bestandteil seines religiösen Fundaments ist. Würden Frauen die gleichen Rechte erlangen, wäre die Macht des Regimes gebrochen.

Ähnlich wuchtig geht das wahhabitische Königshaus in Saudi-Arabien gegen Frauenrechtlerinnen vor. Im Mai 2018 wurden zwölf Frauenrechtlerinnen verhaftet und erst nach Monaten in Haft wegen Terrorismus angeklagt. Der Vorwurf lautet, die Frauen hätten versucht, den Staat zu unterminieren, indem sie die Abschaffung des in Saudi-Arabien geltenden Vormundschaftgesetzes forderten. Das Vormundschaftgesetz erklärt Frauen zu gesetzlich Unmündigen, die einem männlichen Verwandten unterstellt sein müssen. Zwar wurde Frauen das Autofahren erlaubt und die Pflicht in der Öffentlichkeit Abaya (einen langen Umhang zur Bedeckung des Körpers) zu tragen abgeschafft, aber die Reformen sind beinahe Kosmetik. Den Frauen werden weiter keine Menschenrechte zugestanden. Diejenigen Frauen, die gleiche Rechte fordern, werden weiter als Staatsfeinde behandelt. Die bekannteste der bis zum heutigen Tag inhaftierten Frauen, Loujain al-Hathloul, berichtete von Folter in der Haft.

In Marokko formierte sich dann 2019 Protest gegen islamische Extremisten, nachdem diese zur Enthauptung einiger junger Belgierinnen aufgerufen hatten. Die Belgierinnen hatten Shorts getragen, als sie ehrenamtlich beim Straßenbau in einem Dorf halfen. Über 1000 Marokkanerinnen und Marokkaner unterschrieben die Petition „Yes we short“. Sie posteten in sozialen Netzwerken gegen die Drohungen und für das Recht von Frauen, sich im öffentlichen Raum zu kleiden, wie sie wollen.

Ländern, in denen Frauen durch geschriebene und ungeschriebene Gesetze der Ausgang verboten oder nur unter Auflagen erlaubt ist, ist die Dominanz islamischer Religion gemeinsam. Ebenso den Ländern, in denen Frauen durch geschriebene und ungeschriebene Gesetze Männern unterstellt werden.

Doch Religionskritik am Islam wird abgewehrt, indem sie ethnisiert wird. Statt Religion als einen Machtfaktor in Gesellschaften und Gemeinschaften zu verstehen, der zur strukturellen Gewalt gegen Frauen beiträgt, wird sie zu einem unveränderlichen Diskriminierungsmerkmal umgedeutet. Menschen aus islamischen Ländern und Gemeinschaften werden so erneut „zwangsislamisiert", der Glaube wird von anderen zu einem unveränderlichen Bestandteil ihrer Identität deklariert. Wer islamischen Glauben als Diskriminierungsmerkmal auffasst, wird folglich die Religion gegen jede Kritik verteidigen. Und genau deshalb bleibt Religionskritik eines der wichtigsten Mittel, um strukturelle Veränderungen zugunsten von Frauen in diesen Gesellschaften herbeizuführen. Hätten die Frauen der 2. Frauenbewegung zwischen der Hexenverfolgung und dem Christentum unterschieden, wären sie niemals mit dem Schlachtruf „Take back the night" durch die Walpurgisnacht getanzt. Wer per se eine Trennung zwischen Religion und Macht etabliert, erklärt Religion per se zu einem schwachen Faktor. Damit wird der Zusammenhang zwischen Gewalt und Religion verharmlost und verschleiert. Ohne die Kritik an christlicher Schamkultur wäre es für Frauen nicht möglich, sich in Europa unbehelligt zu bewegen. Vergewaltigung in der Ehe würde vermutlich immer noch als Privatsache betrachtet. Was überspitzt und zynisch klingt, ist leider bittere Realität für Frauen in islamischen Ländern und nun auch in islamischen Gemeinschaften in Europa. Mit der Abwehr von Religionskritik wird die Doppelmoral islamischer Geistlichkeit geschützt, und Frauen kollektiv der islamischer Schamkultur ausgeliefert. Dabei war das Verständnis von islamischer Religion vor dem islamischen Erwachen auch in islamischen Ländern ein anderes, Frauen konnten sich freier bewegen und waren nicht gezwungen, sich zu verschleiern. Erst als islamische Extremisten an die Macht kamen, wurden Frauenrechte wieder stärker beschnitten. Religion wird durch Wandel nicht abgeschafft, sondern verändert. So wenig, wie der individuelle Glaube ein unveränderliches Merkmal ist, ist Religion selbst unveränderlich.

Wer Frauenrechte als Menschenrechte und Menschenrechte als universal betrachtet, muss sich für die Freiheit aller Frauen einsetzen. Frauen aus islamischen Ländern und Gemeinschaften müssen ebenso gehört werden wie Frauen der Mehrheitsgesellschaften in Europa, wenn sie ihre Erfahrungen mit Sexismus und sexueller Gewalt berichten. Wer die Kritik unterdrückt, um Diskriminierung zu vermeiden, diskriminiert letztendlich die Opfer der Gewalt.

Die Unterdrückung von Frauenrechten als politische Strategie

Die systematische Implementierung von Frauenfeindlichkeit bei der Machtergreifung islamischer Extremisten beschreibt die algerische Frauenrechtlerin Marieme Hélie-Lucas so:

> „Die erste Stufe sind Angriffe auf die legalen Rechte der Frauen (Forderungen eines besonderen ‘muslimischen’ Familienrechts; Geschlechtertrennung in Krankenhäusern, Schwimmbädern etc.), verbunden mit partikularistischen Forderungen im Schulbereich (das Recht auf das Kopftuch bei Lehrerinnen, nicht laizistische Bildungsgänge etc.). […] All das hat sich in Algerien von den 70ern bis in die 90er-Jahre nach genau diesem Muster entwickelt, angefangen beim Angriff auf die Rechte der Frauen und ihre Existenz in der Öffentlichkeit. Denn die Islamisten wussten nur zu gut, dass die Regierung bereitwillig die Frauenrechte eintauschen würde gegen die Aufrechterhaltung eines gewissen sozialen Friedens mit ihnen.“

Über Übergriffe im öffentlichen Raum berichteten Frauen in Ländern nach islamistischer Machtergreifung in den 1970er Jahren. Diese Form der sexualisierten Gewalt diente, wie von Marieme Hélie-Lucas beschrieben, zur Vertreibung und Unsichtbarmachung von Frauen. Sie ist eine Machtdemonstration gegenüber Frauen und deren Männern, die sich nicht dem Diktat islamistischer Regeln beugen wollten. Nabila Hamza, Präsidentin der Foundation for the Future in Tunesien, sagte 2013 bei einer Podiumsdiskussion der Rice University in Houston, Texas, über den Arabischen Frühling von 2011, dass Frauenrechte „bei der Revolution auf der Strecke geblieben sind“ (have fallen by the wayside of the revolution). Sie glaube, dass der Aufstieg der islamistischen Bewegungen in der Region viele Länder der Möglichkeit zur Gleichstellung der Geschlechter beraubt habe. Sie fügte hinzu, dass Gewalt gegen Frauen ein ernstes Thema sei, da sie „eine politische Komplott-Methode geworden ist, mit der Frauen gezwungen werden, zu Hause zu bleiben“ (a method of political conspiracy used to force women to stay home). Das altbekannte Muster bei der Machtergreifung islamischer Extremisten wiederholte sich, Gruppenangriffe auf Demonstrantinnen sollten Frauen wieder einschüchtern.

Nun ist nicht gesagt, dass die Täter am Kölner Hauptbahnhof eine politische Strategie verfolgten. Doch sie kommen aus Ländern, in denen diese politische Methode gegen Frauen jahrzehntelang eingesetzt und damit zur Alltagsgewalt wurde. Die Folgen für Frauen in nordafrikanischen Ländern, in den Golfstaaten und dem Iran sind gravierend, sie können sich nicht ohne Vorsicht, ohne Verhüllung oder männliche Begleitperson in die Öffentlichkeit wagen. Sie müssen jederzeit mit dem Schlimmsten rechnen. Daher kämpfen Frauenrechtlerinnen in diesen Ländern gegen die Vertreibung aus dem öffentlichen Raum und die damit einhergehende Degradierung von Frauen zu Menschen zweiter Klasse. Dennoch wird die politische Strategie der Frauenvertreibung kaum als politische Handlung erkannt und diskutiert.

Seit den Anschlägen rechtsextremer Attentäter aus der Incel Szene („involuntarily celibate“) in Santa Barbara und Toronto wird die Frauenfeindlichkeit der Rechtsextremen endlich ernst genommen. J.M. Berger, ein Experte des International Center for Counter-Terrorism – The Hague (ICCT), erklärte nach dem Anschlag in Toronto 2018 mit 10 Toten „Misogynie ist nicht neu, und ideologische Misogynie ist es auch nicht. Eine ausgeprägte Bewegung, die hauptsächlich durch Frauenfeindlichkeit definiert wird, ist [ziemlich] neu“.[2] Nachdem eine andere ideologische Bewegung seit Jahrzehnten schwere Angriffe auf Frauen ausübt, ist eine solche Aussage mehr als alarmierend. Jeder Experte für Terrorismusbekämpfung müsste bei Misogynie sofort an die lange Liste von Anschlägen denken – an die Anschläge der Taliban auf Mädchenschulen in Afghanistan und Pakistan und von Boko Haram auf die Schule in Chibok. An die Exekutionen von Frauenrechtlerinnen wie Meena Keshwar Kamal, Sitara Atschiksai und Safia Ahmad Jan in Afghanistan, Sameera Salih Ali al-Nuaimy im Irak, Zil-e-Huma Usman in Pakistan oder Konca Kuriş in der Türkei durch islamistische Attentäter. An die spezifisch gegen Frauen gerichteten Terroranschläge auf das Ariane Grande-Konzert in Manchester 2017 mit 22 Toten, den Anschlag in Turku 2017 mit zwei Toten und auf die Geburtsklinik in Kabul 2020 mit 18 Toten. Vor allem fällt die systematisch eingesetzte Gewalt gegen nahezu alle Frauen durch islamistische Regime auf.

Auch aus Deutschland haben sich hunderte Männer und Frauen dem Islamischen Staat (IS) angeschlossen, der wiederum tausende Frauen versklavt hat. Diese Männer und Frauen, die sich dem IS angeschlossen haben, sind mehrheitlich in Deutschland geboren und aufgewachsen, sie wurden in Deutschland sozialisiert. In der Öffentlichkeit scheint es ein eher geringes Interesse daran zu geben, eventuelle sexuelle Gewalttaten durch deutsche Terroristen aufzuklären. Die Tatsache, dass Deutschland mit großer Wahrscheinlichkeit schwerste sexuelle Gewalt im Namen einer Religion ins Ausland exportiert hat, hat nicht zu einer bundesweiten Debatte über Religion und Radikalisierung geführt. Dabei sollte die durch Deutsche ausgeübte Gewalt im Ausland dringend dazu führen, in Deutschland Verantwortung zu übernehmen und die Ursachen der Gewalt zu analysieren.

Nach jedem Terroranschlag islamischer Extremisten wird die Phrase hervorgeholt, dass die meisten Opfer islamistischer Gewalt Muslime sind. Doch dass Frauenfeindlichkeit ein hauptsächlicher Bestandteil der Ideologie islamischer Extremisten ist, wird weiter kaum thematisiert. Allenfalls ist man „schockiert“ über die systematische, sexuelle Gewalt gegen tausende Jesidinnen, Kurdinnen und Christinnen durch den IS. Doch diese Gewalt ist weder auf den IS beschränkt noch richtet sie sich ausschließlich gegen Andersgläubige oder „weiße Cis-Frauen“. Tatsächlich sind die meisten Opfer islamistischer Gewalt Musliminnen.

Gewalt gegen Musliminnen in Europa

Netzfeministinnen und ihre Unterstützerinnen beharren auf der These, dass Sexismus und sexuelle Gewalt sich nicht nach Kultur, Tradition und Religion unterschieden, sondern vielmehr strukturelle Gewalt ein universelles Problem darstelle. Als der Journalist Dorin Popa sich über die Verharmlosung von Gewalt gegen Frauen durch die Begriffe Familientragödie und Familiendrama aufregt, antwortet ihm Kübra Gümüsay, eine der Verfasserinnen von *#ausnahmslos*, auf Twitter „Wenn ein christlicher, weißer Mann das tut. Sonst sind dies ‘Ehrenmorde’“. Die Gleichsetzung von häuslicher Gewalt beziehungsweise Partnerschaftsgewalt mit Gewalt im Namen der Ehre ist eines der häufigsten Mittel, um Musliminnen eine spezifische Bedrohung und den Tätern ein religiöses, politisches oder kulturelles Motiv abzusprechen. Diese Gleichsetzung wollten auch die Neuen Deutschen Medienmacher*innen durchsetzen, die angeben, sich für mehr Vielfalt in den Medien einzusetzen. Gegenüber der Autorin dieses Essays behaupten sie auf Twitter: „Wenn ein deutscher Mann (weiß, christlich sozialisiert) seine Frau umbringt, ist es ein sog. 'Ehedrama'. Wenn so etwas in einer muslimisch geprägten Familie (aka 'Ausländer') passiert, ist es ein 'Scharia-Mord'. – Sie bemerken den Unterschied?"

Dabei gibt es zwischen sogenannten Ehrenmorden (im Weiteren „Ehren"-Morde) und Partnerschaftsgewalt signifikante Unterschiede. „Ehren"-Morde werden begangen, da sich Opfer (nicht nur Frauen) den sozialen Regeln der Gruppe widersetzen. Die Ermordung der Regelbrecherinnen dient nicht nur der Wiederherstellung der „Ehre" ihrer Familien, sondern vor allem auch der Abschreckung anderer potenzieller Abtrünniger. „Ehren"-Morde sind geplant, werden meist von mehreren begangen. Meist sind die Täter und Täterinnen Mitglieder der Familie des Opfers, nicht der Ehemann oder die Familie des Ehemannes. Frauen sind häufig an den Taten beteiligt. Sind sie direkt an der Gewalt beteiligt, werden die Opfer bei der Tat überproportional häufig gefoltert. Bei Tötung durch Partnerschaftsgewalt hingegen tötet meist ein Mann seine (Ex-)Partnerin, da er seine Gefühle verletzt sieht, nicht aber, um sein gesellschaftliches Ansehen wiederherzustellen. Das Ansehen des Täters ist nach der Tat in der Mehrheitsgesellschaft unwiederbringlich verloren. Zumindest erhält ein Täter in einem „weiß, christlich sozialisierten"-Umfeld kaum bis keinen sozialen Rückhalt. Das könnte ein Grund sein, warum sich viele Täter nach einem Beziehungsmord selbst töten. Bei einem „Ehren"-Mord hingegen bekommen die Täter und Täterinnen Rückhalt aus ihrer Gemeinschaft, die sich auch vor Gericht zeigt. Angehörige und Freunde der Täter protestieren nach Urteilen oft laut gegen die Richter und Richterinnen. Beziehungstaten sind privat motiviert, bei „Ehren"-Morden hingegen müssen verschiedene Motive unterschieden werden.

Kulturelle „Ehren"-Morde und islamisch-motivierte Frauenmorden werden beide als „Ehren"-Mord bezeichnet, unterscheiden sich aber. Das Konzept der „Ehre" gibt es auch bei Jesiden und Hindus, auch wenn „Ehren"-Morde im Westen in diesen Gruppierungen wesentlich seltener sind als in islamischen Gemeinschaften. Kulturelle „Ehren"-Morde begehen zum Beispiel jesidische Täter, die Heiraten außerhalb der Gemeinschaft nicht akzeptieren. Auch diese Morde müssen anders als Beziehungstaten betrachtet und verfolgt werden, da auch hier die Familien der Frauen gemeinschaftlich einen Mord planen und ausführen, um die Opfer an der freien Partnerwahl zu hindern. Auch hier geht es um Abschreckung und den Entzug von Freiheiten. Im Unterschied zu den politisch-motivierten

Morden werden die Regeln der Gemeinschaft jedoch „nur“ auf die Frauen der eigenen Gemeinschaft angewandt, sie werden nicht auf die Mehrheitsgesellschaft übertragen. Bei einem islamisch-motivierten Frauenmord wird das Opfer getötet, weil es islamisch-fundamentalistische Regeln verletzt hat: Kopftuch abgelegt, Umgang mit nicht-verwandten Männern, „unehrenhaftes“, also „unsittliches“ Verhalten etc. Die meisten Täter geben an, das Opfer habe sich „zu westlich“ und „sexuell ungehörig“ verhalten, also die Schamkultur-Regeln der Gemeinschaft gebrochen. Diese Morde sind politisch motiviert, denn sie werden zur Durchsetzung des Regelwerks der Schamkultur eingesetzt. Sie richten sich gegen die Wahrnehmung der im Grundgesetz garantierten Rechte von Frauen und Homosexuellen. Damit sind sie Terror gegen die im Grundgesetz garantierten Rechte aller. Ebenso trifft es homosexuelle Männer, denen durch den Mord signalisiert wird, dass ihre Sexualität nicht Schamkultur-konform ist. Es geht also nicht wie bei den Neuen Deutschen Medienmacher*innen behauptet um „aka Ausländer“, also nicht um Ethnien, sondern um die Veranlassung für den Mord.

Nur wer die Ursachen von Gewalt kennt, kann potenzielle Opfer schützen. Unterschiedliche Formen von Gewalt müssen analysiert werden, damit Prävention effektiv betrieben werden kann. Wer wie die Neuen Deutschen Medienmacher*innen bei dem zitierten Beispiel jeden Unterschied negiert, bringt weitere Frauen oder Männer in Lebensgefahr, gerade jene aus „einer muslimisch geprägten Familie“.

Gewalt gegen Frauen als politische Strategie in Europa

„Ehren“-Morde werden bis heute in Deutschland nicht gesondert erfasst, sondern nach wie vor unter Partnerschaftsgewalt subsumiert. Die Frauen, die von Gewalt im Namen der „Ehre“ bedroht sind, haben keine Lobby, die sich des Themas annimmt und die Gewalt gezielt bekämpft – obwohl diese Gewalt weit mehr ist als ein Verbrechen gegen Einzelne. Islamisch-politisch motivierte Frauenmorde sind eine Machtdemonstration gegenüber den Mitgliedern ihrer Gemeinschaft sowie gegenüber der Mehrheitsgesellschaft. Die Täter und Täterinnen stellen öffentlich klar, dass sie ihre eigenen Gesetze gegen die Gesetze des Landes durchsetzen, bis hin zur Vollstreckung von Todesurteilen. Politisch-motivierte Frauenmorde sind Terror, sie richten sich gegen das Grundgesetz. Täter und Täterinnen betrachten

Frauen nicht als Menschen mit Grundrechten, sondern als Besitz ihrer Gemeinschaft. Ebenso urteilen diese Täterinnen und Täter über andere Frauen durch die Brille ihrer eigenen Schamkultur und legitimieren Übergriffe auf „schamlose" Frauen und Männer auch der Mehrheitsgesellschaft.

Nach dem Mord an Samuel Paty in Frankreich berichten auch Lehrkräfte in Deutschland über Probleme mit Schülern und Schülerinnen, die Lehrerinnen nicht respektieren wollen, Mitschülerinnen als Schlampen beschimpfen, wenn diese sich in ihren Augen „unkeusch" verhalten, den Unterricht über den Holocaust oder den Genozid an den Armeniern boykottieren, kurz: Jene Werte vertreten, gegen die sich Frauen in der gesamten islamischen Welt auflehnen. Jahrelang wurden die Probleme nicht verstanden, und dementsprechend nicht gegengesteuert. Anstatt bereits diskriminierte Frauen und diskriminierte Homosexuelle und Minderheiten wie Jüdinnen und Juden zu unterstützen, liefern etablierte Institutionen diese Menschen durch das Ignorieren der Probleme weiterer Gewalt aus. Der Verweis auf strukturelle Gewalt schützt diese Menschen nicht.

Zudem sind diejenigen, die in Deutschland Gewalt gegen Frauen und Homosexuelle in islamischen Gemeinschaften ausüben, keineswegs so strukturell machtlos, wie es die Gatekeeperinnen der Debatte über sexuelle Gewalt darstellen. Die Anwältin Gülsen Celebi aus Düsseldorf verhilft Frauen zur Flucht, die in Deutschland durch ihre Familien oder Gemeinschaften bedroht werden. Sie berichtet, dass diese Frauen nur dann eine realistische Überlebenschance haben, wenn sie in ein Zeugenschutzprogramm eintreten und einen neuen Aufenthaltsort im Ausland erhalten. Diejenigen, die diese Frauen bedrohen, verfügen über genügend Macht und Mittel, eine Frau selbst mit neuem Namen innerhalb Deutschlands aufzuspüren und sie „zur Rechenschaft" zu ziehen. Frauen, die sich vor der Familie in Sicherheit bringen müssen, verlieren also nicht nur den Kontakt zur Familie und Gemeinschaft, sondern ihr gesamtes soziales Umfeld, und einen Teil ihrer Unabhängigkeit. Um Sicherheitsrisiken auszuschließen, können sie selbst den Kontakt zu ehemaligen Mitschülern oder Arbeitskollegen nicht halten. Die strukturelle Macht dieser Täter ist aus der Perspektive ihrer Opfer gewaltig, und sie wird durch das strukturelle Schweigen der Mehrheitsgesellschaft über die Gewalt verstärkt.

Dazu gehört auch, dass es kaum Studien zur Erhebung konkreter Zahlen über die massive Gewalt gegen Frauen aus islamischen Gemeinschaften hier in Deutschland gibt. Wer trotzdem auf das Phänomen hinweist, bekommt daher entgegen gehalten, dass es statistisch nicht nachweisbar sei. Ebenso wenig konnte allerdings Vergewaltigung in der Ehe in der Kriminalstatistik erfasst werden, bevor sie zu einem Straftatbestand erhoben wurde.

Um Prävention und Schutz potenzieller Opfer zu ermöglichen, muss in Forschung investiert werden. Denn die wenigen Studien, die auffindbar sind, weisen bereits auf alarmierende Befunde hin.

Eine Studie der Friedrich-Ebert-Stiftung untersuchte schon 2003 den Zusammenhang zwischen Delinquenz und Religiosität bei Schülern, wobei auch die Einstellung zu Geschlechterrollen abgefragt wurden. Die Kinder, die auf Grund ihrer Herkunft zu den Muslimen gezählt wurden, vertraten ein traditionelles, frauenfeindliches Rollenbild, im Gegensatz zu ihren Klassenkameraden der Mehrheitsgesellschaft.

In dem 2010 erschienen Familienmonitor des Bundesministeriums für Familie, Jugend, Freizeit und Sport gaben ein Viertel der Eltern mit türkischem Migrationshintergrund an, dass die Jungfräulichkeit ihrer Töchter eine unbedingte Voraussetzung für die Ehe ist.

Lehrkräfte berichten, dass schon Grundschulkinder auf Geschlechtertrennung bestehen, Jungen sich weigern, neben Mädchen zu sitzen. Dennoch wird der offenkundige Zusammenhang zwischen früher Radikalisierung und Rollenbilder bisher nicht analysiert.

Eine Gesundheitsstudie der Charité untersuchte den Zusammenhang zwischen Gewalterfahrungen und physischer sowie psychischer Gesundheit. Die befragten Frauen mit türkischem Migrationshintergrund hatten um Größenordnungen öfter Gewalt erfahren als Frauen aus der Mehrheitsgesellschaft und litten unter dementsprechenden Folgen.

Eines der ebenfalls wenig untersuchten Phänomene ist die hohe Zahl der Suizide unter jungen Frauen mit Migrationshintergrund. Frauen zwischen 18 und 35 Jahren mit türkischem Migrationshintergrund begehen doppelt so häufig Selbstmord wie Frauen ihres Alters aus der Mehrheitsgesellschaft.

Die Diplom-Psychologin Stefanie Schmidt untersuchte in ihrer Dissertation „Interkulturelle Aspekte der Kriminalprognose", ob gängige standardisierte Verfahren zur Kriminalprognose, die die Rückfallwahrscheinlichkeit in die Kriminalität bei Haftentlassung bestimmen sollen, bei inhaftierten Straftätern mit Migrationshintergrund valide sind. Sie fand heraus, dass die gängigen Verfahren bei der Beurteilung von Tätern mit türkischem und arabischem Migrationshintergrund versagen, die Beurteilungskriterien also kulturell angepasst werden müssten, um valide Ergebnisse zu liefern.

Wenn kulturelle Faktoren einen so starken Einfluss auf die Evaluation des Verhaltens haben, muss es mehr Untersuchungen zu dem Einfluss von politischen, religiösen und kulturellen Faktoren auf das Verhalten geben. Diese Untersuchungen müssen selbstverständlich auch Faktoren wie Bildung, Einkommen, Fluchterfahrungen, Traumata und Diskriminierung mit einbeziehen. Die Ergebnisse der hier aufgeführten Studien legen nahe, dass für den Schutz von Frauen, vor allem von Frauen mit Migrationshintergrund, weitere, dringende Erforschung essenziell ist, insbesondere auch zum Schutz von Kindern.

Die Opfer von Sexismus und sexueller Gewalt verdienen den vollen Schutz des Rechtsstaates, ohne Wenn und Aber, egal welcher Religion sie angehören und welcher Herkunft und Hautfarbe sie sind. Schützt der Rechtsstaat sie nicht, verletzt er seine Pflicht. Wenn Diskriminierung so weit reicht, dass Gewalt gegen diskriminierte Frauen nicht einmal statistisch erfasst wird, ist das in der Tat strukturelle Gewalt – gestützt von Medienmachern und den Gatekeeperinnen der Debatte.

Sozialer Frieden statt Frauenrechte und Demokratie?

Der soziale Friede wird nicht durch die Analyse und Debatte von Religion, Kultur oder Tradition gestört, er wird durch die Gewalt selbst gestört. Deutschland ist ein Einwanderungsland und muss sich mit den Realitäten seiner Bevölkerungsgruppen auseinandersetzen. Ein Staat, der Frauen auf Grund ihrer Zugehörigkeit zu einer bestimmten Herkunfts- oder Religionsgruppe nicht vor Gewalt schützt, handelt rassistisch. Es gibt weder eine Islamisierung der Mehrheitsgesellschaft, wie Rechtsaußen behaupten, noch geht sexuelle Gewalt nur von Migranten aus. Stattdessen findet eine Tabuisierung von Religionskritik zu Lasten der Opfer von religiös motivierter Gewalt statt.

Die strukturelle Gewalt, die die Netzfeministinnen anprangern, üben sie als Gatekeeperinnen der Debatte über sexuelle Gewalt mit Unterstützung von Spitzenpolitikerinnen selbst aus, ausgerechnet gegen eine Gruppe, die sie vorgeben schützen zu wollen. Sie stärken damit Extremisten aus dem rechten Lager in deren pauschaler Dämonisierung islamischer Gemeinschaften und schützen gleichzeitig islamistische Kräfte vor Kritik. Die Tabuisierung der Debatte um Sexismus, sexuelle Gewalt und Religionskritik muss beendet werden, damit für alle in Deutschland lebenden Frauen und

Männer gleiche Rechte durchgesetzt werden können, vor allem für Frauen aus und in Gemeinschaften mit Migrationshintergrund. Nur wenn für alle Frauen in Deutschland und in Europa Gleichberechtigung statt Schamkultur gilt, haben wir die Spaltung der Gesellschaft abgewendet.

Anmerkungen

1 „Le but n'est pas de faire du bruit, et encore moins de faire le buzz, mais de changer la société profondément et en douceur. Ceci ne pourra se faire qu'en habituant des milliers de voyeurs à ce qu'ils considèrent encore comme étant interdit. Nous ne voulons pas changer leur vision des choses, mais simplement leur inculquer la tolérance et l'acceptation de l'autre."

2 „Misogyny isn't new, and ideological misogyny isn't new. Having a distinct movement that is primarily defined by misogyny is [fairly] novel."

Quellen

AFP-Meldung, 2018, Anitdiskriminierungsstelle drängt in #MeToo-Debatte auf Beschwerdestelle für Schauspielerinnen, Der Tagesspiegel, https://www.tagesspiegel.de/kultur/metoo-in-deutschland-anitdiskriminierungsstelle-draengt-in-metoo-debatte-auf-beschwerdestelle-fuer-schauspielerinnen/20813080.html (aufgerufen am 8.11.2020).

AFP-Meldung, 2019, Maroc : la Belgique rapatrie des bénévoles menacées de mort pour avoir porté des shorts, LeParisien.fr, https://www.leparisien.fr/faits-divers/maroc-la-belgique-rapatrie-des-benevoles-menacees-de-mort-pour-avoir-porte-des-shorts-09-08-2019-8131269.php (aufgerufen am 11.11.2020).

Ausnahmslos Website, https://ausnahmslos.org/ (aufgerufen am 8.11.2020).

BBC Meldung, 2017, Finland killings: Knifeman 'targeted women in Turku terror attack', BBC News, https://www.bbc.com/news/world-europe-40985528 (aufgerufen am 10.11.2020).

Beauchamp, Zack: Incel, the misogynist ideology that inspired the deadly Toronto attack, explained, 2018, Vox.com, https://www.vox.com/world/2018/4/25/17277496/incel-toronto-attack-alek-minassian (aufgerufen am 9.11.2020).

Beitzer, Hannah: Männer, ihr habt doch ein Gehirn!, Süddeutsche Zeitung, 2013, https://www.sueddeutsche.de/kultur/netzfeministin-anne-wizorek-maenner-ihrhabt-doch-ein-gehirn-1.1596262-0 (aufgerufen am 10.11.2020).

Berger, Peter: AfD-Politiker posieren mit Terror-Werber in Damaskus, Frankfurter Rundschau, 2018, https://www.fr.de/politik/afd-politiker-posieren-terror-werber-damaskus-11033333.html (aufgerufen am 16.11.2020).

Bundesministerium für Familie, Senioren, Frauen und Jugend Website, Gewalt im Namen der Ehre erkennen, https://staerker-als-gewalt.de/gewalt-erkennen/gewalt-im-namen-der-ehre-erkennen (aufgerufen am 10.11.2020).

Chastain, Marion, Algérie: qu'est donc cette „opération bikini" pour lutter contre l'intolérance?, TV5Monde, 2017, https://information.tv5monde.com/terriennes/algerie-qu-est-donc-cette-operation-bikini-pour-lutter-contre-l-intolerance-184400 (aufgerufen am 11.11.2020).

Dehmer, Dagmar / Andrea Dernbach: Warum habt ihr keinen Respekt?, Der Tagesspiegel, 2016, https://www.tagesspiegel.de/politik/nach-den-uebergriffen-in-koeln-warum-habt-ihr-keinen-respekt/12810330-all.html (aufgerufen am 9.11.2020).

dpa-Meldung, Wir dürfen uns nicht spalten lassen, Welt.de, 2015, https://www.welt.de/politik/deutschland/article150488993/Wir-duerfen-uns-nicht-spalten-lassen.html (aufgerufen am 10.11.2020).

dpa-Meldung, „Absolut friedlich", schreibt der AfD-Mann über seine Syrien-Reise, Welt.de, 2019, https://www.welt.de/politik/deutschland/article203750330/AfD-Abgeordnete-reisen-erneut-nach-Syrien-und-ziehen-fragwuerdiges-Fazit.html (aufgerufen am 16.11.2020).

Dyba, Johannes: „Importierte Lustknaben, Der Spiegel 28/2000, https://www.spiegel.de/spiegel/print/d-16860774.html (aufgerufen am 10.11.2020).

Ebcinoğlu, Fatma: Deutschland: Studie über hohe Suizidrate bei Frauen türkischer Herkunft, Bundeszentrale für politische Bildung, 2010, https://www.bpb.de/gesellschaft/migration/newsletter/57051/deutschland-studie-ueber-hohe-suizidrate-bei-frauen-tuerkischer-herkunft (aufgerufen am 10.11.2020).

FMT-FrauenMediaTurm: Die Abtreibungsdebatte in der Neuen Frauenbewegung, Digitales Deutsches Frauenarchiv, 2018, https://www.digitales-deutsches-frauenarchiv.de/themen/die-abtreibungsdebatte-der-neuen-frauenbewegung (aufgerufen am 10.11.2020).

Frauen für Freiheit Website, Fassade statt Frauenrechte – über den Frauenmarsch der AfD, 2018, https://frauenfuerfreiheit.de/Fassade-statt-Frauenrechte-ueber-den-Frauenmarsch-der-AfD-91649.html (aufgerufen am 16.11.2020).

Gümüsay, Kübra, Twitter, 2017, https://twitter.com/kuebra/status/926041052326309888?s=20 (aufgerufen am 10.11.2020).

Hamburger Abendblatt Meldung, Polizei stellt Anzeige gegen AfD-Politikerin von Storch, Hamburger Abendblatt, 2018, https://www.abendblatt.de/politik/article212987247/Twitter-sperrt-die-AfD-Politikerin-Beatrix-von-Storch.html (aufgerufen am 16.11.2020).

Hélie-Lucas, Marieme: Verrat an den Frauen!, Emma 2/2016, https://www.emma.de/lesesaal/60994#pages/pageId0087972f3b7e45bbcb-04c40b5f5c46dfbda9829.

Klingelschmitt, Klaus-Peter: Schriller die Glocken nie klingen, taz, 1989, https://taz.de/Schriller-die-Glocken-nie-klingen/!1786695/ (aufgerufen am 9.11.2020).

Krauss, Martin: Tee beim Diktator, Jüdische Allgemeine, 2012, https://www.juedische-allgemeine.de/politik/tee-beim-diktator/ (aufgerufen am 16.11.2020).

Meisner, Matthias / Nils Wischmeyer: Rechtsextreme nutzen Köln für rassistische Hetze, Der Tagesspiegel, 2016, https://www.tagesspiegel.de/politik/nach-der-silvesternacht-rechtsextreme-nutzenkoeln-fuer-rassistische-hetze/12790838.html (aufgerufen am 10.11.2020).

Monitor Familienforschung, Ehe, Familie, Werte – Migrantinnen und Migranten in Deutschland, Ausgabe 24, 2010, hrsg. vom Bundesministerium für Familie, Senioren, Frauen und Jugend, https://www.bmfsfj.de/blob/76216/2aeaddc89821f9a2627bf454bc7c8893/monitor-familienforschung-nr-24-data.pdf (aufgerufen am 9.11.2020).

Muslim Markt Website, Jürgen Elsässer, Autor des Buches „Terrorziel Europa: Das gefährliche Doppelspiel der Geheimdienste" mit Vorabdruck, Muslim Markt, 2008, http://www.muslim-markt.de/interview/2008/elsaesser.htm (aufgerufen am 16.11.2020).

Neue Deutsche Medienmacher, Twitter, 2018, https://twitter.com/if_rebecca/status/1059868382177177600?s=21 (aufgerufen am 10.11.2020).

Schmidt, Stefanie: Interkulturelle Aspekte der Kriminalprognose, Dissertation, 2018, https://edoc.hu-berlin.de/bitstream/handle/18452/20081/dissertation_schmidt_stefanie.pdf?sequence=3&isAllowed=y (aufgerufen am 10.11.2020).

Shalaby, Marwa: 2013, The Arab Awakening and Gender: Challenges and Opportunities for Women, Conference Report, James A.Baker Institute for Public Policy, Rice University, https://www.bakerinstitute.org/media/files/Research/1cb29b92/WHR-pub-ArabAwakeningConfReport-062613.pdf (aufgerufen am 9.11.2020).

Sud Ouest-Meldung, „Suivie, insultée, menacée": les victimes présumées de Tariq Ramadan racontent leur quotidien, Sud Ouest, 2018, https://www.sudouest.fr/2018/04/10/suivie-insultee-menacee-les-victimes-presumees-de-tariq-ramadan-racontent-leur-quotidien-4360479-10407.php (aufgerufen am 10.11.2020).

Weiland, Severin: Wie die AfD die Übergriffe von Köln instrumentalisiert, Spiegel Politik, 2016, https://www.spiegel.de/politik/deutschland/koeln-afd-instrumentalisiert-uebergriffe-politisch-a-1070895.html.

Wippermann, Carsten: Sexismus im Alltag - Wahrnehmungen und Haltungen der deutschen Bevölkerung – Pilotstudie, 2020, hrsg. vom Bundesministerium für Familie, Senioren, Frauen und Jugend, https://www.bmfsfj.de/blob/141246/6e1f0de0d740c8028e3fed6cfb8510fd/sexismus-im-alltag-pilotstudie-data.pdf.

Zentrale Informationsstelle Autonomer Frauenhäuser Website, Gewaltdefinition, https://www.autonome-frauenhaeuser-zif.de/de/content/gewaltdefinition (aufgerufen am 10.11.2020).

Khulud Alharthi

Die Geschichte einer saudischen Frau

Überall auf der Welt unterscheiden sich Frauen in ihrer Ethnizität, ihren Sprachen, ihrer Identität und ihren sozialen Klassen, und doch durchleben alle Frauen letztlich die gleiche Tortur: den Überlebenskampf gegen die Gewalt in dieser Welt zu gewinnen, den Kampf um Bürgerrechte und um gleichberechtigte Behandlung durch Regierungen und Gesellschaft. Unsere Unterdrückung wurzelt in allen Aspekten des Lebens, in der Religion, der Medizin, der Literatur und der Philosophie. Das hat es unserem Geschlecht äußerst schwer gemacht hat, im Laufe der Geschichte die Gewalt zu bekämpfen. Gewalt gefährdet das Leben von Millionen von Frauen und Mädchen auf der ganzen Welt, obwohl viele Anstrengungen unternommen wurden, dem Phänomen zu begegnen. Die Wechselwirkungen der sozialen Umgebungsfaktoren, die zu Gewalt führen, sind so komplex, dass sie nicht auf eine einzige Kultur oder Gesellschaft reduziert werden können. Ihre Faktoren sind in allen sozialen Strukturen zu finden, deren Gesetze, Politik und Überzeugungen von Geschlechterrollen durchdrungen sind.

Aufgrund meiner Vertrautheit und engen Verbundenheit mit der feministischen Bewegung im Nahen Osten vergeht kein Tag, an dem ich nicht eine Geschichte über von Männern vergewaltigte oder getötete Frauen höre. All diese Gewalt ist durch fragile Gesellschaften geprägt, in denen Frauen die Last und die Folgen von Fehlern tragen, die sie nicht begangen haben. Frauen im Nahen Osten, insbesondere arabische Frauen, sehen sich zwar mit verschiedenen Problemen konfrontiert, aber alle mit der gleichen Brutalität. Jeden Tag verlieren Frauen in diesem Teil der Erde ihr Leben – unter Beteiligung ihrer Regierungen, während der Rest der Welt wegschaut.

In den Jahren meines Lebens in Saudi-Arabien habe ich den Schmerz dieser Frauen durchlebt, wurde durch ihre Tragödie berührt, habe diese selbst gespürt, und jetzt ist es an der Zeit, dass ich darüber spreche …

Hier werde ich aus der Perspektive einer saudischen Frau über die Gewalt gegen Frauen durch die Linse meiner eigenen persönlichen Erfahrung schreiben. Im Schreiben sehe ich mich vor den Lesern stehen, psychisch nackt und ungeschützt meine in meiner Gesellschaft verbotenen Gedanken und Überzeugungen darlegend. Meinungen zu äußern, löst bei mir immer noch ein unbewusstes Gefühl der Verwundbarkeit aus – aber wer ist mutiger und mächtiger als eine verwundbare, nackte Frau!

Frauen im Hintergrund

Ich bin in einer Beduinengemeinschaft aufgewachsen und gehöre einem Stamm an, der sich durch „Ehr"-basierte Misshandlungen einen Namen gemacht hat. Extremismus im Umgang mit Frauen ist in süd-saudischen Stämmen eine gängige Praxis. Frauen meiner Gemeinschaft sollen ihr Leben dem Dienen und der Fortpflanzung widmen, gleichgültig, welche Ambitionen oder Bildungsabschlüsse sie haben. Ein Mädchen muss kämpfen, um überhaupt an Bildung teilhaben, und auch darum, ein Studium beenden zu dürfen. Sobald ein Mädchen seine Ausbildung beendet hat, arrangiert die Familie die Heirat mit dem „geeignetsten" Kandidaten. Genauer gesagt mit demjenigen Kandidaten, der am meisten bezahlt. Lehnt das Mädchen ab, muss es damit rechnen, Gewalt und einem enormen psychischen Druck ausgesetzt zu werden.

Eine meiner ersten Erinnerungen aus meinem Familienumfeld bezieht sich auf eine Verwandte, die meine Mutter besuchte. Sie erzählte, ihr Mann habe sie vergewaltigt, oder, wie sie es ausdrückte: er zwang sie, im Ramadan, dem heiligen Monat für Muslime, tagsüber zum Sex. Aber nicht die Vergewaltigung machte ihr Sorgen, sie fragte meine Mutter vielmehr, was in einem solchen Fall die islamische Buße und Strafe sei – angesichts der Tatsache, dass Geschlechtsverkehr während des Fastens im Ramadan verboten ist. Sie erzählte weiter, wie ihr Mann sie normalerweise behandelt, wie sie manchmal weinte und er sie trotzdem gleichgültig ins Gesicht schlug. Nachdem sie über den Vorfall gesprochen hatte, ging sie zur Tagesordnung über, als sei nichts gewesen. Für mich war es entsetzlich, wie die beiden Frauen eine solche Misshandlung als Normalität betrachten, sie zum Teil ihrer täglichen Routine werden lassen konnten.

Vergewaltigung in der Ehe ist sicherlich nicht die einzige Form von Gewalt, die weit verbreitet ist. Die Frauen meiner Gemeinschaft werden gezwungen, ihren Männern und ihrer Familie zu dienen, sie arbeiten rund um die Uhr ohne Ruhepause. Anders gesagt, sie sind moderne Sklavinnen ohne Anrecht, sich zu verweigern oder auf irgendeine Art von Rebellion oder Widerspruch.

Meine Mutter war eines der Opfer dieser Traditionen: Sie lebte viele Jahre unter harten Bedingungen und wurde mit 18 Jahren verheiratet. Danach verbrachte sie ihr ganzes Leben wie eine Maschine, die unaufhörlich für alle außer sich selbst sorgte. Dieses Leben führte zu ihrer chronischen Depression, unter der sie auch heute noch leidet. Ich sagte meiner Mutter immer wieder mit Tränen in den Augen, dass für mich die Vorstellung, ein solches Leben zu führen, die Vorstellung, wie ein Objekt behandelt zu werden, ein Albtraum sei. Sie stimmte mir nicht zu, sie wollte mich nicht ermutigen, zu rebellieren und einen erbitterten Kampf gegen die Gesellschaft zu führen. Aber ich weiß, dass sie tief in ihrem Inneren genau wusste, wovon ich sprach.

Religion der Frauenfeindlichkeit

Da ich in der religiös extremistischen Gesellschaft Saudi-Arabiens aufgewachsen bin, jahrzehntelang dominiert von Wahhabismus, hat Gewalt viele Kapitel meines Leben bestimmt. Sie hat mich auf meinem ganzen Weg begleitet, von der frühen Kindheit bis zum Frühling meiner Jugend. In meinem Land ist physische, psychische und emotionale Gewalt gegen Frauen in sozialen und kulturellen Normen verwurzelt. Aber auch der extremistisch-religiöse Diskurs spielte eine große Rolle, er ermutigt und stachelt alle Formen von Gewalt gegen Frauen zusätzlich an. Das radikale Narrativ wurde systematisch weitergegeben und die Regierung unterstützte dies.

Die Agitation gegen Frauen in Saudi-Arabien erreichte ihren Höhepunkt zu Beginn der 1980er Jahre. Beginnend Ende der 1970er, gelten die 1980er Jahre als die Blütezeit der radikal-islamischen Mentalität. In dieser Zeit durchdrang Frauenfeindlichkeit Gesetze, Maßnahmen und alle Institutionen des Staates, wie Bildungssektor, Medizin und Gerichtswesen. Dies brachte Saudi-Arabien den wohlverdienten Ruf eines der frauenfeindlichsten Länder weltweit ein. Für die strengen und repressiven Gesetze für Frauen gibt es keine logische Rechtfertigung. Es ist lediglich die Anwendung über Jahrzehnte hinweg gepflegter frauenfeindlicher Sitten, Gebräuche und

Traditionen der Gesellschaft, die mit einer frauenfeindlichen Religion unterlegt wurden.

Saudische Frauen litten unabhängig von ihrem sozialen, ihrem Bildungs- oder ihrem familiären Status. Ihre Rechte wurden zu einer billigen Ware, um die die Öffentlichkeit, Intellektuelle, Minister und sogar örtliche Menschenrechtsorganisationen fröhlich feilschten. Das erste System, das zur Hochzeit der religiösen Bewegung etablierte wurde, war das Vormundschaftssystem für Frauen, unter dem saudische Frauen bis heute leiden. Das System raubte den Frauen ihren Status als Individuum und Bürgerin und degradierte sie zu Menschen zweiter Klasse. Per Gesetz wurden Frauen zu Unmündigen erklärt, die einen männlichen Vormund brauchen, der alle Entscheidungen für sie trifft. Frauen können ohne die Zustimmung eines männlichen Vormunds weder medizinische Versorgung erhalten, arbeiten, heiraten, reisen, ein Studium oder eine Ausbildung anfangen noch Handel treiben.

Bildung für Frauen

Die Stipendien für Frauen für ein Auslandsstudium sind streng limitiert und an die Anwesenheit eines männlichen Begleiters – entweder Vater, Bruder oder Ehemann – geknüpft. Das Bildungsministerium legt den Frauen Hindernisse in den Weg, die es ihnen fast unmöglich machen, gleiche Bildungschancen wie Männern zu erlangen. Der Begleiter wird dann zum Aufpasser ernannt, und es ist verboten, dass die Frau und ihr Aufpasser getrennt leben oder dass einer von ihnen in eine andere Stadt zieht – andernfalls werden strenge Strafmaßnahmen ergriffen.

Das ungerechte System zwang einige Studentinnen dazu, Heiratsdokumente zu fälschen oder Scheinehen einzugehen, um das Recht zu erhalten, ins Ausland geschickt zu werden. Die Ehe wird nur zu dem Zweck geschlossen, im Ausland zu studieren. Der Kampf endet aber nicht mit der Genehmigung oder dem Abschluss des Studiums. Die Gesellschaft befehdet die meisten der gebildeten, intellektuellen Frauen und stigmatisiert Studentinnen, die ihr Studium im Ausland absolviert haben. Frauen müssen sich nach ihrer Ausbildung reaktionären Ansichten stellen. Nach einer auf „Ehr“kultur basierenden Sichtweise haben die Frauen der Gesellschaft und ihrer Familie Schande gebracht. Religiöse hetzen gegen die Bildung von Mädchen, behaupten, junge Frauen ins Ausland zu schicken, bringe diese vom richtigen Weg ab und verleite sie dazu, westliche Werte zu übernehmen.

In der Hochzeit des islamischen Radikalismus litten Frauen nicht nur darunter, dass sie nicht im Ausland studieren konnten, auch innerhalb Saudi-Arabiens war ein Studium nicht selbstverständlich, obwohl das gesamte Bildungssystem nach Geschlechtern getrennt ist. Meine ältere Schwester war die erste Frau in meiner Familie, die ein Hochschulstudium absolvierte. Damals war ich zwölf Jahre alt, und ich erinnere mich, wie ich ihren akademischen Weg von Anfang bis Ende beobachtete, angefangen bei ihren Versuchen, meinen Vater davon zu überzeugen, sich dem Teil der Familie entgegenzustellen, der alles versuchte, um sie aufzuhalten. Jeden Tag empfingen sie ihr Mann und seine Familie mit einer unglaublichen Menge an Beleidigungen, wenn sie von der Universität zurückkam. Sie musste viel durchmachen, um etwas zu erlangen, das ihr als Grundrecht zustehen sollte, von vornherein hätte zugestanden werden müssen, ohne solche Härten erleiden zu müssen. Meine Schwester öffnete die Tür für uns und kämpfte darum, dass der Rest der Mädchen in der Familie eine Hochschulausbildung abschließen konnte. So war sie die erste Person, die mir den Feminismus beibrachte.

Ehrverbrechen

Viele der unmenschlichen Praktiken gegen saudi-arabische und arabische Frauen basieren auf der Kultur der Ehre. Der Begriff „Ehre“ hat hier nicht die gleiche Bedeutung wie im Westen. Die verzerrte Bedeutung dieser „Ehre“ beruht auf der Unterwerfung unter die Normen frauenfeindlicher Gesellschaften. Die Ehre der Männer hängt hier von der Jungfräulichkeit der Frauen und der Abwesenheit reifender, emotionaler Erfahrungen im Leben dieser Frauen vor ihrer Heirat ab. Das Konzept der Ehre wurde aufgestellt, um weibliche Sexualität zu kontrollieren und zu unterdrücken. Es raubt Frauen ihre gesamte sexuelle Entwicklung und Befriedigung, während es Männern gleichzeitig vollständige sexuelle Unabhängigkeit, einschließlich Polygamie, ermöglicht.

Wahrscheinlich werden jährlich Tausende von Frauen im Nahen Osten ermordet, um vorgeblich die Familienehre zu schützen. Diese Morde haben sich auch in Europa ausgebreitet. Diese Morde werden in der Regel von Männern begangen, die ihre Machtposition sichern wollen. Es gibt keine akkuraten Statistiken über so genannte Ehrenmorde in der arabischen Welt, da die meisten von ihnen nicht angezeigt werden. Die überwiegende Mehrheit dieser Vorfälle wird geheim gehalten, und die Wahrheit wird mit den Opfern begraben. Diese Art von Verbrechen nimmt auch durch Gesetze zu, die durch lasche Strafen jedem Mann suggerieren, dass er seine Tochter, Schwester oder Ehefrau straffrei töten kann. Das Gesetz in Saudi-Arabien erlaubt es der Familie des Opfers auf „ihr persönliches Recht", also ihr Recht auf Vergeltung für ihre Tochter oder Schwester, zu verzichten, wodurch das Strafmaß auf die Hälfte reduziert wird.

Die meisten dieser Morde werden in meiner Gesellschaft mit unwahrscheinlichen Ausflüchten erklärt, etwa, das Mädchen habe Selbstmord begangen oder wäre beim Reinigen der Waffe versehentlich durch eine Kugel getötet worden. Letzteres geschah in meiner Umgebung. Wir wussten alle, dass es nicht wahr war, aber wagten nicht, weiter nachzufragen.

In den arabischen Ländern herrscht weiter ein Klima, das Ehrenmorde begünstigt – mit Gesetzen, die Täter schützen, mit Richtern und Polizisten, die mit den Tätern mitfühlen. In Jordanien, wo mit die höchsten Fallzahlen verzeichnet werden, werden „Ehrenmorde" tatsächlich nachsichtiger behandelt als reguläre Morde. Tätern können auch mildernde Umstände zugestanden werden, wenn sie „Wut" als Grund anführen.

Frauenanstalten

Vor Jahrzehnten wurden Frauen in Europa, die sich gegen männliche Gesellschaftsnormen auflehnten, als hysterisch eingestuft und in Anstalten eingewiesen. In meinem Land werden Frauen heute noch so behandelt. Dar Al Reaya sind Betreuungszentren für Frauen im Alter zwischen sieben und dreißig Jahren in Saudi-Arabien. Eingeliefert werden Gewaltopfer und Aktivistinnen sowie Frauen und Mädchen, die von ihrem Vormund in diese Anstalten eingewiesen werden, um sie zu „disziplinieren". Sind die Frauen älter als dreißig, werden sie in ähnlichen Anstalten mit dem Namen Dar Al Dyafa gesteckt.

Die meisten der weiblichen Gefangenen haben sexuelle Gewalt zur Anzeige gebracht und werden für die ihnen angetane Gewalt bestraft. Sie werden für Jahre in diesen Einrichtungen festgehalten. Auch nachdem sie ihre Strafe verbüßt haben, dürfen sie das Gefängnis nicht ohne Zustimmung ihres Vormunds verlassen, der höchstwahrscheinlich dafür verantwortlich war, dass sie überhaupt ins Gefängnis gekommen sind.

Die Insassinnen werden in der Regel in Zellen eingesperrt, die mit Stahltüren verschlossen sind. Sie können bis zu 20 Tage Einzelhaft verordnet bekommen, die auf einen oder zwei Monate verlängert werden kann. Als Teil ihrer Strafe werden die Frauen jeden Donnerstag von Polizeibeamten und Religionssheriffs ausgepeitscht. Einige Frauen werden trotz Schwangerschaft ausgepeitscht, was das Leben der Schwangeren und ihres Ungeborenen gefährdet. Im Gefängnis fehlt es an grundlegenden hygienischen Einrichtungen, den Insassinnen werden sogar einfache Hygieneprodukte vorenthalten, u. a. müssen sie sich mit Waschmittel waschen.

Saudische Feministinnen kämpfen für die Schließung dieser Einrichtungen. In zahlreiche Kampagnen haben saudische Frauen ihre Solidarität mit den Gefangenen zum Ausdruck gebracht. Auf Grund der Kampagnen zur Verbesserung der Situation von Gewaltopfern in der Gesellschaft wurde die saudische Aktivistin Loujain Al-Hathloul selbst 2018 verhaftet. Al-Hathloul hatte versucht, Schutzhäuser für die Opfer von Misshandlungen zu organisieren, damit diese nicht in die staatlichen Gefängnisanstalten überstellt werden.

Bis zum heutigen Tag führt die extremistische Ideologie zu Konsequenzen, die das körperliche und geistige Wohlbefinden und das Leben von Frauen bedrohen. Wer auch immer versucht, die infame Ideologie anzufechten, muss mit Unterdrückung, Inhaftierung und Folter rechnen.

Öffentlicher Raum

In Saudi-Arabien sind Frauen auf den Straßen täglich sexuellen Belästigungen ausgesetzt. Während meiner Studienzeit an der Universität erfuhr ich jeden einzelnen Tag Belästigungen. Diese Männer interessiert die Ablehnung, der Ärger oder sogar Drohungen von Frauen nicht, es erhöht sogar ihre Ausdauer. Das brachte mich dazu, mir oft über die Gründe Gedanken zu machen, die Männer zu einem solchen Verhalten veranlassen. Meiner Meinung nach sind Belästigungen Begleiterscheinungen einer Haltung, nach der wir Frauen als minderwertig und lediglich als Sexualobjekte betrachtet werden. Öffentliche Belästigung ist eine Methode der Einschüchterung, die saudische Männer praktizieren, um Frauen zu unterdrücken und sie aus dem öffentlichen Raum zu vertreiben. Die Täter handeln in der Überzeugung, dass Frauen kein Recht haben, sich im öffentlichen Raum aufzuhalten, sondern vielmehr zu Hause bleiben sollten, wo sie hingehören.

Nach jahrzehntelangem Verbot von Musikveranstaltungen fand 2017 erstmals ein großes Konzert in Riad statt. Die Menschenmassen waren riesig. Zudem wurde zum ersten Mal in dem streng nach Geschlechtern getrennten Königreich ein gemischtes Publikum erlaubt. Doch die Mehrheit der Frauen im Publikum wurde von Männergruppen sexuell belästigt. Frauen wurden fotografiert, gestalked und erlebten alle Arten verbaler und physischer Übergriffe. Hunderte von Frauen brachen das sonst übliche Schweigen und gingen auf Twitter an die Öffentlichkeit - aber wurden dort mit *victim blaming* überschüttet, der Schuldumkehrung von Täter zu Opfer.

Einige Formen der sexuellen Belästigung wie Begrapschen oder Nachstellungen auf der Straße gelten unter jungen Männern nicht als herabwürdigend, sie werden eher tendenziell trivialisiert und die Täter sogar bestärkt. Auf eine bestimmte Art gilt die Belästigung von Frauen und aggressives Verhalten in Saudi-Arabien als Zeichen von Männlichkeit und Maskulinität. Zwar wurden vor kurzem mehrere Gesetze erlassen, um Belästigungen im Königreich unter Strafe zu stellen, aber sie konnten das Phänomen nicht eindämmen, da es an Bewusstsein über die schädlichen Folgen mangelt.

In diesem ganzen Aufsatz habe ich nur die schrecklichsten Aspekte der Gewalt erwähnt, die die Rechte von Frauen signifikant verletzen. Gewalt gegen Frauen ist nicht nur körperlich, sie kann viele Formen annehmen und auf verschiedenen Ebenen existieren. Körperliche Gewalt durch einen Partner oder ein Familienmitglied, psychische Gewalt und Vergewaltigung, Vergewaltigung in der Ehe, Zwangsheirat, Säureangriffe, Kinderehe und sexuelle Übergriffe, weibliche Genitalverstümmelung, öffentliche Belästigung und sexuelle Belästigung, Ehrverbrechen, die Verweigerung von Arbeit und Bildung sind nur einige Beispiele.

Unsere Mission als Frauen ist, gegen unsere Verfolgung und gegen jedes System zu kämpfen, das diese fördert oder legalisiert. Zusätzlich sollten wir Bewusstsein über gefährliche Bräuche und Traditionen schaffen, die eine Bedrohung für das Leben von Frauen darstellen, und Überlebenden von geschlechtsspezifischen Misshandlungen oder Angriffen zuhören und sie unterstützen. Wir müssen zusammenarbeiten und uns zusammenschließen, um sichere Räume für Frauen auf der ganzen Welt zu schaffen, damit sie frei leben und über ihre Körper, Gedanken und Entscheidungen selbst bestimmen können.

Literatur

Human Rights Watch, Boxed In: Women and Saudi Arabia's Male Guardianship System, 2016, https://www.hrw.org/report/2016/07/16/boxed/women-and-saudi-arabias-male-guardianship-system (aufgerufen am 19.11.2020).

Mina Ahadi

Ein Leben mit dem Islam und unter dem politischen Islam

Ich bin am 26. Mai 1956 in einem kleinen Dorf im Iran geboren. Damals gab es im Iran noch kein islamisches Regime, der Schah Mohamad Reza Pahlavi war König, aber mein Leben war von Anfang an geprägt vom Islam und der islamischen Kultur.

Mein Vater war Lehrer und meine Mutter Hausfrau. Als ich vier Jahre alt war, starb mein Vater. Meine kleine Schwester Minoo ist sieben Tage nach dem Tod meines Vater auf die Welt gekommen. Als Muslimin hatte meine Mutter fast keine Rechte auf das Erbe ihres Ehemannes, denn auch unter dem Schah galt ein an das islamische Recht angelehntes Erbrecht, das Frauen benachteiligte. Wir mussten also unsere Wohnung verlassen und zogen in das große Haus meines Onkels, in dem ich mit elf anderen Kindern, den Kindern meines Onkels, aufgewachsen bin.

Wenn meine Mutter Schuhe kaufen wollten, wurden zehn Paar Schuhe in unser Haus gebracht und sie musste eines wählen, denn sie durfte nach den durch die Kultur geprägten Sitten nicht einfach alleine das Haus verlassen. Nach dieser Tradition durfte ich, als ich neun Jahre alt wurde, nur mit Tschador auf die Straße gehen, einem langen schwarzen Tuch, das Teile des Kopfes und den ganzen Körper verdeckt. Anfangs durfte ich noch mein Gesicht zeigen, später nur noch meine Augen.

Islam, Koran, Gebet und Ramadan waren bei uns sehr präsent, ich sollte fünf Mal am Tag beten. Als ich meine Periode bekam, befahl mir meine Mutter, in ein Bad in der Stadt zu gehen, um mich rituell zu reinigen, und dabei drei Mal etwas auf Arabisch aufzusagen. Danach sollte ich noch in die Moschee gehen und beten. Das ist Tradition, denn im Islam gilt die Frau während ihrer Periode als unrein.

Auf der einen Seite bin ich sehr traditionell in einer islamischen Welt aufgewachsen, auf der anderen Seite gab es noch einen anderen Einfluss in meinem Leben. Mein Großvater, Herr Javadi, der Vater meiner Mutter, war ein kleiner und sehr eleganter Mann. Es ließ sich von meiner Großmutter scheiden, die eine sehr religiöse Person war. Herr Javadi lebte in Teheran, war Angestellter und verdiente gut. Er beschenkte uns großzügig und gab auch uns Kindern Geld. Mein Großvater trank Wein und machte immer wieder Witze über den Propheten Mohammed. In den Schulferien durften wir für drei Monate zu meinem Großvater. Das war ein anderes Leben als in meinem dunklen und hässlichen Dorf. Teheran war für mich groß und lebendig, von Licht durchflutet. Wir aßen drei Monate lang gut, gingen ins Kino und konnten ohne Kopftuch und Tschador unterwegs sein. Herr Javadi las Bücher, betete nicht und sagte, dass alle Aussagen des Propheten Mohammed und Allahs lächerlich seien.

Ich fand diese Welt besser und fing langsam an nachzudenken. An einem heiligen, heißen Tag fragte ich meine Mutter, ob ich einen Koran in persischer Übersetzung bekommen könnte. Denn in unserem Haus in unserem kleinen Dorf Abhar hat mein Onkel abends mit lauter Stimme aus einem großen Koran vorgelesen, aber auf Arabisch. Mein Onkel war ein interessanter Mann. Er hat für Feudalherren gearbeitet, war immer unterwegs, um von den Bauern in den Dörfern Geld und Weizen einzusammeln, oft auch mit Gewalt. Er hatte elf Kinder, wusste aber nicht, welches seiner Kinder in der Schule war und was es dort macht. Er war sehr autoritär, seine Frau lebte in Angst vor ihm. Wenn er wütend war, hat er schon mal eine Waffe in die Hand genommen und manchmal uns Kinder bedroht. Obwohl mein Onkel sehr religiös war, war er ein angsteinflößender Charakter, während Herr Javadi, obwohl ungläubig, sich ganz anders verhielt.

Als ich 14 Jahre alt war, las ich den Koran auf Persisch. Ich fand das Buch mit den vielen unterschiedlichen Texten durcheinander, und manches kam mir lächerlich vor.

Doch diese Gedanken ließen mich verzweifeln und machten mir Angst. Ich hatte gelernt, dass mir in der anderen Welt eine Strafe droht, wenn ich zu beten aufhörte und die Religion falsch fand. Die totale Schikane gegen den Abfall vom Glauben wirkte. Drei Monate kämpfte ich mit mir, mit Allah, mit dem Propheten Mohammed und mit dem Koran. Am Ende dieser schweren Zeit hörte ich auf zu beten und sagte, ich habe keinen Glauben mehr.

Daraufhin beschloss ich, in eine große Stadt zu ziehen, zu studieren und all diese Einschränkungen in meinen kleinen Dorf Abhar hinter mir zu lassen. Und das habe ich getan. Ich wurde Studentin an der Universität Tabriz, schmiss den Tschador weg und fing endlich an zu leben.

Was sexuelle Belästigung oder auch Lust betrifft, ist mein Leben beispielhaft, wie islamische Kultur und Tradition uns Frauen angreift. Ich habe meinen Körper als Schande betrachtet, wollte meine Brüste verstecken, meine Periode verheimlichen, es waren Themen, über die man nicht reden durfte. Nach dem Verlust meines Vaters war mein vier Jahre älterer Bruder unser Oberhaupt. Er verfolgte uns Mädchen, um zu kontrollieren, ob wir uns an die Regeln hielten. Alle wussten, dass er eine Freundin hatte, aber als ich das erste Mal verliebt war, habe ich mit niemandem darüber sprechen können. Ich habe den Jungen nur einmal heimlich in seiner Wohnung besucht, unter Todesangst, dass mein Bruder es herausfindet. Im Laufe der Zeit lernte ich, alles, was weibliche Lust und meinen Körper angeht, zu ignorieren, und meine eigenen Gefühle zu vernachlässigen. Dieses erlernte Verhalten hält bis heute an. Obwohl ich mit meinem zweiten Mann seit 36 Jahren verheiratet bin, konnte ich mich noch nicht von diesem Schleier über meinen Gefühlen befreien, der innere Hidschāb bleibt. Das ist schrecklich, ein wichtiger Teil meines Lebens wird dadurch dramatisch beeinträchtigt.

Als ich an der Universität in Tabriz war, sah ich, wie sich Männer auf der Straße verhalten. Irgendwie haben alle Straßen den Männern gehört, wir Frauen mussten schnell von A nach B gehen und immer aufpassen, nicht begrapscht zu werden. Wir wurden oft verfolgt. Als ich Schah-Kritikerin wurde, wusste ich nie, ob ein Geheimpolizist oder einfach ein Chauvinist hinter mir her war. Als ich einmal unterwegs war, spürte ich etwas Nasses an meiner Hand. Ich sah, dass ein Mann mit seinem Penis meine Hand berührt und etwas darauf spritzte, schrie laut und lief weg.

Wenn ich zu meiner Familie fahren wollte oder für meine politischen Aktivitäten unterwegs war, musste ich mehrere Stunden mit dem Bus fahren, sechs Stunden von Tabriz bis zu meinem Dorf und zehn Stunden bis nach Teheran. Auf fast allen diesen Busfahrten wurde ich belästigt. Wenn ich auf meinem Platz saß, steckte jemand von hinten seine Hand aus und versuchte, meine Beine oder auch meine Genitalien zu berühren. Das war jedes Mal ein großer Schock, aber ein paar Mal in meinem Leben wagte ich, aufzustehen und mit den Männern zu streiten. Ein Mal hörte derjenige auf, als alle schauten, weil ich laut war. Aber ein anderes Mal, als ich laut wurde und den Mann schlug, hielt der Bus an und verursachte einen kleinen Unfall. Da haben alle gesagt: „Du musst ruhig sein“, und niemand half. Wiederum ein anderes Mal war ich unterwegs von Teheran nach Tabriz, als ein Mann mich belästigte. Obwohl alle schliefen, stand ich auf und schrie. Der Busfahrer sagte, ich solle nach vorne kommen, dort könne ich in Ruhe schlafen, aber dann wachte ich auf und der Busfahrer hatte seine Hände zwischen meine Beine gesteckt. Wieder stand ich auf und rief „Hör auf, du Idiot", aber so ging es ein ums andere Mal weiter ...

In meinen Augen kommt dieses Verhalten durch eine Religion, die Frauen als Ware betrachtet. Gott hat angeblich Männer als Menschen geschaffen, und für diese Männer mehrere Waren zu ihrem Nutzen, eine davon die Frau. Wir dienen als Genuss für Männer, die offiziell vier Frauen heiraten und Tausende in Teilzeitehen haben können. Verharmlost werden die Übergriffe, indem behauptet wird, Männer seien halt so und Frauen sollten dies akzeptieren, es sei alles gut, weil Gott es so gewollt habe.

Frauen gelten nicht als Menschen und dürfen nicht genießen. So funktionierte unser Leben mit dem Islam und seiner Tradition. Dann kamen die Islamisten und all dieser Blödsinn wurde Gesetz. Aus einem Leben mit dem Islam und seinen Traditionen wurde ein Leben unter dem politischen Islam.

Als allererstes führten die Islamisten nach der Machtergreifung ein Gesetz ein, das das Kopftuch zur Pflicht für jede Frau machte. Ich, eine Frau, die gegen den Tschador gekämpft und den Schleier weggeworfen hatte, weigerte mich, dem Gesetz zu folgen, weil ich Tschador und Hidschāb als Gefängnis erlebte. Durch den Tschador war ich gezwungen worden, als Person zu verschwinden, und damit wurden auch all meine Gefühle negiert. Mit dem schwarzen Tuch wurden meine Gefühle, meine Sexualität und meine Schönheit ignoriert und zerstört. Deshalb sagte ich Nein zum Hidschāb, Nein zu den Islamisten und ihrem Gesetz.

Ich war Medizinstudentin und rief mit sieben anderen Frauen zum Protest auf, mitten im Jahr 1979 in Tabriz gegenüber dem Parvin Gymnasium. Den Tag des Protests werde ich mein Leben lang nicht vergessen. Um zehn Uhr war ich am angekündigten Ort und sah, dass 2000 Frauen und einige Männer gekommen waren. Ich hielt die erste öffentliche Rede meines Lebens, sagte, dass das Regime reaktionär und frauenfeindlich sei. Wir standen gegen den Hidschāb auf. Wir waren sehr laut. Dann sahen wir Männer mit Bärten und Messern in den Händen näher kommen, die die Demonstranten beschimpften. Mit der Hilfe von zwei Männern kletterte ich auf ein Auto und hielt noch eine Rede. Ich rief, wir lassen die Islamisten nicht gewinnen. Doch die Männer mit Bärten wurden mehr, erst hatten sie nur Messer in den Händen, dann Ketten und schließlich kamen einige mit

Kalaschnikows. Die Protestierenden bekamen Angst, fingen an zu gehen und schließlich waren wir nur noch 50 Demonstranten und hatten verloren.

Aber ich hatte begonnen, gegen das Regime zu kämpfen. Wegen der Demonstration gegen das Kopftuch wurde ich aus der Universität ausgeschlossen und musste in einer Softdrink-Fabrik arbeiten. Doch ich gab nicht auf, verlangte weiter das Ende des reaktionären Regimes. Schließlich verlor ich meinen Mann, er und sechs unserer Gäste wurden bei uns festgenommen und von dem Regime enthauptet. Da das Regime auch gegen mich die Todesstrafe verhängte, musste ich ein Jahr in Teheran im Untergrund leben.

1980 war ich am Ende meiner Kraft und floh in den kurdischen Teil des Iran. Zehn Jahre lang kämpfte ich als Partisanin, bis ich 1990 nach Wien flüchtete. Bereits 42 Jahre meines Lebens kämpfe ich gegen das islamische Regime und den politischen Islam. Mit einer Organisation namens *Internationales Komitee gegen die Todesstrafe im Iran* gehe ich gegen Hinrichtungen vor, 2001 gründete ich das *Komitee gegen Steinigungen*, das erfolgreich diese barbarische Praxis des iranischen Regimes beendet hat. Wer Interesse hat, kann im Internet unsere letzte Kampagne gegen die Steinigung von Sakine Mohammadi Ashtiani nachlesen. Die Iranerin war durch das Regime wegen angeblichen Ehebruchs zu Peitschenhieben und Tod durch Steinigung verurteilt worden. Diese Kampagne zu ihrer Rettung fand 2010 statt. Zwei deutsche Journalisten versuchten, sich im Iran mit ihren Verwandten zu treffen und wurden deswegen festgenommen. Doch mir gelang es, das Interview mit Sakines Sohn und mit ihrem Anwalt am Telefon zu übersetzen, so dass alle in Deutschland ihre Botschaft hören konnten. Seit dieser Kampagne hat das iranische Regime keine Frauen und Homosexuellen mehr gesteinigt.

In Deutschland gründete ich zusammen mit der *Giordano-Bruno-Stiftung* und Michael Schmidt-Salomon den *Zentralrat der Ex-Muslime*, weil auch in Deutschland Islamisten aktiv sind. Diese Islamisten behaupten, sie seien die Vertreter von Millionen von Menschen beziehungsweise Muslimen; diese angeblichen Imame beanspruchen, meine Angelegenheiten regeln zu wollen, und verbreiten ihre frauenfeindliche Ideologie. Das ist ein Skandal. Aus meiner Sicht haben wir es mit einer politischen Bewegung zu tun, deren Opfer in erster Linie Muslime sind. Wir müssen gegen diese politische Bewegung zusammenhalten und gegen sie ankämpfen. Multikulturalisten und Postmodernisten üben Verrat an uns Demokratinnen und Demokraten, wenn sie für eine Zusammenarbeit mit dieser Bewegung und den islamischen Verbänden plädieren, die als verlängerter Arm der Regime dienen.

Ich sehe das Kopftuch als Verletzung der Menschenrechte und als Flagge des politischen Islams. Ich habe die Auswirkungen des Hidschābs in meinem Leben erfahren müssen, erst durch Tradition und dann durch Gesetz auferzwungen, und leide noch immer an den Folgen. Das Kopftuch sollte in allen staatlichen Institutionen verboten werden, an Schulen und in Behörden. Kinder sollten Unterricht über Religionen erhalten, nicht zur Religion erzogen werden. Wir müssen gegen Terror und für Frauenrechte auf die Straße gehen und Gesicht zeigen. Die freie Meinungsäußerung ist wichtig, und bleibt nur erhalten, wenn Religionskritik geübt werden kann. Nur wo Religionskritik geübt werden kann, sind Menschen frei. Und für Freiheit werde ich mich immer einsetzen.

Monireh Kazemi

Herrenlose Frauen

Ich besuchte vier Jahre lang die Oberstufe eines Mädchengymnasiums in der Teheraner Stadtmitte und war deshalb jeden Tag mit dem Bus oder dem Sammeltaxi unterwegs. In der ganzen Zeit gab es nur selten einen Tag, an dem ich nicht sexuell belästigt wurde. Meistens kam ich deshalb wütend, genervt oder deprimiert in der Schule oder zuhause an.

Die Art und Weise der Belästigung unterschied sich von Mal zu Mal. Manchmal waren es „nur“ Autofahrer, die vor mir anhielten, während ich auf mein Taxi wartete, um mich verbal zu belästigen. Wenn man dann im Sammeltaxi vorne sitzen musste, weil es so voll war, war es eigentlich fast selbstverständlich, dass die Hand des Taxifahrers bei jedem Gangwechsel auf dem Oberschenkel landete.

Es gab so gut wie keine Möglichkeit, dieser andauernden Belästigung aus dem Weg zu gehen. Hätte man sich nach hinten auf die Rückbank gesetzt, wäre man ebenso begrapscht oder angemacht worden. Ich musste mich immer klein machen, in mich zurückziehen und abhärten. Saß ich mal in der Mitte zwischen zwei männlichen Fahrgästen, drückte ich meine Beine fest zusammen und spannte meine Muskeln an, bis ich verkrampft und mit Knieschmerzen am Ziel ankam. Viele Male hielt ich es schon während der Fahrt nicht mehr aus, stieg auf der Hälfte der Strecke aus und lief kilometerweit nach Hause.

Dieser Spießrutenlauf zog sich für meine Klassenkameradinnen und mich durch den gesamten öffentlichen Raum, den wir naturgemäß irgendwann nur noch so schnell und geradlinig wie möglich durchkreuzten. Eine fremde Hand am Hintern oder an der Hüfte im Bus war ebenso alltäglich wie eine aggressive verbale Anmache beim Einkaufen, in der Freizeit, beim Spaziergang – Parks, menschenleere Straßen oder Gassen, und sogar die bei vielen Teheranern beliebten Ausflugsorte im Umland waren ohne männliche Begleitung komplett tabu, nicht einmal auf den Wanderpfaden im nördlichen Gebirge war man sicher vor Belästigungen von Stalking bis hin zur exhibitionistischen Entblößung.

Solche Erlebnisse prägten unseren Alltag, denn beinahe jeden Tag machten wir auf dem Weg zur Schule oder zurück mindestens eine derartige Erfahrung. Die meisten behielten wir für uns selbst – weil es so erniedrigend und verletzend war, wollten wir nur von den seltenen Fällen berichten, in denen wir uns gegen die Belästiger mit Worten oder sogar mit Händen zur Wehr gesetzt hatten. Doch obwohl wir uns auf dem Pausenhof gerne als Heldinnen darstellten, fürchteten wird doch alle den Weg zurück nach Hause, die Zeit alleine an der Bushaltestelle, den Blick des Taxifahrers, wenn er mit uns alleine war.

Ein Ereignis ist mir dabei besonders in Erinnerung geblieben; ich werde es wahrscheinlich nie vergessen können. Es war an einem Spätnachmittag in der Mitte Mai 1978 – nur wenige Monate vor der Islamischen Revolution – als ich in einem vollen Bus auf dem Weg nach Hause war. Ich ging zu dieser Zeit in die zwölfte Klasse, und weil Zwölftklässler keine Uniform mehr zu tragen brauchten, trug ich eine Bluse und einen Jeansrock, sowie Sandalen. Je mehr sich der Bus von der Stadtmitte entfernte, wo meine Schule war, desto leerer wurde auch der Bus; und irgendwann bemerkte ich einen älteren Mann, der penetrant auf meine nackten Beine starrte. Taktisch starrte ich zurück, blickte ihm einige Male protestierend in die Augen, in der Hoffnung, er würde sich von mir abwenden. Doch anstatt auf meinen Protest zu reagieren, sagte er nur (laut, sodass alle verbleibenden Passagiere es hören konnten): „Eine Stange Sellerie kostet 5 Rial, aber die herrenlosen Beine unserer Frauen und Töchter sind kostenlos."

In diesem Augenblick fühlte ich mich sehr schlecht. Ich war gerade 17 Jahre alt, und meine Würde wurde öffentlich angegriffen. Ich verstand nicht, warum, und wie ich mich hätte verteidigen können. Tausend Gedanken gingen gleichzeitig durch meinen Kopf: Hatte ich etwas falsch gemacht? Wieso erlaubte sich dieser Greis, mich zu beleidigen und meine Beine mit einer Ware zu vergleichen? War mein Körper ein Gegenstand? Wie konnten meine Beine „herrenlos" sein; war ich nicht selbst Herrin meiner Beine? Deprimiert ging ich nach Hause, wo ich mich versteckte. Ich wollte niemanden sehen und mit niemandem sprechen – auch nicht mit meinen Eltern, obwohl diese doch nichts dafür konnten, dass ich mich so wehrlos fühlte. Nach einer Weile entschied ich mich doch, das Geschehene meiner Mutter zu erzählen. Aber als ich ihr unter die Augen trat, kam das Gefühl der Schuld und des Selbstzweifels wieder hoch – was, wenn der alte

Mann Recht gehabt hatte? Also gab ich die Idee schnell wieder auf, zog mich zurück und behielt die Erfahrung für mich.

Die Eltern wussten natürlich dennoch genauestens Bescheid, welches alltägliche Martyrium ihre Töchter durchmachen mussten, wenn sie das Haus verließen. Doch anstatt ihre Söhne anständig zu erziehen, wählten die meisten leider den leichteren Weg, ihre Töchter krankhaft zu kontrollieren und ihre Freiheiten in jeder Hinsicht einzuschränken. Die meisten Mädchen wurden von vorne bis hinten von ihren Eltern kontrolliert – von der Auswahl ihrer Freundinnen über die Frage, was sie unternehmen dürfen und wo, bis hin zur Auswahl ihrer Ausbildung oder – wenn sie überhaupt studieren durften – der Wahl des Studienfaches und der Universität. All dies wurde von der Familie, meist von den Vätern, Brüdern, oder sogar den Onkeln bestimmt. Besonders in den streng konservativen Familien führte die neurotische Angst, dass die Familienehre durch die Töchter beschmutzt werden könnte, zu frühen Hochzeiten gegen den Willen der Mädchen. Allgemein herrschte die Vorstellung vor, dass eine Missachtung, Misshandlung oder sogar Vergewaltigung eines Mädchens oder einer Frau immer auch zumindest teilweise durch ihre Kleidung und ihr Verhalten wenn nicht gerechtfertigt, so doch begründet war. Das archaische persische Sprichwort „Wenn eine Frau sich sittlich verhält, passiert ihr selbst in der Kaserne nichts" prägte ihr Bewusstsein, mitten in der zweiten Hälfte des 20. Jahrhunderts – und tut es in den meisten Fällen auch noch heute.

Die islamische Regierung begründet ihr Stadionverbot für Frauen mit genau derselben Sichtweise. Seit über 40 Jahren gilt diese Einschränkung, die Frauen nach Ansicht der islamischen Geistlichen vor dem unzumutbaren und sündigen Anblick halbnackter Männer in einem angeblich vulgären Umfeld bewahren soll.

Doch das eigentlich Traurige kommt erst noch: Diese Begriffe, das Gerede von "herrenlosen Mädchen und Frauen", musste ich auch schon öfter in Deutschland hören; in Deutschkursen und am Studienkolleg begegnen mir zunehmend männliche Schüler aus islamischen Ländern wie dem Iran, der Türkei, Palästina, Marokko oder Jordanien; ihre grinsend-frechen Aussagen wie „deutsche Frauen sind herrenlos" erzürnen und verletzen mich zutiefst. Anfangs sagte ich nichts und schluckte meinen Frust herunter; aber irgendwann konnte ich es einfach nicht mehr ertragen und fing an, dagegen zu protestieren. Der selbstbestimmte Lebensstil der deutschen Frauen (und aller anderen emanzipierten Frauen in Deutschland) soll damit hinterfragt und angegriffen werden, weil hinter ihnen kein schützender Mann stehe. Diese jungen Männer aus islamischen Ländern sehen sich ihrer vermeintlichen Überlegenheit und der Möglichkeit, mittels patriarchaler Strukturen Kontrolle auszuüben, beraubt. Wenn andere Frauen oder ich selbst uns selbstbestimmt verhalten, müssen wir in diesem Sinne häufig hören, wir seien schon wie deutsche Frauen geworden.

Genau wegen dieser Erfahrungen aus meiner alten und meiner neuen Heimat war ich gleichermaßen schockiert wie ernüchtert, als ich nach der Silvesternacht 2015/16 las, dass die Kölner Oberbürgermeisterin gesagt hatte: Die Stadt Köln will Verhaltensregeln für Frauen und Mädchen aufstellen. Mir war das alles bekannt; junge Männer belästigen Frauen, und Frauen sollen sich daraufhin an Verhaltensregeln halten. Erinnerungen aus meiner Jugend wurden lebendig: Die Opfer massiver archaischer Gewalt werden aufgefordert, ihr Verhalten zu überdenken; die Täter hingegen werden weder von ihren Taten abgehalten noch durch Bestrafung zu reflektierender Reue über ihr Fehlverhalten gezwungen. Wie im islamischen Kulturkreis üblich, ist die Frau selbst schuld, wenn sie belästigt oder sogar vergewaltigt wird, weil sie sich angeblich nicht sittlich angezogen habe oder zur falschen Zeit am falschen Ort gewesen sei. Dies erzeugt einen enormen psychischen Druck für die Frauen und Mädchen, weil sie zusätzlich zum eigentlichen Übergriff noch eine langfristige moralische Verächtlichmachung und Beschuldung ertragen müssen.

Doch das geht weiter: Ende April 2018 veranstaltete die hessische Heinrich Böll-Stiftung in Frankfurt am Main eine Tagung zum Thema „Rechtspopulismus und Geschlechterpolitik in Europa“;[1] ich hatte mich für diesen Tag angemeldet und war dort. Es gab einige Referent_innen aus verschiedenen europäischen Ländern, die sehr informativ und interessant – wenn auch für meinen Geschmack etwas einseitig – berichteten.

Einer der dort gehaltenen Beiträge kam von Stefanie Mayer von der FH Campus Wien. Sie sprach über den Versuch der FPÖ, mittels der Taktik des sog. „Otherings“ ihre eigene antifeministische Agenda zu vertuschen, indem Antifeminismus einseitig und ausschließlich als Problem der Fremden dargestellt und somit ausgelagert würde. Auf dieser theoretischen Ebene konnte ich Frau Mayers Kritik sehr gut nachvollziehen und war empört angesichts solcher billigen populistischen Taktiken. Als sie dann aber als Anschauungsbeispiel ein Video einer FPÖ-Wahlwerbung zeigte, änderte sich mein Eindruck schlagartig: In dem Video wurde dargestellt, dass Frauen in der Disko oder an anderen öffentlichen Orten durch als muslimisch implizierte Männer belästigt werden. Stefanie Mayer hingegen wies nicht nur auf die Einseitigkeit dieser Darstellung hin, sondern tat im Weiteren so, als ob das überhaupt nicht vorkäme. Es ist bekannt, dass rechte Bewegungen und Parteien ihre eigenen frauenfeindlichen Meinungen – ebenso wie ihre Fremdenfeindlichkeit – pauschal auf Migranten projizieren; aber dies ändert nun einmal überhaupt nichts an der Tatsache, dass die von mir beschriebenen und von vielen jungen Frauen und Mädchen täglich erlebten Belästigungen und Übergriffe durch islamisch sozialisierte Männer zur alltäglichen Realität gehören. Diese Ignoranz konnte ich nicht im Raum stehen lassen. In mir kochten alle alten, jahrzehntelang unterdrückten Erfahrungen und all die Wut hoch; all die Frauenverachtung, die ich selbst als junge Frau im Iran, und in den ersten Jahren zunehmend von muslimischen Jungen in Sprachkursen und im Studienkolleg erfahren musste.

Also hob ich meine Hand und bat, einen kurzen Kommentar geben zu dürfen. Ich sagte, dass ich das Problem durchaus erkenne, dass Populisten die Situation für ihre Zwecke ausnutzen – wie es Populisten im Übrigen mit allen Problemen machen – aber dass ich als Migrantin aus einem islamischen Land nur zu gut weiß, wie sehr man als Frau in Bars, Clubs und Diskos Acht geben und angespannt aufpassen muss, um nicht irgendwie belästigt zu werden. Und leider, musste ich anmerken, musste ich schon als mittzwanzigjährige Studentin in Deutschland eher auf orientalische Männer achtgeben als auf europäische.

Sofort wurde der Saal unruhig, und viele wollten meinen Aussagen widersprechen. Die Vorwürfe, die kamen, waren „rechts“, „rassistisch“, „antimoslemisch“ – keine einzige Sympathiebekundung, kein bisschen Einfühlungsvermögen gegenüber meinen realen Erfahrungen. Ich war erschüttert, hatte ich doch im Vorfeld gedacht, dass auf einer Veranstaltungen mit Teilnehmer_innen und Referent_innen aus feministischen Milieus die Erfahrungen einer Frau angehört und wertgeschätzt würden. Eine Frau aus meiner eigenen Generationen, die neben mir saß, flüsterte mir ins Ohr: Hier wirst du für dieses Thema leider kein Ohr finden. Als der Saal sich endlich wieder beruhigte, sagte eine Studentin (das Publikum bestand zum Großteil aus Heinrich Böll-Stipendiat_innen), dass die meisten sexuellen Belästigungen laut einer Studie in Finnland geschehen würden.

Leider kam ich nicht mehr dazu, mein Beileid zu bekunden, dass eine Studentin – bei der man ja einen gewissen Intellekt voraussetzen könnte – nicht versteht, warum jede Einzelstudie durch die Methode der Datenerhebung und die Linse ihrer Analyse immer eine bestimmte Perspektive ausdrückt. Eigentlich müsste man ja intuitiv darauf kommen, dass, wenn für eine solche Studie Daten von der Polizei oder aus Interviews mit Betroffenen gesammelt werden, eine hohe Anzahl von gemeldeten Fällen ebenso gut auf eine hohe Sensibilisierung in der Bevölkerung schließen lassen kann – also genau auf das Gegenteil dessen, was in islamischen Ländern vorherrscht. Ebenso wäre es interessant, zu erfahren, ob in Ländern wie dem Iran überhaupt eine solche Studie angefertigt werden könnte, und, wenn ja, ob die Forscher_innen dort auf dieselbe Offenheit bei Polizei, Ämtern und Universitäten stoßen würden. Wie soll in einem Land, in dem die Betroffenen sexueller Gewalt zusätzlich zur Ächtung durch die eigene Familie sogar juristisch verfolgt und bestraft werden können, eine objektive Erfassung solcher Daten geschehen? Doch für solche Erwägungen war nicht nur kein Raum auf der Veranstaltung, sondern wahrscheinlich auch nicht im Kopf dieser Studentin – vielmehr sollte der vorab beschlossene Konsens, dass es das Problem der islamischen Frauenverachtung nicht gebe, einfach durch eine selektive Pseudo-Wissenschaftlichkeit abgesegnet werden.

Enttäuscht und deprimiert ging ich von der Veranstaltung nach Hause. Auf dem Heimweg dachte ich mir: Wenn nicht die Grünen, dann welche andere Partei? Bis zu diesem Zeitpunkt war ich wie viele andere progressive Akademiker_innen ganz selbstverständliche Grünen-Wählerin. Doch an diesem Abend war ich doppelt enttäuscht worden, und ich musste mich an eine andere große Ernüchterung vonseiten der Grünen erinnern. Als wir – einige andere Exiliranerinnen und ich – Anfang 2015 einen Brief an Frau Claudia Roth geschrieben und sie auf ihren sorglosen und freundlichen Umgang mit den Islamisten im Iran aufmerksam gemacht hatten, war ich zum ersten Mal heftig enttäuscht. Sie antwortete damals nicht selbst auf unseren Brief, sondern ließ einen Mitarbeiter in einer Mischung aus herablassendem, machohaftem Ton und etwas antiwestlichem Beigeschmack antworten. Zuhause kramte ich den Briefwechsel hervor und las ihn noch einmal:

Offener Brief der IWS Frauen an Frau Roth

Mittwoch 28. Januar 2015

Sehr geehrte Frau Roth,

wir iranische Frauenrechtlerinnen, die in Europa und Nordamerika für die Freiheit für Frauen im Iran kämpfen, sind von Ihrer Reise in den Iran massiv enttäuscht.

Seit 36 Jahren kämpfen iranische Frauen gegen mittelalterliche Scharia-Gesetze. Trotz dieser unglaublichen Leistung werden die Frauen- und Menschenrechte dort immer mehr eingeschränkt.

Diskriminierende Gesetze, frauenfeindliche Propaganda sowie Restriktionen auf dem Arbeitsmarkt für Frauen hatten in den letzten Jahren bestürzende Folgen für Iranerinnen. Als einziges Beispiel verweisen wir auf die eingeschränkten Studienplatzangebote oder sogar das Verbot mancher Studienfächer für Frauen an den Universitäten.

Seit 36 Jahren herrscht im Iran das Gebot für Zwangsschleier. Um dieses durchzusetzen, wendet die iranische Regierung enorme Mittel (für Werbung, Kontrolle durch Wächter bis staatliche Repressionen) im Staatshaushalt auf. Allein im vergangenen Herbst wurden mehrere Frauen mit Säure attackiert. Sie hatten wie Sie bei Ihrem Besuch die Haare nicht vollkommen bedeckt! Die Täter wurden nie identifiziert, so dass sie auch nicht zur Rechenschaft gezogen werden konnten. Im Gegenteil, iranische Aktivistinnen, die gegen diese barbarische Feigheit demonstriert haben, wurden festgenommen. Dazu kam auch Inhaftierung der Journalistinnen, die hierüber berichteten.

Unserer Meinung nach haben Sie mit Ihrem Auftritt mit Kopftuch sich den Vorgaben des Regimes gebeugt und ihm signalisiert, dass Sie auf Ihre Freiheit verzichten, sich nach Ihrem Willen anzuziehen. Vielleicht wurde Ihnen suggeriert, dass Sie mit dem Kopftuch Ihren Respekt für iranische Kulturwerte ausdrücken. Es stellt sich allerdings hier die Frage, warum das Tragen eines Kopftuches mit dieser Gewalt durchgesetzt werden muss, wenn es wirklich Teil der iranischen Kultur sein soll?

In der Berichterstattung über Ihre Reise hatten Sie angegeben, dass Sie einen Oppositionspolitiker, nämlich Mohammadreza Aref besuchten. Seine politische Karriere und seine Äußerungen auch nach Ihrer Abreise deuten darauf hin, dass Herr Aref kein Repräsentant der Opposition ist. Übrigens gibt es keine Opposition im Iran nach Vorstellungen demokratischer Staaten. Oppositionelle wurden ermordet, inhaftiert und aus dem Land vertrieben. Die Verfolgungen durch das Mullah-Regime wurden im Ausland fortgesetzt, teilweise mit terroristischen Anschlägen. Das Berliner Mykonos-Attentat und die Ermordung des Sängers Fereydoun Farokhzad in Bonn sind nur zwei Beispiele.

Ihre Reise hat gezeigt, dass der islamische Staat Iran trotz seiner wirtschaftlichen Abhängigkeit von Deutschland keineswegs Ihre Rechte als Frau, Demokratin und Menschenrechtverteidigerin akzeptiert.

Anders als Herr Volker Beck, dessen Einsatz bei Demonstrationen für die Rechte Homosexueller in Osteuropa wir bewundern, haben Sie sich auf die Seite der Regierenden gestellt. Damit haben Sie dem Regime einen Gefallen getan.

Sehr geehrte Frau Roth, aufgrund unserer jahrelangen Erfahrungen und Beobachtungen der Frauenrechtlerinnen im Iran müssen wir leider feststellen, dass Sie nicht dazu beigetragen haben, ihre Benachteiligungen zu reduzieren. Ganz im Gegenteil, wir müssen davon ausgehen, dass Sie zu einer Stabilisierung des Regimes beigetragen haben.

Mit Freundlichen Grüßen
Internationales Netzwerk zur Solidarisierung
mit der iranischen Frauenbewegung

Auf unseren kritischen Brief zum bekopftuchten Iran-Besuch Claudia Roths erhielten wir 2015 von ihrem persönlichen Assistenten folgende Antwort. Wir hatten nicht damit gerechnet, dass Frau Roth unserer Meinung zustimmen würde. Allerdings ging die in der Antwort manifestierte Herablassung und Herabwürdigung unseres Anliegens noch darüber hinaus. Frau Roths Assistent, übrigens ein Mann mit iranischen Wurzeln, begegnete uns mit einer Haltung, die zu gleichen Teilen belehrend, herablassend und giftig war. Auf jeden Fall entsprach der zur Schau gestellte Stil bei weitem nicht dem, was man von einem Assistenten im Deutschen Bundestag erwarten würde. Vielmehr zeugte er von rechthaberischem Machogehabe, mit dem aufmüpfige Frauen in der islamischen Welt mundtot gemacht werden.

Leider kennen wir denselben Stil mittlerweile auch von linken Intellektuellen – den Genossen derjenigen Linken, die vor 40 Jahren, als wir iranischen Frauen gegen den religiösen Verschleierungszwang der Islamisten protestierten, ihre Solidarität verweigerten. Ob nun islamisch oder pseudouniversalistisch begründet, sagte der Brief in Frau Roths Namen dasselbe wie schon die Linken damals: Liebe Iranerinnen, bleibt aus der Politik fern; ihr werdet es sowieso nicht verstehen, warum unser politisches Kalkül wichtiger ist als eure unmittelbaren Rechte. Eure Forderung, den Verschleierungszwang zu bekämpfen, ist zwar irgendwo nachvollziehbar, aber sie steht auf der Prioritätenliste ganz hinten an.

Ich weiß bis heute nicht, was mich tiefer erschüttert hat: Dass Frau Claudia Roth, die Vizepräsidentin des Bundestages, die Anliegen von um ihre Grundrechte kämpfenden Frauen einfach zurückstellt, oder dass sie dies durch einen nachgerade unverschämten Assistenten ausführen lässt – womöglich noch extra ein Iraner, um Kultursensibilität vorzutäuschen, wo nur politisches Kalkül und pseudomoralische Phrasen herrschen. Präsidial ist auf jeden Fall etwas anderes.

Doch, und das ist vielleicht das Wichtigste, der Besuch Frau Roths und ihre Abweisung unseres Briefes hat mich auch auf einer anderen Ebene tief erschüttert. Dieses Land, Deutschland, ist meine Heimat – ich lebe hier seit Jahrzehnten, habe Mauerfall und Wiedervereinigung miterlebt, und werde hoffentlich auch noch weitere Jahrzehnte in dieser Republik verbringen. Die Bundesrepublik Deutschland ist meine Nation. Daher sage ich Folgendes nicht als Exiliranerin, sondern als Deutsche: Nicht wir sind abhängig vom Iran – der Iran ist abhängig von uns. Ich sehe keinen Grund, warum unsere Politikerinnen sich von der Kultur oder der Religion jenes anderen Landes Vorschriften machen lassen, welche Kopfbedeckung sie tragen, wenn sie zu Besuch kommen. Ein solch unterwürfiges Verhalten ist einer modernen westlichen Republik unwürdig.

Die Antwort von Frau Roth bzw. ihres Mitarbeiters Herr Ali Mahdjoubi auf unseren Offenen Brief

Mo, 09.02.2015 17:31

Sehr geehrte Frau Kazemi,

im Namen der Vizepräsidentin des Deutschen Bundestages Frau Abgeordnete Claudia Roth danke ich Ihnen für Ihr Interesse und für die E-Mail. Sie hat mich gebeten, Ihnen zu antworten.

Uns ist bekannt und bewusst, dass die geltenden Kleidervorschriften im Allgemeinen und der Kopftuchzwang im Besonderen in der Islamischen Republik Iran ein eklatantes Unrecht darstellen. Denn diese bedeuten eine alltägliche und immer währende Verletzung der Rechte von Frauen. Diese Vorschriften beschneiden das Selbstbestimmungsrecht von Frauen in ganz privaten Fragen, die den Staat nichts angehen.

Doch in Ihren einleitenden Worten zur Begründung Ihrer Kritik wiederholen Sie die in jeder Zeitung und in jedem Netzforum erhältlichen Informationen, ohne sich die Mühe gemacht zu haben, mit einer kurzen Recherche etwas mehr über die menschenrechtspolitischen Positionen bzw. Forderungen von Claudia Roth in Bezug auf den Iran in den letzten 25 Jahren in Erfahrung zu bringen.

Denn selbstverständlich kennen wir auch die vielfältigen Aktivitäten und Protestaktionen der iranischen Frauen, im realen Leben wie im Netz, gegen die systematische Entrechtung von Frauen in der Islamischen Republik Iran. Diese haben wir stets und im Rahmen der Spielräume unterstützt, die der Außenpolitik und außenpolitischen Akteuren zur Verfügung stehen.

Uns ist bewusst, dass Besuche in einer Diktatur oder in einem unfreien Land, die einem politischen Ziel oder politischen Verhandlungen dienen, immer mit schwierigen Abwägungen einhergehen. Wer erinnert sich nicht an solche Unternehmungen im Umgang mit den Regimes in Nordkorea, im von Gaddafi regierten Libyen, im Irak Saddam Husseins, im Pinochet-Chile, in Saudi-Arabien, in der Sowjetunion, in der Volksrepublik China, in vielen Militärdiktaturen und anderen ähnlichen Machtsystemen. In solchen Fällen fährt man in ein Unrechtssystem, dessen Name und Bezeichnung selbsterklärend sind. Die Rolle der Reisenden ist die von außenpolitischen Akteuren. Er sind keine innenpolitischen Akteure, keine Befreier und auch keine Richter. Der entscheidende Punkt bei solchen Besuchen ist, wie man diese Besuche inhaltlich gestaltet: anbiedernd oder sachlich-kritisch verbunden mit Kritik und Forderungen auf der Basis der internationalen Abkommen und des eigenen Wertefundaments.

Die Kleidervorschriften sind eine von vielen weiteren zum Teil gravierenderen Einschränkungen von demokratischen und freiheitlichen Rechten im Iran. Wenn man aber der politischen Überzeugung ist, dass Kontakte in die iranische Gesellschaft hinein wichtig sind, können die ausländischen Besucher nicht so tun, als ob sie in der Lage wären, die realen Machtverhältnisse zu umgehen oder zu ignorieren. Umso wichtiger ist es deshalb, in den Gesprächen mit den offiziellen Vertretern Klartext zu reden.

Claudia Roth hat in den Gesprächen mit den Vertretern der iranischen Politik viele Frauen diskriminierende Gesetze und Vorschriften deutlich und kritisch angesprochen. Ich wünschte mir, dass alle Politiker bei ihren Iran-Besuchen das in diesem Maße tun.

Wenn Sie jedoch für eine Politik der totalen Isolation des Iran eintreten, dann sollten Sie das offen sagen. In diesem Falle würden wir Ihre Sicht der Dinge respektieren, ohne sie zu akzeptieren. Denn wir teilen die Sichtweise nicht, wonach das Land Iran solange gemieden und komplett isoliert werden muss, bis die politisch beschlossenen Kleidervorschriften abgeschafft werden und es Frauen möglich ist, ohne Kopftuch am öffentlichen Leben teilzunehmen.

Bestünde man umgekehrt nämlich in der jetzigen Situation auf das Ablegen des Kopftuchs als Voraussetzung, ohne die realen Machtverhältnisse und die daraus abgeleitete Politik ändern zu können, würde das lediglich bedeuten, dass Politikerinnen den Iran nicht besuchen dürfen und können. Das Bestehen auf diese Vorbedingung hätte im heutigen Iran nur zur Folge, dass man Frauen in der von den Konservativen und Fundamentalisten gewollten Isolation belässt und sie aus dem öffentlichen Leben ausschließt.

Wie oben bereits erwähnt sind Außenpolitiker keine innenpolitischen Akteure, wohl wissend, dass Außenpolitiker mit ihrem Einsatz die Arbeit von innenpolitischen Akteuren unterstützen können. Nicht der Ansatz „isolieren und nicht hingehen, bis sich alles ändert“ hat in den letzten 35 Jahren etwas bewirkt, sondern mehrfach die Einbeziehung der iranischen Zivilgesellschaft durch die internationale Gemeinschaft, die Einladungen an iranische Künstler zu internationalen Festivals, der akademische Austausch usw. Denn diese Kontakte und die kleinen Öffnungen schaffen auch den Raum für wirksamere Aktionen, vor allem auch für und von Frauen.

Der Kopftuchzwang im Iran ist eine politische Regelung und zweifelsohne eine diskriminierende Vorschrift. Sie ist aber keine kulturell oder religiös begründete Regelung, denn eine religiöse Begründung für diese politische Entscheidung ist nicht einmal unter den religiösen Gelehrten des Landes Konsens. Der Besuch im Iran, zumal in einem offiziellen Rahmen, kann nur mit Einhaltung der dortigen Gesetze einhergehen, was keineswegs die Akzeptanz dieser Gesetze bedeutet.

Ihre Behauptung, Claudia Roth würde das Kopftuch als Teil der iranischen Kultur sehen, ist diffamierend und ähnelt der Argumentation von Propagandakreisen à la „Kayhan“ und „Fars News“: Sie unterstellen Claudia Roth etwas, was nicht zutrifft. Dann machen Sie daraus einen Vorwurf, den es ohne Ihre Unterstellung nicht gäbe. Diese Art „Kritik“ hat doch eine 36-jährige Methode in der Islamischen Republik Iran, offensichtlich nicht nur im Kreise der Machthaber, sondern auch im Kreise ihrer verbalen Kritiker.

Vielleicht wissen Sie nicht, dass die Reise von Claudia Roth als verbundene Reise nach Saudi-Arabien und anschließend in den Iran geplant war. Die iranische Politik hat die Reise im Gegensatz zu Saudi-Arabien ermöglicht. Den Saudis war es offenbar viel lieber, die Reise zu verhindern, als sich Kritik an der Lage der Frauen, der Minderheiten und der Arbeitsmigranten dort anhören zu müssen.

Doch Ihre Kritik führt letztendlich zu saudischen Verhältnissen auch im Iran, nach dem Motto: Lieber keine Frauen auf der politischen Bühne als Frauen mit Kopftuch.

Zwei weitere Punkte aufgrund Ihrer Randbemerkungen:

- Wir wissen sehr wohl, dass Herr Aref einer der Vertreter der zugelassenen, geduldeten und systemkonformen Opposition ist. Opposition ist immer in Interaktion und vor allem Relation zu einem bestimmten Pol zu definieren. Auch das sehr breite Spektrum der

Opposition im Iran ist uns bekannt. Aber als außenpolitischer Akteur kreiert man keine eigene Opposition, sondern redet mit denjenigen, die im Land als politischer Akteur und Machtfaktor real existieren.

- Ihre Belehrung mit Volker Becks Einsatz in Osteuropa macht ihr geringes Wissen über Claudia Roths Einsatz in den Ländern Osteuropas deutlich. Claudia Roths Einsatz in Osteuropa galt und gilt immer noch nicht nur den Rechten von Homosexuellen, sondern auch den Rechten anderer Minderheiten. Sie setzen in Ihrer Belehrung Osteuropa mit Moskau gleich, wo Volker Beck blutig geschlagen worden war. Ist für Sie denn der „Blutzoll" wie im schiitischen Martyrium der einzige Glaubwürdigkeitsbeweis?

Die Ähnlichkeiten im Ton und in der Methode Ihrer Kritik mit den besagten Kreisen der Islamischen Republik Iran sind wirklich beängstigend.

Mit freundlichen Grüßen
Ali Mahdjoubi
Persönlicher Referent der
Vizepräsidentin Claudia Roth MdB

Mit einem drückenden Gefühl im Hals lag ich an diesem Abend wach im Bett. Stundenlang drehte sich mein Kopf immer und immer wieder um die eine Frage: Warum werden wir Iranerinnen seit der islamischen Machtergreifung im Stich gelassen, warum werden wir ausgerechnet von den angeblichen Progressiven im Westen verraten? Ich erinnerte mich an die Auseinandersetzung zwischen dem französischen Philosoph Michel Foucault und der Pariser Exiliranerin Atoussa H. vor der Machtübernahme der Islamisten. Foucault nahm haargenau das Muster heutiger Debatten der Böll-Stiftung vorweg, indem er seinen iranischen Kritikern – und gerade nicht den Islamisten – vorwarf, von Ressentiments erfüllt zu sein.[2]

Bis heute frage ich mich vor allem eines: Wenn die Islamisten und ihre Lobbys aus Ankara, Teheran, Riad und Katar usw. unterstützt werden, wenn sie über Ölgelder und öffentliche Mittel aus deutschen Steuereinnahmen verfügen, warum darf über sie im politischen und akademischen Kontext nicht kontrovers diskutiert werden? Woher diese einseitige Bevorzugung, die die Öffentlichkeit keinem anderen Gesellschaftsteilnehmer – und erst recht nicht den christlichen Kirchen – einräumen würde? Und warum wird der Kritik von Migrantinnen aus einem islamischen Land, die die grausame Machtergreifung der Islamisten selbst erleben mussten, kaum Beachtung geschenkt? Die Stärke der islamistischen Bewegung und ihrer Lobby in Deutschland liegt darin begründet, dass die Linken und Liberalen, die säkularen Kräfte und demokratischen Parteien unwillig oder unfähig sind, sie als Problem anzuerkennen und zu bekämpfen. Säkulare Migrant_innen stehen vereinzelt und ohne starke Lobby dar, und können in ihrer Ohnmacht den erstarkenden Netzwerken nichts entgegensetzen. Diese Blindheit der Zivilgesellschaft wird langfristige Folgen haben, die sich der Westen in seinen schlimmsten Albträumen nicht ausmalen will.

Anmerkungen

1 https://www.boell-hessen.de/rechtspopulistische-geschlechterpolitiken-europa/

2 https://www.jadaliyya.com/Details/34222

Literatur

Hengst, Björn: Claudia Roth und die Hand des iranischen Botschafters, Spiegel Politik, 2013, https://www.spiegel.de/politik/deutschland/claudia-roth-und-die-hand-des-iranischen-botschafters-a-882018.html (aufgerufen am 16.11.2020).

Iranians Forum Website, 2015, Foto, http://iraniansforum.com/eu/wp-content/uploads/2015/06/claudia-roth-ohne-chador.png (aufgerufen am 16.11.2020).

Hannah Wettig

Sexualisierte Gewalt als Abwehr der Moderne

Wie Islamisten Frauenhass zur Ablenkung von gesellschaftlichen Widersprüchen einsetzen

Sexuelle Belästigung kann tödlich sein. Im Oktober 2020 verfolgten drei Männer in einem Auto die 24-Jährige Mariam Mohamed und versuchten sie zu überreden, einzusteigen. Als sie die drei ignorierte, gaben sie Gas, fuhren sie an und überrollten sie. Sie starb an den Verletzungen. Mariam Mohamed lief zu Fuß von der Arbeit nach Hause im wohlhabenden Gartenbezirk Maadi in der ägyptischen Hauptstadt Kairo. Sie war nach islamischen Vorstellungen sittsam gekleidet mit weiter Kleidung und Kopftuch.

Der Fall rief einen Sturm der Entrüstung in den Sozialen Medien hervor. Nicht zum ersten Mal diskutierte man in Ägypten, warum sexuelle Belästigung solche Ausmaße annimmt.

Sexuelle Belästigung ist ein allgegenwärtiges Phänomen in Ägyptens Städten wie auch in anderen Ländern Nordafrikas, im Iran und in Saudi-Arabien. In manchen Ländern der Region kommt sie hingegen deutlich seltener vor – vielleicht nicht öfter als in Europa. Es gibt unterschiedliche Spekulationen, warum das so ist. Eine These lautet, das Phänomen gäbe es vor allem in Ländern, in die viele europäische Touristinnen reisten. Diese These deckt sich allerdings nicht mit dem Befund: Auch im Oman, teilweise auch in Syrien vor der Revolution gibt bzw. gab es viel Tourismus aus Europa. Umgekehrt gibt es ihn im Iran und in Algerien kaum. Zudem erleben ägyptische, tunesische und marokkanische Frauen auch permanente Belästigungen in ganz und gar untouristischen Städten ihrer Länder.

Hier soll die These aufgestellt und begründet werden, dass sexuelle Belästigung solche gravierenden Ausmaße in eben den Ländern annimmt, wo der Islamismus eine breite gesellschaftliche Unterstützung und lange Tradition hat. In den nordafrikanischen Ländern Marokko, Algerien, Tunesien und Ägypten agitieren Islamisten seit Jahrzehnten. Bei freien Parlamentswahlen konnten sie regelmäßig Mehrheiten erringen. Iran und Saudi-Arabien sind islamistisch regierte Länder. Umgekehrt ist der Einfluss von Islamisten deutlich geringer oder erst jüngeren Datums in Ländern der Region, in denen Frauen deutlich weniger sexuelle Belästigung auf der Straße wahrnehmen, so etwa im Libanon, in Syrien und Libyen.

Auch sozio-ökonomische Zusammenhänge scheinen plausibel. Ihnen soll allerdings im Folgenden nur am Rande nachgegangen werden – zumal dieselben Faktoren auch in Bezug zur Popularität islamistischer Parteien stehen.

Sexuelle Übergriffe im Öffentlichen Raum

Studien zu dem Thema sexuelle Belästigung in den meisten dieser Länder sind spärlich. Nur für Ägypten ist das Problem inzwischen umfassend untersucht. Berichte von Frauen aus Marokko, Algerien, Tunesien und Iran lassen aber den Schluss zu, dass das Phänomen dort das gleiche ist, sowohl quantitativ wie qualitativ. Darum scheint es legitim, Erkenntnisse aus Ägypten zu übertragen.

Bei einer Umfrage von UN Women im Jahre 2013 gaben 99,6 Prozent der befragten Ägypterinnen an, sexuelle Belästigung zu erleben, 49 Prozent erlebten sie täglich.

Anders als hierzulande erfolgen laut dieser Studie die meisten sexuellen Übergriffe durch Fremde. Nur 7 Prozent der Übergriffe gingen von Freunden und Verwandten aus, 11 Prozent von Kollegen. Mit 57 Prozent waren sehr häufig Taxifahrer die Täter, 22,5 Prozent gaben Ladenbesitzer an und immerhin 17 Prozent Polizisten.

Ebenfalls anders als in westlichen Gesellschaften passieren sexuelle Übergriffe in den allermeisten Fällen an öffentlichen Orten: auf der Straße, in Einkaufszentren, auf Marktplätzen, in Parks und in öffentlichen Verkehrsmitteln.

Zum Vergleich: In Deutschland geben rund 80 Prozent der Opfer eines Sexualdelikts an, den Täter gekannt zu haben. Die meisten kennen ihn aus ihrem privaten Umfeld: Über 60 Prozent benennen Freunde, Verwandte, Partner und Dates. Gut 10 Prozent erleben sexuelle Gewalt von Kollegen,

Chefs und Lehrern. Diese Sexualdelikte finden nicht in der Öffentlichkeit statt.

Was bedeutet das konkret? Wie muss man sich diese tagtägliche Belästigung durch Fremde in Ägypten vorstellen? Aus eigener Anschauung und im Abgleich mit den Beschreibungen vieler anderer Frauen erleben fast alle Frauen ohne männliche Begleitung, egal ob mit oder ohne Kopftuch und fast egal welchen Alters, auf der Straße ein sie ständig begleitendes Zischeln und herabwürdigende Bemerkungen. Hinzu kommen ständige Versuche, Frauen in Gespräche zu verwickeln. Manches sind nervige Flirtversuche, die man abwehren kann. Aber viele Männer lassen sich nicht abschütteln und folgen der Frau trotz Protest bis vor die Haustür.

Die hohe Arbeitslosigkeit gerade in der jüngeren Generation und beengte Wohnverhältnisse trieben viele Männer auf die Straße, wo sie in Gruppen mit Freunden den Tag verbringen. Auch Polizisten und Wachpersonal stehen in hoher Anzahl den meisten Tag über müßig herum, Ladenbesitzer warten vor ihrem Geschäft auf Kundschaft.

Aber auch in öffentlichen Verkehrsmitteln gehören Griffe zwischen die Beine und an den Po zur Normalität – auch im Taxi. Jede Frau weiß, dass sie sich am besten hinter den Taxifahrer setzt, damit er sie nicht erreichen kann.

Aus dem Iran berichtete eine Journalistin im britischen Guardian über ihre täglichen Erlebnisse: „Wenn er vorbeigeht, dreht er seinen Kopf zu mir und schlägt seine Zunge gegen seinen Gaumen. Oder er küsst die Luft laut. Es gibt so viele Schattierungen von Pfeifen, Zischen, Schmatzen, Lecken und Pusten, dass ich über die Fähigkeiten des menschlichen Mundes erstaunt bin. Manchmal kommt es von hinten: ein Zischen direkt in mein Ohr …“

„Und manchmal ist es mehr als das. Ich hatte zahlreiche Fälle, in denen Männer mir auf meinem täglichen Spaziergang in ihrem Auto folgten, mich ansprachen und versuchten, mich zum Einsteigen zu überreden.“

„Einmal geschah es in Velenjak, einem wohlhabenden und ruhigen Viertel im Norden Teherans. Wir waren vier Frauen, als ein Mann in einem Auto anfing, uns zu verfolgen. Egal wie sehr wir ihn verfluchten oder ignorierten, er verfolgte ihn mehr als zehn Minuten lang, bis wir beschlossen, ein Café zu betreten …“

In keinem Land Europas, auch dort wo das „Flirtverhalten“ exzessiver ist, werden Frauen in der Öffentlichkeit auf Schritt und Tritt von Männern verfolgt, schon gar nicht, wenn sie lauthals dagegen protestieren. In westlichen Ländern finden die allermeisten Übergriffe nicht in der Öffentlichkeit statt, eben deshalb, weil ein solches Verhalten nicht allgemein akzeptiert ist.

Auch in den genannten Ländern des Nahen Ostens gibt es sexuelle Gewalt durch Freunde, Verwandte, Kollegen, Chefs und Ehemänner. Und es gibt wenig Grund davon auszugehen, dass das seltener vorkommt als in Europa. Im Gegenteil: Vergewaltigung durch Verwandte und Kindesmissbrauch sind häufige Motive in Romanen arabischer Schriftstellerinnen. Das sind keine Studien, aber gute Indikatoren für die Probleme einer Gesellschaft.

Spätestens seit dem arabischen Frühling 2011 haben Aktivistinnen und Aktivisten in arabischen Ländern und im Iran verstärkt die epidemischen sexuellen Übergriffe thematisiert. Wer ihnen zuhört, bemerkt schnell, dass ihre Erlebnisse ganz andere sind als die von Frauen hier, allerdings denen der Silvesternacht zum Jahreswechsel 2015/16 in Köln gleichen.

Es zeugt von Realitätsverleugnung, wenn im Nachgang der Ereignisse von Köln immer wieder darauf verwiesen wurde, dass sexuelle Gewalt hierzulande ein ebenso gravierendes Problem sei oder wie es die Feministinnen Anne Wizorek und Stefanie Lohaus im Online-Medium Vice nach den Kölner Ereignissen formulierten: „Die Rape Culture wurde nicht nach Deutschland importiert – sie war schon immer da.“

Das zeigt schon der von eben diesen Autorinnen und anderen immer wieder bemühte Vergleich mit dem Oktoberfest. Im Jahr 2015 wurden auf dem Oktoberfest 21 sexuelle Übergriffe angezeigt, im darauffolgenden waren es 31 – jeweils über einen Zeitraum von zwei Wochen und bei Besucherzahlen von jeweils über fünf Millionen Menschen. In Köln erstatteten 497 Frauen Anzeigen wegen Sexualdelikten in der Silvesternacht nach Angaben der Kölner Staatsanwaltschaft. Bereits in der Silvesternacht, also ohne jeden medialen „Nachahmungseffekt“, meldeten sich mehr als 100 Frauen bei der Polizei.

Vergewaltigung als gerechte Strafe

Es ist offensichtlich, dass es sich zumindest teilweise um ein andersgeartetes Phänomen handeln muss. In Ägypten forschen Wissenschaftlerinnen seit 20 Jahren dazu. Im Dezember 2009 fand erstmals eine wissenschaftliche Konferenz in Kairo statt zum Thema „Sexual Harassment in the Arab

Region: Cultural Challenges and Legal Gaps“ mit Teilnehmerinnen und Teilnehmern aus Marokko, Libyen, Sudan, Jordanien, Syrien, Libanon, Irak, dem Jemen, den Vereinigten Arabischen Emiraten, Bahrain, Oman, Qatar, Saudi Arabien und Ägypten.

Im Vorwort zum Konferenzbericht schrieben die Organisatorinnen: „Während wir einen Anstieg der Zahl an Frauen und jungen Mädchen sehen, die schon in sehr jungem Alter einen Hidschāb tragen, ist sexuelle Belästigung in einem furchterregendem Maße gewachsen.“

Dieser Satz war der zaghafte Ansatz einem Erklärungszusammenhang nachzugehen, der damals noch auf den ersten Blick paradox erschien. Doch je mehr ägyptische Wissenschaftlerinnen der Sache nachgingen, um so deutlicher wurde, dass die wachsende Popularität des Islamismus und damit des Hidschāb, sexuelle Übergriffe und Vergewaltigung begünstigte.

Auf den zweiten Blick verwundert dieser Zusammenhang wenig. Man sollte zwar meinen, dass ein orthodoxes Islamverständnis weiter Teile der Bevölkerung öffentliches unmoralisches Verhalten zurückdrängt. Aber tatsächlich ermahnt niemand Männer, die Frauen auf der Straße verfolgen oder ihnen sexuelle Beleidigungen hinterherrufen.

Auch prominente Islamisten sehen bei den Männern keine Verantwortung für dieses Verhalten, ihrer Meinung nach fordern die Frauen die Belästigungen heraus. Wohl überall auf der Welt gibt es die falsche Annahme, dass leicht bekleidete Frauen sexuelle Übergriffe herausforderten. Für westliche Länder ist umfänglich nachgewiesen, dass es keinerlei Zusammenhang zwischen Kleidung und sexueller Belästigung gibt.

In Ägypten stieß das *Egyptian Center for Women's Rights* sogar auf einen umgekehrten Zusammenhang: Bei einer Studie 2005 wurden Männern wie Frauen sechs Fotomodelle in unterschiedlicher Kleidung vorgelegt und den Probanden die Frage gestellt, welches der Modelle wohl am ehesten sexueller Belästigung ausgesetzt wäre. Zur Überraschung der Frauenrechtlerinnen tippten die Befragten mehrheitlich auf die Frauen, die Kopftuch trugen. Die Frauen ohne Kopftuch sahen sie weit seltener als Opfer.

Die islamistische Argumentation geht jedoch über das auch hier bekannte Opfer-Blaming hinaus. Die Frau ist nicht einfach selbst schuld, sondern sie verdient es. Ein drastisches Beispiel dafür lieferte der Prediger Abu Islam, der nach massiven Übergriffen auf Demonstrantinnen im Nachgang der Revolution auf dem salafistischen Fernsehsender Al-Hafez hetzte: „Diese Mädchen sind nackt, unanständig, Prostituierte und keine rote Linie. Sie gehen dorthin, um vergewaltigt zu werden. Nebenbei sind

90 Prozent von ihnen Kreuzfahrer (gemeint ist: Christinnen) und die anderen 10 Prozent sind Frauen ohne Männer, die sie kontrollieren, sie sind Witwen, die niemanden haben, den sie ehren oder der sie zurecht ruft – Schande über sie …"

Im Iran drohen Sittenpolizisten Frauen, die sich nicht vorschriftsgemäß verschleiern, regelmäßig mit Vergewaltigung. Aus dieser islamistischen Sicht ist sexuelle Gewalt also gerechte Strafe.

Es beißt sich auch in keiner Weise mit den strengreligiösen Ansichten, wenn Vertreter der Islamisten in aller Öffentlichkeit ungeniert in Trumpscher Manier anzügliche Bemerkungen gegenüber Journalistinnen machen, wie es etwa der ägyptische Medienminister Salah Abdel Maqsoud unter der Muslimbruderregierung 2012 wiederholt tat.

Männer erscheinen in der islamistischen Erzählung als naturgegeben rein triebgesteuert. In Deutschland erlebte nach den Kölner Silvesterereignisse ein kurz darauf gelöschtes Facebook-Posting einige Aufmerksamkeit. Im Namen der muslimischen Organisation Muslim Stern schrieb dort jemand: „Generell trägt die Frau aufgrund ihrer Beschaffenheit eine Verantwortung, wenn sie sich aus dem Haus begibt. Man kann nicht vor einem Löwen eine nackte Antilope werfen und erwarten, dass bei dem Löwen sich nichts regt."

Weit hässlicher als das Sinnbild von Löwen und Antilopen ist in der islamischen bzw. islamistischen Welt der Lolli, auf den sich Fliegen setzen. Es ist ein Plakat, das von Iran bis Marokko von Islamisten (im Iran die Regierung, in Nordafrika salafistische Parteien) auf Plakatflächen verklebt wird. Darauf sind zwei Lollis abgebildet, der eine mit seinem Plastikpapier, der andere ohne. Auf dem ohne Papier sitzen Fliegen. Darunter steht: „Süßigkeiten ohne Verhüllung sind Nahrung für Fliegen. Niemand mag die Überreste von Fliegen essen."

Dieses Plakat ist Kern der islamistischen Botschaft. Der weibliche Körper ist einer ihrer Hauptprogrammpunkte. Als die Salafisten 2011 in das erste frei gewählte Parlament Ägyptens einzogen, war ihre erste Forderung ein Bikini-Verbot an Ägyptens Stränden – als gäbe es in einem Land mit zwanzig Millionen Menschen unterhalb der Armutsgrenze und einem kollabierten System mit rasant ansteigender Kriminalität nichts Wichtigeres. Schon im Iran betrafen die ersten Maßnahmen nach der islamistischen Revolution 1979 im hohen Maße die Bewegungsfreiheit von Frauen, eine Pflichtverschleierung wurde 1980 zunächst für den öffentlichen Dienst eingeführt.

Keine Tradition, sondern Hauptwiderspruch in der Moderne

Frauenemanzipation und damit einhergehend Fragen der Ehre und der Bedeckung des weiblichen Körpers sind seit Ende des 19. Jahrhunderts zentrales Thema politischer Diskurse in arabischen Gesellschaften, auch der iranischen wie der afghanischen.

Reformer des späten 19. und frühen 20. Jahrhunderts beziehen sich positiv auf Europa. Sie fordern Verwestlichung und Europäisierung, weil sie überzeugt sind, dass die orientalischen Länder – das schließt die Türkei und den Iran ein – den technischen und industriellen Vorsprung Europas nur aufholen können, wenn sie neben Gesetzen, Politik und Bildungseinrichtungen auch den europäischen Lebensstil übernehmen. Am radikalsten setzte Kemal Atatürk diese Überzeugung in der Türkei um, als er den Fez verbot und das Kopftuch aus öffentlichen Einrichtungen verbannte. Seine Ehefrau soll er dazu angehalten haben, in kurzen Röcken tanzen zu gehen.

In Ägypten schreibt Qasim Amin 1899 eine viel diskutierte Abhandlung über *Die Befreiung der Frau* und zwei Jahre später *Die neue Frau*. Er gilt als erster Frauenrechtler Ägyptens. Die 1923 von der feministischen Ikone Huda Sharawi gegründete *Ägyptische Feministinnen Union* hielt alljährlich Schreibwettbewerbe zu seiner Huldigung ab.

In *Die neue Frau* schreibt Amin: „Wann immer Männer den Status von Frauen herabgesetzt haben, haben sie sich selbst herabgesetzt ... Umgekehrt, wenn Frauen persönliche Freiheiten genießen, genießen Männer politische Freiheiten ... Wenn man die östlichen Länder betrachtet, findet man die Frau als Sklavin des Mannes und den Mann als Sklaven seines Herrschers. Er ist der Unterdrücker in seinem Haus und wird unterdrückt, sobald er es verlässt."

Der Gegensatz zwischen Orient und Okzident, in dem der Orient als rückschrittlich erscheint, den Qasim Amin hier aufmacht, entspricht dem Diskurs der Zeit. Damals stellten islamische Reformer die Frage, warum die „Zivilisation des Orients" gegenüber der Europas zurückgefallen war. Dschamal Al Din Al Afghani und sein Schüler Muhammed Abduh wollten den Islam an die Moderne anpassen. Sie versuchten, die Vereinbarkeit von Vernunft, Wissenschaft und Fortschritt mit dem Islam nachzuweisen. Damit initiierten sie eine islamische Reformbewegung, aus der der Islamismus hervorgehen sollte.

Qasim Amin war ein Schüler Muhammed Abduhs. Seine Abhandlung *Die Befreiung der Frau* argumentiert im Unterschied zu *Die Neue Frau* noch vorrangig mit dem Koran, um die Gleichheit der Frau nachzuweisen.

Gegenwind erfährt Qasim Amin erst einmal nicht von den islamistischen Reformern, sondern von eher nationalistischen Traditionalisten. Einer seiner Hauptkritiker war Talat Harb, der später die ägyptische Nationalbank gründen sollte. Harb verteidigt die Beschränkung der Bewegungsfreiheit von Frauen auf das Haus und ihre totale Verschleierung. Der europäische Einfluss in den muslimischen Gesellschaften habe zu einer Verschlechterung der Moral geführt.

Bemerkenswert ist, dass in diesen Disputen die Rolle der Frau stets einen prominenten Platz einnimmt. Im Vergleich zum politischen Diskurs in Europa erscheint die Frauenfrage nicht als Nebenwiderspruch, sondern als zentral. Sie ist Symbol für den Hauptwiderspruch zwischen Moderne und Tradition, und damit zwischen Orient und Okzident.

In der nationalistischen Bewegung finden sich Befürworter und Gegner der Frauenbefreiung. Der Schleier der Frau, die Ehre der Familie, die Vormachtstellung des Mannes werden zum Symbol für die Abgrenzung vom Westen. So schreibt auch Frantz Fanon, der Theoretiker des algerischen Befreiungskampfes gegen die Kolonialmacht Frankreich: „Jeder Schleier, der fiel, jeder Körper, der von der traditionellen Umarmung des Haik (algerische Variante des Schleiers) befreit wurde, jedes Gesicht, das sich dem dreisten und ungeduldigen Blick des Besatzers bot, war Ausdruck der Tatsache, dass Algerien begann, sich selbst zu verleugnen und die Vergewaltigung durch die Kolonisatoren zu akzeptieren."

In dieser Interpretation wird die Frau als Bewahrerin der Kultur modelliert. Diese Fokussierung auf die Rolle der Frau hat ihre Entsprechung auf Seiten der Kolonialmächte. Briten wie Franzosen sehen die „niedrigere Kulturstufe" der Araber im geringen Status der Frau begründet und bewiesen. Die Franzosen gehen in ihrer Umerziehung der Algerier sogar so weit, Frauen aus den Dörfern in die Städte zu karren, um sie dort auf öffentlichen Plätzen zu entschleiern.

Andere Nationalisten jedoch sehen in der Frauenbefreiung den Schlüssel zur Modernisierung. Auch Feministinnen schließen sich dem antikolonialen Kampf an. Doch das Terrain ist heikel. Der spätere Präsident Tunesiens Habib Bourguiba, der nach der Unabhängigkeit die weitestgehende Gleichstellung von Frauen in der arabischen Welt umsetzen sollte, wies im antikolonialen Kampf gegen Frankreich Forderungen von Frauen nach

Gleichstellung zurück. Hätte er die Abschaffung des islamischen Familienrechts angekündigt, hätte er die Spaltung der Bewegung riskiert.

Es sind die Modernisierungsverlierer, die die Frauen einsperren wollen. Auch der Streit zwischen dem Traditionalisten Talat Harb und dem Modernisierer Qasim Amin ist der zwischen einem Modernisierungsverlierer und einem Gewinner, schreibt die Politikwissenschaftlerin Renate Kreile. Talat Harb entstammte einer ländlichen Familie, die in der beginnenden Industrialisierung sozialen Abstieg hinnehmen musste. Qasim Amin wuchs in einer bürgerlichen Familie in Alexandria auf, sein Vater gehörte zur osmanischen Aristokratie.

Nach Kreiles Analyse orientieren sich „die Gewinner der abhängigen kapitalistischen Entwicklung, wie in anderen ideologischen und politischen Fragen, auch bezüglich der Stellung der Frau eher an westlichen Konzepten, während die Verlierer der Weltmarktintegration ihren Kampf gegen den sozialen Abstieg durch Rückgriff auf eine tatsächliche oder erfundene Tradition und die kulturelle Authentizität zu legitimieren suchten, symbolisiert durch die althergebrachte Stellung der Frau."

Verteidigung vormoderner Familienstruktur

Die Ablehnung der Modernisierung rechtfertigt das eigene Scheitern. Über die Psychologie hinaus gibt es allerdings auch einen materiellen Grund, der den Gegensatz zwischen Orient und Okzident, manifestiert in der Stellung der Frau, zum Hauptwiderspruch im arabischen politischen Diskurs werden lässt. Er liegt in der Bedeutung und Verfasstheit der Familie.

In der arabischen Welt werden Ehen traditionell bevorzugt zwischen Cousins und Cousinen geschlossen, davon allein 35 Prozent ersten Grades, schreibt der französische Anthropologe Emanuel Todd. Das bewirkt eine weitgehende Abschottung der Großfamilien gegenüber der Gesellschaft.

Diese eng gewebten Familien bedeuten ein hohes Maß an Sicherheit, gerade in wirtschaftlich unsicheren Zeiten. Es gibt immer einen Onkel, der gescheiterte Verwandte finanziell auffängt. Für die Modernisierungsverlierer ist es somit naheliegend, diesen Anker in einer sich verändernden Welt zu verteidigen. In einer über Sippen organisierten Gesellschaft mit verzögerter Industrialisierung erscheint zudem der Widerspruch zwischen Kapital und Arbeit wenig bedeutsam. Klassengegensätze finden sich innerhalb derselben Sippe und werden durch finanzielle Transfers direkt ausgeglichen.

Die Bewahrung dieser Form der Familie ist abhängig von der Rolle der Frau. Dabei lehnen Traditionalisten und Islamisten nicht unbedingt Bildung und Erwerbsarbeit von Frauen ab, wohl aber jegliche Freizügigkeit. Frauen bleiben, auch wenn ihre Männer andernorts arbeiten, im Schoß der Großfamilie und den Anweisungen anderer männlicher Verwandter unterworfen. Auch Ehemänner können sich der Familie nicht entziehen: Wer seiner Frau ein freizügiges Verhalten erlaubt, muss mit Sanktionen rechnen. Denn die Ehefrau ist zugleich Nichte, Cousine etc. der direkten Verwandten des Mannes, die daraus ein Mitbestimmungsrecht ableiten.

Auf der anderen Seite setzen sich seit dem frühen 20. Jahrhundert sozialistische und kommunistische Parteien für die Emanzipation der Frau ein. Für sie wird das Kopftuch ebenso zum entscheidenden Symbol politischer Gesinnung wie es das bei den Islamisten ist: Ihre Frauen dürfen keins tragen.

Heute befindet sich die endogame Familie in Auflösung, in Ägypten etwa machen die Eheschließungen zwischen Cousin und Cousine nur noch 15 Prozent aus. Zunehmende Mobilität und Migration, insbesondere aber ein drastischer Rückgang der Geburtenrate in den vergangenen zwei Jahrzehnten machen die Vetternehe zunehmend unpraktikabel.

Wo sich die Sippe auflöst, gewinnen Frauen an Freiraum; es entsteht Gesellschaft außerhalb der Familie. Zugleich schwindet die Sicherheit, die die Sippe geboten hat. Das löst Ängste aus, und so wird abermals die Frau als Bewahrerin der Kultur beschworen. Die hohen Gewinne der Islamisten in vielen Ländern, die 2011 Revolutionsbewegungen erlebten, können als Ausdruck dieser Angst gewertet werden. Auch, dass gerade in Libyen, wo Stammesstrukturen noch dominant sind, die Islamisten nicht gewinnen konnten, deutet auf diesen Zusammenhang.

Zugleich wird die Beschwörung von Moral, Ehre und Familie obsolet, wo sie ökonomisch nichts mehr bringt. Klassengegensätze treten deutlicher hervor. Orient und Okzident als Hauptwiderspruch zu diskutieren, wirkt zunehmend absurd.

Sexuelle Gewalt gegen Frauenemanzipation

Die ägyptischen Feministinnen Hind Ahmad Zaki und Dalia Abd Alhamid erläutern in ihrem 2014 erschienenen Aufsatz inwiefern sich in Ägypten eine „Kultur sexueller Gewalt“ herausgebildet hat.

Ihrer Argumentation liegen die theoretischen Konzepte der Feministin Diana Russels und des Psychologen Richard Johnson zugrunde. Johnson entwickelte die „Gender Konflikttheorie“ basierend auf seiner Beobachtung, dass sexuelle Gewalt besonders häufig auftritt, wo die Frauenemanzipation deutliche Fortschritte macht. Er erklärt dies damit, dass Männer, die entsprechend traditioneller Rollenbilder sozialisiert sind, das Hereindrängen von Frauen in männliche Sphären als Bedrohung empfinden.

Das war in westlichen Gesellschaften vor 30 Jahren ähnlich – Sexualverbrechen kamen damals häufiger vor als heute. Seitdem sind die Zahlen kontinuierlich gesunken – statistische Ausreißer gehen auf Gesetzesverschärfungen zurück.

In Ägypten nahmen viele Frauen nach der Revolution 2011 einen deutlichen Anstieg der sexuellen Gewalt auf den Straßen war. Eindeutig war, dass es nach der ersten Euphorie zu Beginn des Jahres 2011 zu einer massiven Häufung von Gruppenangriffen auf Demonstrantinnen kam. Frauen wurden von großen Gruppen von Männern eingekreist, begrabscht und ihnen wurden die Kleider vom Leib gerissen. Eine neue erschreckende Dimension stellte dabei das Einführen von scharfen Gegenständen in die Vagina dar.

Mehrere Zeuginnen und Zeugen gaben für eine Demonstration im Jahr 2012 an, Aktivisten der Muslimbrüder unter den Angreifern erkannt zu haben. Aber auch das 2011 weggefegte Regime unter Hosni Mubarak hatte schon solche Angriffe auf Demonstrantinnen inszeniert. Das ersten Mal ist dies für das Jahr 2005 dokumentiert. Damals demonstrierten Frauen am 25. Mai vor dem Pressesyndikat gegen die Verfassungsänderungen, die ermöglichen sollten, dass der Sohn des damals amtierenden und 2011 aus dem Amt gejagten Präsidenten Hosni Mubarak die Nachfolge seines Vaters antreten könne. Polizisten in Zivil und Anhänger der regierenden Partei NDP kreisten die Frauen gezielt ein, begrapschten sie und rissen ihnen die Kleidung vom Leib. Das sah die Afrikanische Kommission für Menschenrechte nach achtjähriger Untersuchung als erwiesen an – vier Journalistinnen hatten Beschwerde bei der Kommission eingelegt, da die ägyptische Staatsanwaltschaft sich weigerte zu ermitteln.

Hind und Alhamid bringen den Anstieg mit der größeren Präsenz von Frauen im öffentlichen Raum und ihrer aktiven Rolle in der Revolution in Zusammenhang. Dies sei der Regierung und reaktionären Gesellschaftsschichten ein Gräuel gewesen. Frauen aus dem öffentlichen Raum zu drängen, wurde zu einer erwünschten Handlung.

Andere Autorinnen beobachten eine Zunahme von sexueller Gewalt seit den 1980er Jahren und bringen dies ebenfalls in Verbindung mit der stärkeren Präsenz von Frauen bei gleichzeitiger sozialer Desintegration von Männern. Bildungsprogramme führten in vielen Ländern in den späten 1970er Jahren zur höheren Erwerbstätigkeit von Frauen. Gleichzeitig stieg die Arbeitslosigkeit. Männer verloren ihre Rolle als Ernährer, ohne dass sich ihnen ein neues Rollenmodell anbot. Frauen sind für sie die Ursache ihrer Malaise und werden zum Hassobjekt.

Während überall auf der Welt Frauen in solchen Umbrüchen Ziel von Ressentiments werden, erfährt die abwertende Haltung und Gewalt gegen sie in islamischen Ländern noch mal eine deutliche Verstärkung durch islamistische Propaganda. Der Islamismus bedient punktgenau die Minderwertigkeitsgefühle von Männern, die angesichts einer steckengebliebenen Modernisierung an den Rand gedrängt werden.

Damit dient der Frauenhass, den die Islamisten schüren, den gleichen Zielen wie das Schüren von Rassismus und Antisemitismus durch rechte und faschistische Parteien in Europa und anderswo: Die ökonomischen Widersprüche in kapitalistischen Gesellschaften werden überdeckt, Protest gegen gesellschaftliche Missstände wird abgeleitet auf einen Sündenbock. Die Botschaft ist leicht verständlich, die daraus folgenden politischen Aktionen sind einfach umzusetzen, viel einfacher als die komplizierten Mechanismenus komplexer moderner Gesellschaften zu verändern.

Deshalb muss man sexuelle Angriffe auf Frauen in diesem Kontext als politisch motivierte Gewalt begreifen. Das gilt auch, wo diese Gewalt in Europa vorkommt. Diese Art Frauenhass bringen nicht nur Migranten aus Ländern mit allgegenwärtiger islamistischer Propaganda mit, sondern er wird auch in Europa in Moscheen gepredigt.

Literatur

Amin, Qasim: The New Woman, New York / Kairo: The American University in Cairo Press 1995.

Fantz Fanon: A Dying Colonialism, zitiert nach Renate Kreile: Politische Herrschaft, Geschlechterpolitik und Frauenmacht im Vorderen Orient, 1997.

Johnson, Richard: Rape and Gender Conflict in a Patriarchal State, Crime & Delinquency, 2013 60(7), S. 1110-1128, doi.org/10.1177/0011128713480656.

Kirollos, Miriam: Sexual Violence in Egypt: Myths and Realities, in: Yadaliyya 16.7.2013, https://www.jadaliyya.com/Details/29110/Sexual-Violence-in-Egypt-Myths-and-Realities (aufgerufen am 11.12.2020).

Kreile, Renate: Politische Herrschaft, Geschlechterpolitik und Frauenmacht im Vorderen Orient, Pfaffenweiler: Centaurus 1997.

Lohaus, Stefanie / Wizorek, Anne: Die Rape Culture wurde nicht importiert – sie war schon immer da, in: Vice, 7.1.2016, https://www.vice.com/de/article/xdk9dw/die-rape-culture-wurde-nicht-nach-deutschland-importiert-sie-war-schon-immer-da-aufschrei-118 (aufgerufen am 11.12.2020).

Peoples, Fatima Mareah: Street Harassment in Cairo. A Symptom of Disintegrating Social Structures, The African Anthropologist 2008 15(1), S. 1-20.

Russel, Diana: The Politics of Rape, iUniverse 1984.

Tadros, Mariz, 2014: Whose Shame Is It? The Politics of Sexual Assault in Morsi's Egypt, Heinrich Böll Stiftung, https://tn.boell.org/fr/2014/05/27/whose-shame-it-politics-sexual-assault-morsis-egypt-publications (aufgerufen am 15.11.2020).

The Guardian Tehran Bureau: How the hijab has made sexual harassment worse in Iran, in: The Guardian, 15.9.2015, https://www.theguardian.com/world/iran-blog/2015/sep/15/iran-hijab-backfired-sexual-harassment (aufgerufen am 11.12.2020).

The Egyptian Center for Women's Rights: Sexual Harassment in the Arab Region. 2009.

Todd, Emanuel: Frei! Der arabische Frühling und was er für die Welt bedeutet, München: Piper 2011.

UN Women. Sexual Harrassement in Egypt. 2013.

Zaki, Hind Ahmad / Abd Alhamid, Dalia: Women As Fair Game in the Public Sphere. A Critical Introduction for Understanding Sexual Violence and Methods of Resistance, in: Yadaliyya, 9.7.2014, https://www.jadaliyya.com/Details/30930 (aufgerufen am 11.12.2020).

Melanie Götz / Janina Marte

Vom identitären Projekt zur Übung in Täterschutz

Antirassismus und Intersektionalität zulasten von Frauen(-rechten)

Auszüge aus Zeuginnenaussagen aus dem Schlussbericht des Untersuchungsausschusses zur Silvesternacht 2015/16 in Köln:

„Schon da wurden wir von den Männern umkreist und abwertend angeschaut, als wären wir Abschaum.“

„Ich wurde auf dem Weg durchgängig angefasst von Männern. Ein Mann hat meinen Rock hochgezogen und meinen Hintern angepackt. ... Ich hatte noch nie in meinem Leben so Angst wie in dieser Situation.“

„eine derartig bedrohliche Situation habe ich vorher noch nie erlebt“

„Ich merkte, dass die Männer dort keinen Respekt vor mir und meiner Würde hatten. Als der Mann mir von hinten zwischen meine Beine fasste und mich dort sehr intim berührte, verspürte ich große Scham. Als ich mich dann umdrehte und die Männer auf mich zeigten und mich offensichtlich auslachten, wurde dieses Gefühl extrem verstärkt ... Als ich dann, nachdem ich mich gewehrt hatte, von einem Mann zurückgezogen wurde, verspürte ich zudem noch große Angst und Panik.“

Beschämt, ausgeliefert, verängstigt, in Panik – so lauten die Beschreibungen, die zahlreiche betroffene Frauen zu ihren Erfahrungen der Silvesternacht in Köln 2015/16 zu Protokoll gaben.[1] Mehr als 1200 Strafanzeigen, darunter mehr als 500 zu Sexualdelikten – sexuelle Nötigung, teils in Kombination mit Eigentumsdelikten (Diebstahl, Raub etc.) –, gingen in bzw. zu dieser Nacht bei der Kölner Staatsanwaltschaft ein. 1049 Menschen wurden dem Bericht zufolge als Opfer erfasst, davon 482 als Opfer von Sexualdelikten – fast ausschließlich Frauen. Die Opfer der Sexualdelikte beschreiben, eingekreist, festgehalten, gegen ihren Willen sexuell berührt und in einigen Fällen fast vergewaltigt worden zu sein. Nur ein Bruchteil, rund ein Viertel der beteiligten Tatverdächtigen, konnte ermittelt, lediglich 36 Männer verurteilt werden; in der Mehrheit wegen anderer als der Sexualdelikte.[2]

An die Öffentlichkeit gelangte der Umstand, dass es in jener Nacht zu massiven Übergriffen gekommen war, erst nach Tagen: Informationen wurden anfangs seitens Polizei- und Einsatzführung zurückgehalten und nach ähnlicher anfänglicher Zurückhaltung schließlich sukzessive in der Medienberichterstattung aufgegriffen. Sobald jedoch das Ausmaß der Katastrophe und der Vertuschungsversuche bekannt wurde, wäre zu erwarten gewesen, dass ein feministischer Aufschrei durch ein Land gehen müsse, das einmal eine breite Frauenbewegung aufwies. Doch blieb ein solcher *„Aufschrei"*, wie er zuvor etwa in einer gleichnamigen Debatte über (Alltags-) Sexismus geführt wurde, diesmal völlig aus. Denn es gab ein Problem: Die tatverdächtigen Männergruppen waren laut Zeugenbeschreibungen und gestreamter Handyaufnahmen vom größten Tatort zwischen Domplatte und Hauptbahnhof als nordafrikanisch aussehend bzw. arabisch sprechend beschrieben worden.

So war statt einer breiten feministischen Protestbewegung eine Verschiebung erfolgt: Die Debatte drehte sich hauptsächlich um Rassismus. Die „Ereignisse" jener Nacht „von Köln" wurden zum diskursiven Streitgegenstand in einer gesellschaftlichen Situation, in der vielfach der Mut fehlte, eine Debatte über das Konkrete dieser massenhaften Gewalt in einer hierzulande neuartigen Erscheinungsform zu führen. Nur vereinzelt klangen – ausgehend von Aussagen von Betroffenen und Aufnahmen aus besagter Nacht – Erinnerungen an die organisierten, gemeinschaftlich begangenen sexuellen Übergriffe (arab. *taharrusch dschama'i*) von aufgehetzten Männermobs aus der Zeit des sogenannten Arabischen Frühlings zum Beispiel in Kairo an. Ob die Gewalt in Köln womöglich in ähnlicher Weise abgesprochen und organisiert war, musste laut eines Gutachtens im Untersuchungsausschuss[3] „weiter offen" bleiben. Indes wurde die Debatte über Ursachen und Hintergründe der Gewalt vor allem von der Warnung überschattet, „den Rechten in die Hände zu spielen" und einer „gesellschaftlichen Spaltung" weiter zuzuarbeiten. Sie wurde daher nur zögerlich geführt und fand ein schnelles Ende. Das konkrete Leid der betroffenen Frauen geriet dabei völlig in den Hintergrund.

Die Übergriffe fanden in einem zeitlichen Kontext statt, in denen die im Januar und November 2015 begangenen islamistischen Anschläge im Nachbarland Frankreich für anhaltende Verunsicherung gesorgt hatten. Die zeitgleich geführte gesellschaftliche Debatte und der Streit um Geflüchtete, Massenmigration und Integration hierzulande und deren Vereinnahmung durch rechte Kräfte mögen zudem eine Auseinandersetzung mit den Hintergründen der Täter erschwert haben. Gleichwohl gilt es die auf die Gewalt erfolgte „Abwehrdebatte“[4] in den Blick zu nehmen und zu fragen, woher Haltungen rührten, welche mitverantwortlich zeichnen, das Leid der Frauen aus dem öffentlichen Fokus zu drängen.

Der Bruch: Das Problem zeitgenössischer, hegemonialer 'Feminismen' und die Kölner Silvesternacht 2015/16

Nachdem allmählich das Ausmaß der sexualisierten Übergriffe auf der Kölner Domplatte bekannt wurde, kam es vor Ort zunächst noch zu kleineren Protestkundgebungen und Solidaritätsaktionen. Überschaubare Gruppen und Personen aus dem Spektrum der feministischen Antigewalt- und Frauenrechtsarbeit traten dabei Seite an Seite mit Transparenten gegen Gewalt an Frauen auf. Sie forderten das aus feministischer Sicht Naheliegende: Solidarität mit den Opfern der Gewaltnacht und Aufklärung. Der Diskurs wurde jedoch medial zügig und effektiv durch vorgeblich besorgte, bestens vernetzte und sich als „Feminist_innen“ bezeichnende Stimmen – darunter drei der Initiatorinnen der *„Aufschrei“*-Kampagne – aus dem intersektionalen, queerfeministischen Spektrum übernommen. Diese inszenierten sich als die Speerspitze einer irreführend als *„#ausnahmslos“*[5] gegen jegliche Gewalt an Frauen betitelten Kampagne – oder vielmehr antirassistischen Bekenntnisaktion –, die unterschwellig die Botschaft vermittelte, die Frage nach der Herkunft und möglichen religiös-kulturellen Sozialisationsmustern der Tatverdächtigen reproduziere lediglich rassistische Stereotype und Klischees über muslimische oder arabische Männer. Was in derartigen Diskurskreisen in anderen Fällen sonst zu Recht als Ablenkungsmethode (*„derailing“*) kritisiert würde, wurde von den Kampagnenführerinnen nun selbst praktiziert. Universale Phänomene wie Sexismus und sexualisierte Gewalt, so heißt es im gleichnamigen Aufruf und bar jeglicher Belege aus der Debatte zu 'Köln', dürften nicht „islamisiert" werden. Zugleich wurden Gemeinplätze wie Forderungen nach genereller Prävention, Aufklärung zu und Förderung von Geschlechtergleichheit in den Vordergrund gerückt, um „jeglicher" Gewalt gegen Mädchen oder Frauen beizukommen, ohne auf das, was sich in Köln konkret abgespielt hatte, auch nur einzugehen.

De facto begaben sich so unter dem Deckmantel des Feminismus medial gut vernetzte Akteurinnen in die Rolle von Täterschützerinnen,[6] die Opfer frauenverachtender Gewalt und alle an Aufklärung der Gewalt der Kölner Silvesternacht Interessierten zum Schweigen bringen wollten. Obendrein lautete die implizite Warnung: Wer sich mit der Analyse möglicher Hintergründe beschäftige – etwa der islamisch-patriarchalen Sozialisation des mehrheitlich aus dem arabischen Raum stammenden Täterkreises oder erstarkten Einflüssen islamistischer Ideologie auf deren Wahrnehmungs- und Handlungsmuster – mache sich unweigerlich der Zuarbeit zu rechten und rassistischen Diskursmustern schuldig.

Hatten sich schon bei den überschaubaren Solidaritätsaktionen vereinzelte Aktivistinnen dazu verstiegen, den vor Ort gegen misogyne Gewalt Protestierenden eine rassistische Instrumentalisierung vorzuwerfen, kam es im Gefolge der *#ausnahmslos*-Initiative zur diskursiven Abrechnung mit einer als durch und durch antimuslimisch-rassistisch vorgestellten Mehrheitsgesellschaft. Über Tage und Wochen setzten sich *#ausnahmslos*-AktivistInnen und verbündete Stimmen auf sämtlichen Kommunikationswegen on- und offline als vermeintlich besonders fortschrittlich und alternativlos in Szene. Tatsächlich aber zeigten sich sämtliche VertreterInnen der „intersektionalen" Perspektive auf *gender* und *race* bereit, alle Register der Relativierung zu ziehen, um die mutmaßliche Tätergruppe pauschalisierend wie paternalistisch als potentielle Opfer von Rassismus in Schutz zu nehmen, statt nach deren Verantwortung zu fragen. So machten sich intersektional-antirassistische Stimmen mit AntifeministInnen und SexistInnen gleich, die sie in anderen Kontexten zu Recht kritisieren würden. Teils wurden die weiblichen Opfer gar als rassistische, weiße „Kartoffeln",[7] die ohnehin einen Araber nicht vom europäischen Südländer zu unterscheiden wüssten, verunglimpft, der Lächerlichkeit preisgegeben und in ihrer Glaubwürdigkeit diskreditiert.[8] Vergleiche mit dem Oktoberfest und andere Ablenkungsmanöver transportierten die Botschaft, dass unweigerlich überall, wo Menschen(-massen) aufeinandertreffen, sexuelle Übergriffe stattfänden.

Das ist nicht per se falsch, doch nur die halbe Wahrheit. Die treibjagdartigen Szenen durch Gruppen von Männern, die Betroffene jener Nacht schilderten, decken sich nicht mit üblichen Mustern und Ausmaßen von Übergriffen auf Volksfesten oder Konzerten, sondern hatten eine eigene, bis dato hierzulande unbekannte Dynamik.[9] „Was sich in Köln ereignet hat, war kein 'alltäglicher' Sexismus. Die Verknüpfung mit dem Islamismus ist plausibel",[10] stellte dagegen die Arabistin und Journalistin Hannah Wettig nach Köln fest. Ähnlich äußerten sich auch Islamkritiker wie Hamed Abdel-Samad.[11] Es ist den wenigen unaufgeregten, sachlich fokussierten und der Aufklärung verpflichteten Analysen zur Silvesternacht 2015/16, wie jener Wettigs, Abdel-Samads oder auch Alice Schwarzers[12] und anderer zu verdanken, dass die Auseinandersetzung mit einer partikularen Form der in der Tat weitverbreiteten Gewalt an Frauen nicht gänzlich unterging. Kritische Beiträge, die sich fundierter mit dem Phänomen befassten, führten analytisch das gravierende Scheitern[13] des intersektionalen (Queer-) Feminismus an der gesellschaftlichen Realität vor, sofern diese den Themenkomplex Islamismus und Islam auch nur tangiert. Sie machten deutlich, dass in der Tat „eine Zäsur in der Geschichte der Frauenbewegung, ein Bruch mit entscheidenden Leitideen des Feminismus"[14] stattgefunden hatte: Sich selbst als Feministinnen Bezeichnende glaubten nicht mehr den Opfern sexueller Gewalt, sondern relativierten die Taten und setzten sich unter dem Vorzeichen eines paternalistisch-antirassistisch motivierten Täterschutzes moralisch ins absolute Recht. Das Vorgehen, misogynes, gewalttätiges Verhalten zu verharmlosen, wurde zur Triebfeder antirassistisch-„feministischer" Interventionen. Dabei wurde evident, wie sehr es einem unter zeitgenössischen feministischen Strömungen hegemonial gewordenen Queer- bzw. intersektionalen (Gender-)Feminismus mittlerweile auf persönlichen und netzwerkfokussierten Distinktionsgewinn ankommt und wie wenig auf kritische Analysen zur Lage von Frauen, zumal wie hier in einer partikularen Situation eines Gewaltexzesses. Dass dabei das geschlechtsspezifische, durch konkrete Gewaltakte erfahrene körperliche und psychische Leiden konkreter Frauen in der Breite des medialen und gesellschaftspolitischen Diskurses unter die Wahrnehmungsschwelle gerät, wird offenbar schulterzuckend als notwendiger Kollateralschaden in Kauf genommen.

Während die intersektional-feministischen Kampagnenführerinnen um die *#ausnahmslos*-Initiative sich und eine interessierte Öffentlichkeit also darüber belogen, wie es in ihrem Aufruf hieß, „immer.überall" gegen sexualisierte Gewalt zu intervenieren und Position zu beziehen, schwiegen sie sich tatsächlich gerade zu einem konkreten aktuellen Fall der misogynenen Raserei beharrlich aus. Dabei hatten sie zugleich zwei Ziele erreicht, die beide mit einem herrschaftskritischen Feminismus für ein gewaltfreies Leben für Mädchen und Frauen, wie ihn die *Neue Frauenbewegung* (Zweite-Welle-Feminismus) geprägt hat, nichts mehr zu tun hatten: sich selbst als unverzichtbaren Diskursrichter zu konstituieren, indem man andere Perspektiven auf die Geschehnisse der Silvesternacht-Übergriffe zu marginalisieren suchte, und daraus noch einen Distinktionsgewinn vermeintlich besonders progressiver, rassismuskritischer Haltung zu beziehen, der sich im gesellschaftlichen, politischen und medialen Umfeld auszahlt.[15]

Die Hybris, mit der sich politisch und medial vernetzte Kampagnenprofiteurinnen ins Recht setzten, sollte sich im akademischen „intersektionalen" Feld fortsetzen. Hier reichten Publikationen ebenfalls zu wenig mehr als Gewaltrelativierungen aus, die das berechtigte Zurückweisen einer rechten Instrumentalisierung der Kölner Silvesternacht als rassistische Vereinnahmungsversuche vorschützten, um sich nicht mit der misogynen Gewalt selbst befassen zu müssen. Für eine kritische Rückschau und Analyse des exemplarischen Unwillens unter intersektionalen und Genderforscherinnen, sei an dieser Stelle auf Veronica Szimpla[16] verwiesen. Am Beispiel von Publikationen der führenden deutschen Genderforscherinnen Gabriele Dietze (*Sexualpolitik. Verflechtungen von Race und Gender*) sowie Paula-Irene Villa und Sabine Hark (*Unterscheiden und herrschen. Ein Essay zu den ambivalenten Verflechtungen von Rassismus, Sexismus und Feminismus der Gegenwart*) zeigt Szimpla auf, wie die intersektionale Genderforschung die systematische Gewalt gegen Frauen in der Kölner Silvesternacht 2015/16 nicht nur *nicht* zur Kenntnis nimmt und sich mit keinem Wort auf erfahrenes Unrecht, die Gewalterfahrung und das Leid der Betroffenen bezieht oder dieses zum Ausgangspunkt einer kritischen Untersuchung macht. Schlimmer noch: sie instrumentalisiert den als das „Ereignis Köln" (Dietze) aus dem Bewusstsein abgespaltenen Gewaltexzess gegen Frauen, um daraus akademisch verwertbares Kapital im intersektionalen Elfenbeinturm fernab der Realität zu schlagen.

Wie zahn- und trostlos sich das Versprechen zeitgenössischer „feministischer" politischer Praxis ausnehmen kann, davon gab der Umgang mit dem misogynen Gewaltexzess der Kölner Silvesternacht exemplarisch Auskunft, als dogmatisch auftretende „intersektionale" Diskurs-Echokammern aus Queer-Feminismus und postkolonialem Antirassismus relativ erfolgreich dafür gesorgt haben, die sexuellen Massenübergriffe im öffentlichen Bewusstsein zum Problem eines strukturellen Rassismus der Mehrheitsgesellschaft umzudeuten. Relativierende und verharmlosende Reaktionen auf massive sexuelle Übergriffe setzten sich andernorts fort.

Ein linker Trend macht Schule: Antirassismus als paternalistisches, identitäres Projekt

Unmittelbar nach dem öffentlichen Bekanntwerden der über zweieinhalb Stunden andauernden Vergewaltigung der 18-jährigen Franziska W. durch bis zu 14 mutmaßliche Täter aus Syrien, Algerien, dem Irak und einen Deutschen in Freiburg im Breisgau, warnte der parteilose Oberbürgermeister Martin Horn im Oktober 2018 reflexartig vor einer Instrumentalisierung der Tat von rechts. Der Ex-Stadtrat Sebastian Müller meldete zudem eine Kundgebung an, deren Hauptaugenmerk ursprünglich auf der Vereinnahmung der Trauer durch die AfD lag.[17] Auf der Social Media-Plattform Instagram rief der Politiker der Wählervereinigung Junges Freiburg dazu auf „ein Zeichen zu setzen gegen die schamlose Ausnutzung".[18] Gemeint war die politische Ausnutzung der Gewalttat durch rechte Kräfte. Der AfD-Landtagsabgeordnete Stefan Räpple hatte gemeinsam mit der Jugendorganisation der Partei *Junge Alternative* und dem rechten *Frauenbündnis Kandel* in Folge der Gewalttat eine fremdenfeindlich motivierte Demonstration durch die Freiburger Innenstadt angemeldet, deren Motto lautete: „Sichere Grenzen – Sichere Zukunft! Abschiebungen sofort! – Gegen ausländische Messermörder und Gruppenvergewaltiger in Deutschland!".[19] Von höchstens geringem Interesse schien bei Müllers Gegenkundgebung derweil die schamlose Ausnutzung der körperlichen Überlegenheit der Täter über ihr Opfer zu sein, das zuvor mittels Drogen in einen nahezu bewusstlosen Zustand versetzt und schließlich im Gebüsch nahe der Diskothek seriell vergewaltigt wurde. Erst nachdem Müller sich zurecht an der Vereinnahmung der Tat durch Rechtsaußen abgearbeitet hatte, verurteilte er im Nachsatz schließlich das brutale Gewaltverbrechen selbst und bekundete Mitgefühl für das Opfer. Ein ‘Shitstorm’, der ebenfalls maßgeblich vom politisch rechten Lager ausging, veranlasste Müller schließlich dazu, zwei Tage später einen überarbeiteten Aufruf zu verbreiten: Neben dem Protest gegen die Instrumentalisierung durch die AfD rief er nun auch zum Protest gegen sexuelle Gewalt an Frauen auf.[20] Der Ex-Stadtrat versicherte zudem, dieser sei ihm schon von Anfang an ein Anliegen gewesen, strafte sich jedoch an anderer Stelle mit folgenden Worten lügen: „Hätte die AfD nicht so reagiert, hätte ich wahrscheinlich auch keine Kundgebung gemacht. Dann hätte sich ja auch die Instrumentalisierung nicht ergeben und ich hätte mich nicht empört.“[21]

Anders als Sebastian Müller, der wohl eher unbeabsichtigt eingestand, dass er sich nicht empört und zum Protest aufgerufen hätte, hätte die AfD sich nicht eingeschaltet, verhielt sich die Freiburger Gruppe *Antifaschistische Linke*: Diese bemühte sich nicht einmal mehr auf Nachfrage darum, auch nur den Schein zu erwecken, der misogynen Gewalttat selbst und dem Vergewaltigungsopfer Beachtung zu schenken. Unter dem Titel „Aufstehen gegen Rassismus“ und dem Hashtag „Zusammenstehen gegen rechte Hetze“ rief die Gruppe zu einer zweiten Demonstration allein gegen die rechte Kundgebung auf. In einem Interview auf dem Freiburger Newsportal *Fudder* erklärte ein Mitglied der Gruppe konsequenterweise: „Sexualisierte Gewalt ist leider Alltag. Täglich kommt es dazu und man kann ja nicht jedes Mal eine Demo machen.“[22]

Die von etwa einem Dutzend Männer gemeinschaftlich verübte Vergewaltigung einer zuvor außer Gefecht gesetzten Frau – und der frauenverachtende Konsens innerhalb der Tätergruppe, der diese brutale Entmenschlichung der Frau ermöglicht –, bedürften nach Meinung der *Antifaschistischen Linken* demnach keiner besonderen Aufmerksamkeit geschweige denn Analyse. Damit überließen die vorgeblich progressiven Kräfte die Thematisierung von Gewalt gegen Frauen rechten Kräften und stärkten diese hierdurch, statt sie wie behauptet zu bekämpfen.

Derweil wird auch über diesen Fall hinaus in der Berichterstattung über Gruppenvergewaltigungen immer wieder deutlich, was überdies auch kriminologische Forschungen bestätigen: dass die Täter bei Gruppenvergewaltigungen ihre Opfer meist noch stärker enthumanisieren, zu bloßen Gebrauchsgegenständen degradieren und brutaler vorgehen, als Einzeltäter – und dass Opfer von Gruppenvergewaltigungen dementsprechend schwerere physische und psychische Schäden erleiden.[23] Unabhängig von der Frage nach dem unterschiedlichen Ausmaß der Brutalität und der dem Opfer über die sexuelle Gewalt hinaus zugefügten Verletzungen und Erniedrigungen bei Vergewaltigungen durch Einzel- oder Gruppentäter: Angesichts der Barbarei, deren Recht des Stärkeren sich hierbei eben nicht nur in einem Individuum, sondern einer ganzen Gruppe Bahn bricht, und des misogynen Gruppenkonsenses sollte nicht nur ein besonderes Entsetzen über solche Gruppentaten nachvollziehbar sein, sondern auch das Bedürfnis nach einer notwendig tiefergehenden Auseinandersetzung mit deren Hintergründen.

Zu den in entwicklungspsychologischen, sozio-ökonomischen und sozio-kulturellen Erklärungsansätzen der von der kriminologischen Forschung angeführten Faktoren, die solches Gruppenhandeln begünstigen, zählen bei manchen Tätergruppen unter anderem ökonomische Belastungsfaktoren, bei allen jedoch – wenig verwunderlich – tief verinnerlichte feindselig-sexistische Einstellungen,[24] wenn nicht gar ein gemeinsames „'Feindbild Frau', das an einen überzogenen Männlichkeitswahn gekoppelt ist".[25] Über die jeweilige Tätergruppe hinaus spielt zudem die gesellschaftliche Akzeptanz für Vergewaltigungsmythen eine Rolle, wie auch patriarchale „Normen, die Hypermaskulinität und damit das Bedürfnis nach ständiger Bestätigung der eigenen Maskulinität und nach Bestrafung vermeintlich nicht-maskulinen Handelns fördern".[26]

Zwar sind misogyne Einstellungen kein Alleinstellungsmerkmal von Gruppentätern; dass linke AkteurInnen wie die *Antifaschistische Linke Freiburg* aber die besondere Dimension einer Gruppenvergewaltigung leugnen, legt den Verdacht nahe, dass damit eigentlich etwas anderes verschleiert werden soll: Hintergründe für die Misogynie bei der unter den Tatverdächtigen überproportional häufig vertretenen Gruppe geflüchteter Männer.[27] Diese Überrepräsentanz ist kein Zufall. Unter anderem begünstigen traumatisierende (Kriegs-)Gewalt- und Fluchterfahrungen, Perspektivlosigkeit und Marginalisierung in Deutschland sowie der Verlust sozialer Netze (die vor der Flucht auch eine Kontrollfunktion des Sozialverhaltens erfüllten) Gewaltbereitschaft. Diese Umstände thematisiert die Linke durchaus selbst, wenn es um eine Perspektive auf Geflüchtete als Betroffene, z. B. von Diskriminierung geht, d. h. wenn deren Unterbringung in Sammelunterkünften, die Ablehnung von Asylanträgen, das Verweigern von Familiennachzug u. v. m. durch deutsche Behörden und den Staat kritisiert werden. Seltener findet in antirassistischen Diskursen allerdings eine Auseinandersetzung mit möglichen Folgen der genannten Umstände statt, in denen Geflüchtete nicht (ausschließlich) als Opfer von Krieg, Verfolgung und deutscher Asylpolitik, sondern beispielsweise als Täter sexueller Übergriffe in Erscheinung treten. Werden diese Hintergründe doch einmal im Zusammenhang mit sexueller Gewalt von Seiten Geflüchteter ins Feld geführt, so dient dies jedoch regelmäßig dazu, einen anderen Einflussfaktor zu negieren oder kleinzureden, der in der bisherigen Aufzählung fehlte und den das zeitgenössisch hegemoniale Verständnis von Antirassismus anzuerkennen verbietet: den *kulturellen* bzw. *religiösen* Hintergrund eines beträchtlichen Teils der Täter gemeinschaftlich begangener sexueller Gewalt.

Sowohl die Reaktionen in Freiburg wie auch die *#ausnahmslos*-Kampagne zeigen, wie die lokalen Gewaltexzesse unterschiedslos unter das Thema einer weitverbreiteten, alltäglichen und damit nicht näher zu spezifizierenden „sexualisierten Gewalt" in Deutschland subsumiert werden. Beide propagieren einen die Gewalt relativierenden Umgang im Zusammenhang mit Geflüchteten als Tatverdächtigen bzw. Tätern. Das offenbart eine der Rechten vergleichbare Empörungslogik, nur unter umgekehrten Vorzeichen: Während Rechte Flüchtlinge oft unter Generalverdacht stellen, dürfen dagegen nach gängiger linker Ansicht kulturelle Prägung, die Sozialisation im Herkunftsland und Religion als Analysekategorien nicht in den Blick kommen, sobald die Täter einen Flucht- bzw. Migrationshintergrund aufweisen.

Paternalistische Betroffenheitsdynamiken zulasten von Freiheit und Gleichheit von Frauen

Der eingangs beschriebene Umgang mit der Kölner Silvesternacht wie auch der Gruppenvergewaltigung in Freiburg stellen lediglich zwei, wenn auch besonders verstörende Beispiele dar, in denen massive Gewalt gegen Frauen auf bislang ungekannte Weise verdrängt, relativiert und zu einer neuen Variante des vergangen geglaubten *Nebenwiderspruchs* deklariert wurde.[28] Verstörend zum einen aufgrund der massiven Ausmaße und massenhaft bzw. aus Gruppen heraus begangenen Gewalt selbst. Zum anderen weil augenfällig gerade jene sich besonders progressiv wähnenden Stimmen es sich zur Aufgabe machten, Grundsätze wie den des gleichberechtigten, gewaltfreien Umgangs der Geschlechter preiszugeben, um sich mit vermeintlich progressivem, ausschließlichem Fokus auf eine vorauseilende Abgrenzung „gegen rechts" als vorbildlich antirassistisch in Szene zu setzen. Dies vor dem Hintergrund, dass die im Grundgesetz verbürgte Gleichheit der Geschlechter heute allgemein in Staat, Politik und weitestgehend gesellschaftlich als Grundsatz des Zusammenlebens in einer pluralistischen, demokratischen Gesellschaft gilt. Es ist kein Zufall, dass ein sich links und feministisch gerierendes Milieu sich einmal mehr ausgerechnet damit besonders hervortut, das Problem struktureller Gewalt zu verschleiern, sofern diese Frauen herabwürdigenden Gewalt- und Unterdrückungsformen aus Gesellschaften herrühren, in denen ein islamisches Patriarchat beziehungsweise der Aufstieg der islamistischen Ideologie die Herrschaftsform prägt.

Woran mag es nun liegen, dass angeblich besonders Progressive noch hinter die Errungenschaften der bürgerlichen Emanzipation hierzulande zurückfallen? Ein Erklärungsansatz zu dieser spezifischen Form der linken Regressionsbereitschaft liegt in der Kritik am neuartigen postmodern-identitätspolitisch orientierten Verständnis und Zugang zur Welt begründet, in dem das konkrete, an Gesellschaft und mithin Gewalt leidende (weibliche) Individuum keine Rolle mehr spielt, sondern hinter dessen bloßer oder zugeschriebener Gruppen-„Identität" verschwindet.[29]

Einem *identitären* Antirassismusverständis geht es nicht länger um universalistische Prinzipien wie den individuellen Freiheits- und Menschenrechten – einschließlich des Rechts auf sexuelle Selbstbestimmung und körperliche Unversehrtheit auch für Frauen – sondern um kommunitaristische Bezugnahmen und Perspektiven auf vermeintliche Gruppenrechte. In basisaktivistischen und zivilgesellschaftlich organisierten Zusammenhängen, vom medialen bis in politische Diskurse hinein, gilt heute das Prinzip der schon begrifflich-schwammigen Bezugnahme auf bloße „Vielfalt" als progressiv, dem es vielmehr um „Anerkennung" und „Respekt" – etwa von bzw. vor „Kulturen" oder Religionen – zu tun ist. Damit geraten etwa Menschen muslimischer Herkunft nurmehr als „Muslime", d. h. Angehörige eines islamischen *Kollektivs* – und im innerdeutschen Kontext ausschließlich als (tatsächliche oder per Zuschreibung) Angehörige einer per se schützenswerten Minderheit – in den Fokus. Ursprünglich sollten mit dem Begriff der Intersektionalität verschiedene Formen von Ungleichbehandlung aufgrund sich überschneidender und wechselseitig verstärkender Diskriminierungsmerkmale (race, gender etc.) mitberücksichtigt werden. Doch hat sich dieser theoretische Anspruch in der Praxis mittlerweile zu einer Verhärtung von unterstellten Gruppen-„Identitäten" und deren Schutz ausgewachsen.

So lässt sich auch in Fällen geschlechtsspezifischer Gewalt wie jenen von Köln und Freiburg eine entsprechende Diskursverschiebung feststellen: Schon die bloße Befürchtung einer möglichen rassistischen Instrumentalisierung lässt die konkrete Realität erst gar nicht mehr in den Blick geraten. Eine Auseinandersetzung mit den Gewaltexzessen wird stattdessen durch die bloße Problematisierung *des „Sprechens-über"* dieselben ersetzt, der es ausschließlich darum geht, der Mehrheitsgesellschaft anhand ihrer Diskurse einen allgegenwärtigen Rassismus nachzuweisen.[30]

Entsprechend hieß es etwa in einem Redebeitrag bei einer Demonstration „gegen sexualisierte Gewalt“ in Freiburg, die den Protesten gegen die AfD einige Wochen später schließlich nachgeschoben wurde, um (scheinbar) doch noch die Gewalt gegen Frauen in den Blick zu rücken: „Nicht ‘die’ Muslime, ‘die’ Ausländer oder ‘die’ Fremden vergewaltigen Frauen – *Männer* vergewaltigen Frauen!“.[31] Durch derartig triviale Gemeinplätze, wie jener, dass es in der Regel Männer sind, die Frauen vergewaltigen, wird unter Verweis auf ein universales Problem männlicher Gewalt gezielt vom partikularen Fall eines auf extreme Weise dehumanisierenden Tathergangs abgelenkt (*„derailing“*).[32] Fatalerweise geraten damit ausgerechnet die für die Aufklärung relevanten Hintergründe der Täter – und damit auch der Tat – aus dem Blick. So wird etwa auf besagter Demonstration in Freiburg paradoxerweise zugleich die eigens erhobene Forderung nach einer „Bekämpfung der Ursachen sexualisierter Gewalt“ und der „Problematisierung gewalttätiger Formen von Männlichkeit“[33] selbst unterlaufen.

Kein Nebenwiderspruch: Gewalt gegen Frauen und Islamismus

Exakt diesen Hintergründen sollte man sich jedoch in der Tat zuwenden. Dazu gehörte eine Auseinandersetzung mit der spezifischen Form einer – sonst beim „weißen Mann“ allfällig ausgemachten – *„toxischen Männlichkeit“*, wie sie in der islamischen Welt und bis in muslimische Einwanderungscommunitys wirkt. Insbesondere stellt sich die Frage, inwiefern diese für die Verheerungen hinsichtlich Gewalt gegen Frauen maßgeblich mitverantwortlich ist. Dem zugrundeliegenden Geschlechterverhältnis, seiner ideologischen und strukturellen Grundlagen, die von Islamisten noch zugespitzt werden, gilt daher die kritische Betrachtung.

> „Der Grund, warum eine Frau vergewaltigt wird, ist wegen der Art wie sie sich kleidet. Frauen kleiden sich so aufreizend, so sehr, dass sie zu viel Aufmerksamkeit auf sich ziehen und diese Aufmerksamkeit führt manchmal zum Tod. Wenn es den Strafverfolgungsbehörden und den kanadischen Politikern ernst damit wäre, dieses Problem zu lösen, würden sie Gesetze einführen, die es Frauen verbieten würden, sich auf der Straße provokant zu kleiden. [...] Sie sollten sich ein Beispiel an der Weise nehmen, wie sich muslimische Frau-

> en kleiden. Warum werden muslimische Frauen, die lange Kleider tragen und ihren Kopf bedecken, nicht zur Zielscheibe für sexuelle Angriffe? [...] Weil muslimische Frauen in Bezug auf ihren Körper nichts preiszugeben haben."[34]

Dieses Zitat stammt aus einem Offenen Brief, mit dem sich der kanadische Prediger Al-Haashim Kamena Atangana 2012 in eine Debatte einschaltete, die im Jahr zuvor durch die Aussage eines Polizeibeamten ausgelöst wurde. Letzterer hatte als (vermeintliche) Prävention vor sexuellen Übergriffen empfohlen, dass „Frauen vermeiden sollten, sich wie Schlampen [*sluts,* Anm. d. A.] anzuziehen, um nicht zum Opfer zu werden".[35] Unter dem Vorwurf des *„Victim Blaming"* und der Anprangerung einer allgegenwärtigen *„Rape Culture"* hatte diese Aussage international feministische Protestmärsche ausgelöst – die sogenannten *„Slutwalks"*. Eine entsprechende Reaktion auf die –weit über die ungeheuerliche Empfehlung des Polizisten hinausgehende – Forderung des islamischen Predigers, Frauen sogar eine gesetzliche Kleiderordnung aufzuzwingen, blieb hingegen aus.

In diesem Zitat Atanganas tritt ein im islamischen Patriarchat virulentes und vom Islamismus eifrig propagiertes Frauenbild zutage, das die Logik des *Victim Blaming* par excellence bedient und mit Blick auf das Geschlechterverhältnis strukturell Ausdruck einer sogenannten *Rape Culture* ist. Sind Fragen, die auf die vermeintliche (Mit-)Schuld der Opfer sexueller Gewalt abzielen, nach wie vor als klischeehafte Unterstellungen auch in westlichen Gesellschaften noch präsent, kommt im vorgenannten Fall jedoch noch ein weiterer, gravierender Aspekt hinzu. Mit der impliziten Legitimierung sexueller Gewalt gegen „provokant" gekleidete Frauen wird ebendiese allen Frauen bereits vorab angedroht, sollten sie sich dem propagierten Verschleierungsgebot nicht unterwerfen.

Während moderne westliche Kulturen die öffentliche sexuelle Ordnung darauf ausrichten, dass der Mensch – hier explizit auch: der Mann – fähig sein muss, seine Triebe zu kontrollieren (wodurch er erst zum Menschen wird), entmündigen Kulturen wie die traditionell-islamische den Mann, indem sie ihm die Pflicht und Fähigkeit zur Triebkontrolle absprechen. Demgegenüber wird zugleich die Frau verpflichtet, dafür Sorge zu tragen, dass der als unsublimierbar vorgestellte Sexualtrieb des auf das Niveau eines Tieres degradierten Mannes gar nicht erst geweckt werde. In dieser der Sexualmoral und Geschlechterordnung zugrundeliegenden Vorstellung wird die Frau zum bloßen Objekt und der weibliche Körper maximal sexualisiert. Die Bürde, die den Frauen damit auferlegt wird, mündet zwangsläufig in eine perfide Sackgasse. Denn je mehr Frauen versuchen, sich durch Verhüllung in der Öffentlichkeit unsichtbar zu machen, desto mehr spitzt sich die Sexualisierung des weiblichen Körpers zu. Eingedenk dessen verwundert die Dynamik der islamistischen Eskalation nicht, die noch die kleinste Haarsträhne, Hände, die Knöchel oder letztlich die Augen und den ganzen Körper der Frau unter *Niqab* und *Burka* zum Verschwinden zu bringen trachtet.[36] Dieser Tugendterror einer auf weibliche „Sittsamkeit“ und keusche Tugendhaftigkeit abzielenden Kleiderordnung, trägt dort, wo sie bereits zur Norm geworden ist, keineswegs zum Schutz der Frauen vor sexueller Belästigung und Gewalt bei – eher ist das Gegenteil der Fall. Der in Deutschland unter Polizeischutz lebende ägyptisch-deutsche Islamkritiker Hamed Abdel-Samad fasste die Entwicklung in der islamischen Welt anlässlich der Übergriffe in der Kölner Silvesternacht 2015/16 wie folgt zusammen:

> „Vor 40 Jahren trug kaum eine Frau in Kairo ein Kopftuch. Öffentliche sexuelle Belästigung gab es damals so gut wie nie. Heute ist kaum eine Frau unverschleiert und dennoch werden Frauen auf offener Straße bedrängt und begrapscht. Das gilt für Iran, Afghanistan, Pakistan und genauso für die meisten anderen islamischen Länder, die auf der Top-Liste der sexuellen Belästigung in der Welt ganz oben stehen. Auch im reichen Saudi-Arabien ist das Phänomen weit verbreitet.“[37]

Abdel-Samad weist darauf hin, dass der Zusammenhang zwischen Verschleierung und sexueller Belästigung in umgekehrter Weise besteht, als islamische Autoritäten es suggerieren. Immer wieder machen Feministinnen und Journalisten in islamischen Ländern auf das Paradox strikter Geschlechtertrennung und Verbotskultur auf der einen und deren exzessiver Übertretung auf der anderen Seite aufmerksam.[38]

Wo allein schon der Handschlag mit einer Frau aus religiösen Gründen verweigert wird, entsteht ein gesellschaftliches Klima der frömmelnden Bigotterie, in dem Frauen in aller Öffentlichkeit zugleich massiv nachgestellt wird. Der dadurch herrschende Konsens, dass Frauen in der Öffentlichkeit als Freiwild gelten, ermöglicht erst auch *gemeinschaftlich* begangene Übergriffe, weil die Täter sich nicht gegenseitig sanktionieren, sondern sich vielmehr im Recht fühlen und gegenseitig bestärken, wie es letztlich offenbar in „Köln“ der Fall war. Abdel-Samad legt dar, wie die strenge islamische Sexualmoral und Geschlechterapartheid – die es Männern und Frauen geradezu verunmöglicht, sich als gleichberechtigte Individuen zu begegnen und auf dieser Basis auch nur eine freundschaftliche Beziehung aufzubauen – in ihr Gegenteil umschlagen kann.[39]

Unter dem Einfluss des Islamismus sind Frauen, die zu „Ungläubigen" erklärt werden – weil sie als politische Subjekte in islamischen Ländern im Umbruch auftreten oder weil sie keine Musliminnen sind –, in besonderem Maße von sexueller Gewalt betroffen. Wie auch Hannah Wettig anlässlich der Kölner Silvesternacht 2015/16 berichtete, hatten ägyptische Blogger bereits seit Mitte der 2000er Jahre dokumentiert, wie in Kairo Männergruppen zum Ende des Ramadan gezielt Frauen einkreisten und sexuelle Übergriffe auf sie verübten.[40] Als sich während des Arabischen Frühlings im Jahr 2011 Frauen an den Massenprotesten gegen das Mubarak-Regime beteiligten, etablierten sich solche gemeinschaftlichen Übergriffe sowohl von Seiten der Sicherheitskräfte als auch von Teilen der Männer, an deren Seite die Frauen demonstrierten. Islamisten schürten dabei die sexuelle Gewalt. So zitiert Wettig den salafistischen Prediger Abu Islam – der die misogynen Übergriffe auf dem Tahrir-Platz explizit für „halal", also islamisch erlaubt, erklärte – mit den Worten: „Diese Mädchen sind nackt, unanständig und Prostituierte und keine rote Linie. Sie gehen dorthin, um vergewaltigt zu werden. Nebenbei sind 90 % von ihnen Kreuzfahrer."[41] Auch in Ländern wie Tunesien, Algerien und Marokko erklärten islamische Prediger unverschleierte Frauen zu „Huren" und Freiwild und verdeutlichten damit den Zusammenhang zwischen eingeforderter und durch Verschleierung vermittelter Sittsamkeit der Frau und der Legitimation sexueller Gewalt.

Vergewaltigung ist im Übrigen der Scharia zufolge nicht anders zu fassen und mithin zu bestrafen als Ehebruch oder außerehelicher Sex, die beide grundsätzlich verboten sind. Obendrein kann das Vergewaltigungsopfer selbst noch bestraft werden.[42] Dem Körper der Frau, ihrer Sexualität und Reproduktionsfähigkeit kommt der Status als Eigentum des Mannes zur Sicherung der väterlichen Abstammungslinie (Patrilineage) der Familie (bzw. des Clans in Stammesgesellschaften) zu, die unter dem Rekurs auf die Familien-„Ehre" vor dem Zugriff anderer Männer „geschützt", also diesen entzogen bleiben muss. Die Frau besitzt in dieser Ordnung und patriarchalen Logik keinerlei individuelle Rechte, wie das auf Selbstbestimmung und Unversehrtheit.

Indem ein linker, intersektionaler Kulturrelativismus den von den Islamisten noch forcierten „*Hidschāb*" als Ausdruck von Kultur und individueller Freiwilligkeit verteidigt, wird die Verbreitung der islamistischen Orthodoxie samt ihrer verheerenden Auswirkungen auf die sexuelle Selbstbestimmung von Frauen unterstützt. Dies ungeachtet dessen, dass säkulare

Frauen und Feministinnen muslimischer Herkunft seit Jahrzehnten kritisch über die Situation von Frauen unter islamischer Herrschaft aufklären und vor dem erstarkenden internationalen Einfluss des Islamismus warnen.[43] Spätestens mit den Vorfällen in Köln, Freiburg und anderswo sollte evident geworden sein, wie berechtigt diese Warnungen sind. Dass auch Menschen aus Gesellschaften wie den islamisch geprägten, insofern sie die dort weiter vorherrschenden streng patriarchalen Strukturen und Vorstellungen verinnerlicht haben, diese beim Grenzübertritt nach Europa nicht einfach ablegen, hat dies bestätigt. Fatal kann sich dies nicht zuletzt dann auswirken, wenn diese Vorstellungen mit jenen einer egalitären Geschlechterordnung konfrontiert werden.

Schlussbetrachtungen: Von der Notwendigkeit einer egalitär-universalistischen Perspektive

Der Widerspruch, dass Gewalt gegen und Unterdrückung von Mädchen und Frauen, die sonst in sich als emanzipatorisch verstehenden Kreisen (wie: feministischen, linken, antirassistischen) radikalen Einspruch hervorbringen, stets dann ausgeblendet und relativiert werden, wenn deren Hintergründe den Bereich der „Anderen" und deren Herkunftskultur oder -religion berührt, scheint einer Art kognitiver Dissonanz geschuldet. Die Realität, dass es *auch* Männer aus beispielsweise islamisch geprägten Kulturen sind, die Gewalt an Frauen verüben, gerät hier in Konflikt mit Wahrnehmungs- und Einstellungsmustern, die ebendiese ausschließlich als Angehörige einer marginalisierten Minderheit (Geflüchtete; Muslime) begreifen. In Köln und Freiburg wurde dies noch durch den Umstand verstärkt, dass zugleich die angegriffenen Frauen primär als Angehörige der Mehrheitsgesellschaft gesehen wurden.

Hauptsächlich übergeht derlei Ignoranz allerdings die Schicksale von Mädchen und Frauen, die hierzulande wie in islamischen (Herkunfts-) Ländern tagtäglich unter den Zumutungen streng-patriarchaler Ehrkulturen und ihren Strukturen sowie unter islamistischen Machtausdehnungsansprüchen stehen. Dazu gehören der Zwang zur Verschleierung bis hin zum Verschwinden unter der Vollverschleierung, das Diktat der „Jungfräulichkeit", Zwangsverheiratung und die Tortur der Genitalverstümmelung. Zu derartigen Zurichtungen von Mädchen und Frauen schweigen sich intersektionale, identitär-antirassistische Ansätze konsequent aus, wenn sie diese Gewaltlogiken bis hin zum Islamismus nicht sogar noch verteidigen.[44] Wie sich die mantraartig vorgetragene Abgrenzung „gegen rechts" damit verträgt, anderen Reaktionären, nämlich Islamisten und ihrer Agenda der Geschlechterapartheid, in die Hände zu spielen, bleibt das Geheimnis zeitgenössischer Verirrungen im intersektional-antirassistischen Denken.

Die Geschichte hat gezeigt – wie etwa das Beispiel Iran auf dem Weg zur „Islamischen Republik" verdeutlicht –, dass jegliches Wegsehen bis hin zum Appeasement oder gar dem Einvernehmen Linker mit dem Islamismus, diesen darin unterstützt, Frauen zu unterdrücken und den Weg zu einer Ordnung auf Grundlage der Scharia mit ihrer Geschlechterapartheid zu verfolgen. Der Islamismus zielt stets zuallererst auf die Frauen, deren Verschleierung und letztlich Verschwinden aus der öffentlichen Sphäre das Ende jeglichen Lebens in Gleichheit, Freiheit und Würde aller vorwegnimmt.

Die islamistischen Terroranschläge in den vergangenen Jahren, auch mitten in Europa, mit den zahlreichen Toten, Verletzten und Traumatisierten haben Erschütterungen ausgelöst. Es sollte nicht vergessen werden, dass Terror nicht erst beginnt, wenn Personen Waffen, LKWs und Sprengstoffe nutzen, um andere (mit) in den Tod zu reißen. Überall dort, wo der Islamismus sich lange ungehindert ausbreiten konnte, hat sich der Terror zuerst mit dem Tugendterror gegen Frauen und Mädchen angekündigt.[45] Dass hierzulande Mädchen auf den Wunsch islamistisch denkender bzw. beeinflusster Eltern vom Schwimmunterricht oder Schulausflug „befreit" werden; dass Mädchen in der Schule oder im Wohnviertel als „Huren" gemobbt und bedroht werden, weil sie sich nicht verhüllen, sind heute keine seltenen Einzelfälle mehr, sondern Ausdruck eines Klimas, in dem der Islamismus längst auch in Schulen und Elternhäusern angekommen ist.

Als völlig blind nimmt sich demgegenüber der zeitgemäße postmoderne Furor um Antirassismus und Intersektionalität aus, der Kopftuch, Schleier bis zur Vollverschleierung gegen angeblichen „antimuslimischen Rassismus" verteidigt. Wenn auch aus anderen Gründen („antirassistische") als die der Islamisten, mit ihrem Ziel der Geschlechterapartheid, fördert das kulturrelativistische Verteidigen der weiblichen Verschleierung die Verbreitung der islamistischen Ideologie. KritikerInnen des politischen Islams weisen seit längerem darauf hin, dass insbesondere legalistische Strömungen des Islamismus sich diese Ignoranz zunutze machen, indem sie Vereine, Verbände, Parteien, NGOs etc. strategisch unterwandern. Die Politikwissenschaftlerin Nina Scholz und der Historiker Heiko Heinisch,[46] die sich auf den Islamismus spezialisiert haben, verweisen in diesem Zusammenhang in einem analytischen Beitrag zur Muslimbruderschaft auf deren klug adaptierte Taktiken, die vordergründig linke, liberale und feministische Erwartungen bedienen – etwa indem sie mit Gendersternchen operieren und Umweltthemen bedienen –, um ihre verschleierten Absichten auf dem Weg zu einer Gesellschaft unter der Herrschaft der Scharia zu verfolgen.

Der paternalistische Schutzreflex, der Angehörige von Minderheiten – im Kontext der hier in den Blick genommenen sexuellen Übergriffe: Muslime und Geflüchtete – nur als Marginalisierte in den Blick nimmt, verrät nicht nur von Gewalt betroffene Frauen. Er behandelt auch erstere, wie der Psychologe und Autor Ahmad Mansour es im Hinblick auf Muslime formuliert hat, als „Kuscheltiere",[47] die nicht an den Idealen der Aufklärung gemessen werden, welche man für sich selbst beansprucht und verwirklicht sehen will. Mit der vermeintlich „antirassistischen" Weigerung, Religion oder Traditionen einer Kritik zu unterziehen, weil dies Minderheiten kränken würde, werden Individuen durch identitäre Zuschreibung mit „ihrer" Herkunftskultur bzw. -religion in eins gesetzt.[48] Indem er ihnen die Fähigkeit zu kritischem Denken abspricht, verkehrt sich ein antirassistischer Anspruch gerade in sein Gegenteil. Entsprechend häufig werden feministische Migrantinnen, die durchaus Kritik an der Herkunftskultur üben, zum Schweigen gebracht und mitunter angefeindet.[49]

Es ist in diesen Ausführungen hoffentlich evident geworden, dass eine Rückbesinnung auf universalistische Prinzipien längst überfällig ist. Statt also an Aufklärung und Emanzipation orientierte Menschen zusätzlich zu marginalisieren, hieße dies, sich mit ihnen solidarisch zu zeigen. Und darüber hinaus endlich alle Menschen – unabhängig von ihrer Herkunft und jenseits von Zuschreibungen zu kulturellen oder religiösen Kollektividentitäten – als mündige Individuen ernst zu nehmen.

Anmerkungen

1 Vgl. Landtag Nordrhein-Westfalen: Schlussbericht des Parlamentarischen Untersuchungsausschusses IV zu dem Auftrag des Landtags Nordrhein-Westfalen vom 27. Januar 2016, Drucksache 16/10798.
2 Vgl. Lauter, Kölner Silvesternacht: Zwei Jahre und 36 Verurteilungen später, in: Die Zeit, 2017.
3 Vgl. Landtag Nordrhein-Westfalen: Schlussbericht des Parlamentarischen Untersuchungsausschusses IV, 2016.
4 Wettig, Hört auf, die Frauen zu beschimpfen. Wie der feministische Diskurs die Opfer der Silvesternacht im Stich ließ, in: Jungle World, 51/2016, Dossier.
5 Gümüşay et al., Gegen sexualisierte Gewalt und Rassismus. Immer. Überall, #ausnahmslos. (2016).
6 Vgl. Wettig, An der Realität vorbei. Der intersektionelle Feminismus scheitert an der Erklärung für die Ereignisse von Köln, in: Jungle World 06/2016.
7 Shehadeh, Arabisch und nordafrikanisch aussehende Menschen™ (2016).
8 Vgl. Wettig, An der Realität vorbei, in: Jungle World 06/2016.
9 Vgl. Wettig, Silvester: Der zensierte Beitrag, in: Emma (2016).
10 Wettig, Verweigerte Aufarbeitung, in: Jungle World, 21/2016.
11 Vgl. Abdel-Samad, „Das hat auch mit dem Islam zu tun“, in: Cicero (2016).
12 Vgl. Schwarzer (Hrsg.), Der Schock. Die Silvesternacht von Köln (2016).
13 Vgl. Wettig, An der Realität vorbei, in: Jungle World 06/2016.
14 Wettig, Hört auf, die Frauen zu beschimpfen, in: Jungle World, 51/2016.
15 So enthielt die Seite der Initiative #ausnahmslos zum Zeitpunkt der Veröffentlichung nach der Kölner Silvesternacht neben dem manifestartigen, im intersektionalen Duktus gehaltenen antirassistischen Bekenntnis und der Abgrenzung gegen „Populist_innen“, das bereits mit einer Selbstdarstellung („Wer wir sind“) eröffnet, nicht mehr als eine weitere Seite mit einer noch ausführlicheren Selbstdarstellung der „Verfasser_innen“ (einschließlich Foto und Beschreibung des Berufs-/Aktivismusumfelds und Kontakt- bzw. Social Media-Kanälen der Initiantinnen) sowie eine weitere Seite zu den „Mitzeichner_innen“.
16 Szimpla, Sisterhood und Bruderhorde. Genderforscherinnen zur Kölner Silvesternacht (2018).
17 Vgl. u. a. Niewendick, „Lieb gewonnener Antirassismus befördert Täterschutz“, in: Die Welt (2018).
18 Müller, Beitrag auf Instagram: „Mein Entsetzen ist keine Rechtfertigung für euren Hass“ (2018).
19 Räpple, Demonstrationsankündigung auf Facebook (2018).
20 Vgl. Müller, Beitrag auf Facebook: Aufruf zur Demonstration.
21 Zit. nach Niewendick, „Lieb gewonnener Antirassismus, in: Die Welt (2018).
22 Vgl. Kutkat, Was die Antifaschistische Linke mit ihrer Gegen-Demo am Bertoldsbrunnen plant, in: Fudder (2018).

23 Vgl. Schneider, Gruppenvergewaltigung, in: Internationales Handbuch der Kriminologie (2009); Dieregsweiler, Krieg – Vergewaltigung – Asyl (1997).
24 Vgl. Amir, Patterns in forcible rape (1971).
25 Dieregsweiler, Krieg – Vergewaltigung – Asyl (1997).
26 Weber et al., Forschungsbericht. Gemeinschaftlich begangene Vergewaltigungen (2019).
27 Ebenda.
In Freiburg war nach Polizeiangaben zur Zeit der Gruppenvergewaltigung die Zahl der Sexualdelikte stark angestiegen und mehr als 50 Prozent der Tatverdächtigen waren Geflüchtete (Stand: November 2018; vgl. Stuttgarter Zeitung 2018). Die zur restlichen Tatverdächtigengruppe eklatant höhere Kriminalitätsbelastung bei männlichen Geflüchteten kann laut kriminologischer Forschung nicht erschöpfend damit erklärt werden, dass die Anzeige-Quote bei ausländischen Verdächtigen höher ist als bei deutschen Tätern (vgl. Hörnle 2018). Bereits zwei Jahre vor jener Gruppenvergewaltigung hatte der barbarische Vergewaltigungsmord der 19-jährigen Studentin Maria Ladenburger durch den afghanischen Geflüchteten Hussein K. für Schlagzeilen gesorgt. Der Täter hatte auch im Nachhinein keinerlei Reue gezeigt und habe einem Freund, wie dieser vor Gericht aussagte, nach der Tat erzählt, er habe gerade eine Frau wie „ein Tier vergewaltigt" und in der Tatnacht noch eine weitere Frau ins Visier genommen, die er habe „vergewaltigen und ficken" wollen (vgl. Kuhn 2017). Schon im Jahr 2013 hatte Hussein K. auf Korfu eine Studentin ausgeraubt und über das Geländer einer zehn Meter hohen Klippe geworfen. Damals soll er die Polizisten bei seiner Vernehmungen gefragt haben: „Was soll das denn alles? Es war doch nur eine Frau" (zit. nach Soldt 2018).
28 Wo sich einst die Frauenbewegung in Deutschland in Abgrenzung zur Linken konstituiert hatte, weil diese die gesellschaftliche Unterdrückung der Frau zum bloßen Nebenwiderspruch des Kapitalismus abgewertet und außer Acht gelassen hatte, so scheint heute die immer noch „alte neue Frauenfrage" (Holland-Cunz) in einer ähnlichen Hierarchisierung nun dem Thema Rassismus nachgeordnet zu werden.
29 Vgl. Furedi, Die verborgene Geschichte der Identitätspolitik (2018).
30 Vgl. Szimpla, Sisterhood und Bruderhorde (2018).
31 Gruppe Feministische Linke, zit. nach Radio Dreyeckland (2018).
32 Regelmäßig wird die Thematisierung eines möglichen Zusammenhangs mit dem Islam bei sexuellen Übergriffen von Seiten islamisch sozialisierter Männer auch mit der besinnungslos verwandten Parole „Das Problem heißt Patriarchat!" gekontert, um mit dem Hinweis auf eine globale Struktur von den teils massiven qualitativen Unterschieden der rechtlichen und sozialen Lage von Frauen abzulenken. So veröffentlichte beispielsweise die *Anarchistische Gruppe Freiburg* unter dem gleichnamigen, längst zur kulturrelativistischen Chiffre gewordenen Titel im Jahr 2016 einen Text zur Debatte um den Vergewaltigungsmord an Maria Ladenburger (vgl. Anarchistische Gruppe Freiburg 2016).

Während diese Gruppe immerhin in einer Randbemerkung noch erwähnt, dass „in muslimisch (genauer gesagt durch den politischen Islam) geprägten Gesellschaften wie Afghanistan, Frauenunterdrückung *weiter verbreitet* ist als in bürgerlich-demokratischen Gesellschaften wie Deutschland" (ebd.; Herv. d. Verf.) – ohne sich jedoch im Anschluss mit einer Analyse des islamischen Patriarchats zu befassen –, lautet das gebetsmühlenartige Credo, mit dem die Auseinandersetzung sonst häufig abgewehrt wird, es gebe nicht „den Islam" und man müsse „differenzieren". Auffällig ist, dass das Differenzieren immer nur dann eingefordert wird, wenn es der eigenen intersektional-antirassistischen Agenda dient, und zugleich abgewehrt wird, wo es dieser Agenda zuwiderläuft: Beim Islam gilt es folglich bis zur Unkenntlichkeit zu differenzieren, wohingegen „das Patriarchat" als Allgemeinplatz angeführt wird.

33 Gruppe Realitätenwerkstatt, zit. nach Radio Dreyeckland (2018).

34 Atangana, Muslim cleric's letter to the Sun about preventing sex assault, in: Toronto Sun (2012).

35 Zit. nach CBC News. Toronto 'slut walk' takes to city streets (2011).

36 Vgl. beispielsweise Wassyla Tamzali (2020), die die Entwicklung islamistischer Einflüsse in Algerien auf die scharia-immanente Logik sexualisierter Gewaltförmigkeit und deren Zuspitzung im Zusammenhang mit der Verbreitung der Verschleierung, vor dem Hintergrund unsublimierter Sexualität unter den Zwängen der islamischen Sexualmoral, darlegt.

37 Abdel-Samad, „Das hat auch mit dem Islam zu tun", in: Cicero (2016).

38 Vgl. Tamzali, Eine zornige Frau, 2020; UN Women / Promundo: Understanding Maculinities, 2017; Hirsi Ali, Ich klage an, 2005; Ateş, Der Islam braucht eine sexuelle Revolution, 2009; Kelek, Hurriya heißt Freiheit, 2012.

39 Fehlende (Sexual-)Aufklärung in der islamischen Welt, gepaart oder kompensiert mit dem Konsum von Porno-Videos, bilden eine gefährliche Dichotomie, vor der auch verschleierte Frauen alles andere als sicher sind. Ganze 99,3 Prozent der befragten Ägypterinnen einer Studie der Vereinten Nationen gaben im Jahr 2013 an, Opfer von Belästigung geworden zu sein (vgl. UN Women 2013).

40 Vgl. Wettig, Silvester: Der zensierte Beitrag. In: Emma (2016).

41 Zit. nach ebenda.

42 Vgl. Schirrmacher, Strafrecht und Familienrecht im Islam. Internationale Gesellschaft für Menschenrechte.

43 Vgl. Hirsi Ali, Ich klage an, 2005; Eine zornige Frau, 2020; Ateş, Der Islam braucht eine sexuelle Revolution, 2009; Kelek, Hurriya heißt Freiheit, 2012.

44 Zur Kritik an derartigen Verirrungen am Beispiel der Gendertheoretikerin Judith Butler und ihrer Verklärung der Burka als Ausdruck authentischer Kultur und weiblicher Bescheidenheit vgl. Ebert (2018).

45 Bereits in den 2000er Jahren schlug die Frauen- und Antigewaltinitiative „Ni putes, ni soumises" („Weder Huren, noch unterwürfig") aufgrund des misogyne Klimas in französischen Banlieus (Trabantenvorstädten) Alarm, nachdem Mädchen gezielt belästigt, kontrolliert und angegriffen wurden. Das Geflecht

islamistischer Strukturen und Netzwerke, das seit Jahrzehnten dort gewachsen ist und seinen Alltags- und Tugendterror ausbreiten konnte, ist in einer aufschlussreichen Feld- und Langzeitstudie (vgl. Rougier 2020) dargestellt.

46 Vgl. Scholz / Heinisch, Die europäische Mission des politischen Islams, in: FAZ (2019).

47 Mansour, Wir sind nicht eure Kuscheltiere, in: Taz (2016).

48 In diesem Zusammenhang trifft die Kritik des Psychoanalytikers Sama Maani (2017) zu: „Diese 'volle Identifizierung' von real existierenden Individuen mit der imaginären Kategorie Islam (imaginär, weil es sich hier um Glaubensvorstellungen handelt) ist unabdingbare Voraussetzung des neuen Rassismus. Voraussetzung für die Kritik dieses Rassismus wäre daher die Kritik dieser Voraussetzung."

49 Vgl. Kassimi, Kognitive Dissonanz. Der linke Hass auf migrantisch-feministische Individuen (2018).
„Das Problem heißt Rassismus, nicht Kopftuch", behauptete beispielsweise eine studentische Gruppe (*Studis gegen rechte Hetze*) in einer der unsäglichen Campus-„Interventionen", die es sich zum Ziel gemacht haben, Diskussionen zu unterbinden. Dass dabei mit Naïla Chikhi eine säkulare Muslimin pro Frauenrechte zum Schweigen gebracht werden sollte, dürfte den AktivistInnen in ihrer verblendeten Selbstgerechtigkeit noch nicht einmal aufgefallen sein (vgl. Kehler 2020).

Literatur

Abdel-Samad, Hamed: „Das hat auch mit dem Islam zu tun", in: Cicero, 2016, https://www.cicero.de/innenpolitik/zu-den-ereignissen-koeln-religion-ist-mitverantwortlich/60341 (aufgerufen am 18.11.2020).

Amir, Menachem: Patterns in forcible rape. Chicago: University of Chicago Press 1971.

Anarchistische Gruppe Freiburg: Das Problem heißt Patriarchat! Einige Gedanken zum Fall Maria L., 2016, https://www.ag-freiburg.org/texte/das-problem-heisst-patriarchat-einige-gedanken-zum-fall-maria-l (aufgerufen am 18.11.2020).

Atangana, Al-Haashim Kamena: 2012. Muslim cleric's letter to the Sun about preventing sex assault. Toronto Sun. https://torontosun.com/2012/07/16/muslim-clerics-letter-to-the-sun-about-preventing-sex-assault, 2012 (aufgerufen am 18.11.2020).

Ateş, Seyran: Der Islam braucht eine sexuelle Revolution. Eine Streitschrift. Berlin: Ullstein Verlag 2009.

CBC News: Toronto 'slut walk' takes to city streets, 2011, https://www.cbc.ca/news/canada/toronto/toronto-slut-walk-takes-to-city-streets-1.1087854? (aufgerufen am 18.11.2020).

Dieregsweiler, Renate: Krieg – Vergewaltigung – Asyl. Die Bedeutung von Vergewaltigung im Krieg und ihre Bewertung in der bundesdeutschen Asylrechtsprechung, Sinzheim: Pro-Universitate 1997.

Ebert, Marco: Zur Apologie der Gewalt in Judith Butlers Agitation nach dem 11. September 2001, in: Freiheit ist keine Metapher. Antisemitismus, Migration, Rassismus, Religionskritik, hrsg. von V. S. Vukadinović, Berlin: Querverlag 2018, S. 170-213.

Furedi, Frank: Die verborgene Geschichte der Identitätspolitik, in: Die sortierte Gesellschaft. Zur Kritik der Identitätspolitik, hrsg. von Johannes Richardt, Frankfurt: Novo Argumente Verlag 2018, S. 13-25.

Gümüşay, Kübra et al.: Gegen sexualisierte Gewalt und Rassismus. Immer. Überall, 2016, #ausnahmslos, http://ausnahmslos.org (aufgerufen am 18.11.2020).

Hirsi Ali, Ayaan: Ich klage an. Plädoyer für die Befreiung der muslimischen Frauen, München: Piper Verlag 2005.

Holland-Cunz, Barbara: Die alte neue Frauenfrage. Frankfurt a.M.: Suhrkamp 2003.

Hörnle, Tatjana: Taten nach § 177 StGB in der Polizeilichen Kriminalstatistik. Zusammenhänge mit Zuwanderung. KriPoZ (Kriminalpolitische Zeitschrift), 2018, Ausg. 4, S. 218-223.

Kassimi, Hannah: Kognitive Dissonanz. Der linke Hass auf migrantisch-feministische Individuen, in: Freiheit ist keine Metapher. Antisemitismus, Migration, Rassismus, Religionskritik, hrsg. von V.S. Vukadinović, Berlin: Querverlag 2018, S. 314-334.

Kehler, Marie Lisa: 2020. Kopftuchdebatte endet in Schlägerei, 2020, https://www.faz.net/aktuell/rhein-main/goethe-uni-frankfurt-kopftuch-debatte-endet-in-schlaegerei-16585977.html (aufgerufen am 18.11.2020).

Kelek, Necla: Hurriya heißt Freiheit. Die arabischen Revolte und die Frauen – eine Reise durch Ägypten, Tunesien und Marokko. Köln: Kiepenheuer & Witsch 2012.

Kuhn, Philip: Ein furchtbarer Verdacht aus der Vergangenheit belastet Hussein K., in: Die Welt, 2017, https://www.welt.de/vermischtes/article168539737/Ein-furchtbarer-Verdacht-aus-der-Vergangenheit-belastet-Hussein-K.html#Comments (aufgerufen am 18.11.2020).

Kutkat, Gina: Was die Antifaschistische Linke mit ihrer Gegen-Demo am Bertoldsbrunnen plant, in: Fudder, 2018, https://fudder.de/was-die-antifaschistische-linke-mit-ihrer-gegen-demo-am-bertoldsbrunnen-plant--158488764.html (aufgerufen am 18.11.2020).

Landtag Nordrhein-Westfalen: Schlussbericht des Parlamentarischen Untersuchungsausschusses IV zu dem Auftrag des Landtags Nordrhein-Westfalen vom 27. Januar 2016, Drucksache 16/10798 - Neudruck -, hrsg. Landtag Nordrhein-Westfalen. https://www.landtag.nrw.de/portal/WWW/dokumentenarchiv/Dokument/MMD16-14450.pdf. Zugegriffen: 18. November 2020

Lauter, Rita: Kölner Silvesternacht: Zwei Jahre und 36 Verurteilungen später, in: Die Zeit, 2017, https://www.zeit.de/gesellschaft/zeitgeschehen/2017-12/koelner-silvesternacht-2015-sexuelle-uebergriffe-ermittlungen (aufgerufen am 18.11.2020).

Maani, Sama: Warum wir Linken über den Islam nicht reden können. Und wie aus „Türken" „Muslime" wurden, in: Der Standard, 2017, https://www.derstandard.at/story/2000050315751/warum-wir-linke-ueber-den-islam-nicht-reden-koennen-1 (aufgerufen am 18.11.2020).

Mansour, Ahmad: Wir sind nicht eure Kuscheltiere, in: Taz, 2016, https://taz.de/Essay-Linke-und-Muslime/!5317219/ (aufgerufen am 18.11.2020).

Müller, Sebastian: Beitrag auf Instagram: „Mein Entsetzen ist keine Rechtfertigung für euren Hass", Instagram, 2018, https://www.instagram.com/p/BpaX7q4By8J/?utm_source=ig_web_copy_link (aufgerufen am 18.11.2020).

Müller, Sebastian: Beitrag auf Facebook: Aufruf zur Demonstration, 2018, https://www.facebook.com/SebastianMullerFreiburg/photos/am-freitag-nachmittag-hat-die-polizei-freiburg-die-festnahme-im-fall-eines-absch/2029008357188839/ (aufgerufen am 18.11.2020).

Niewendick, Martin: „Lieb gewonnener Antirassismus befördert Täterschutz", in: Die Welt, 2.11.2018.

Räpple, Stefan: Demonstrationsankündigung auf Facebook: Sichere Grenzen – Sichere Zukunft! Mit Stefan Räpple MdL, Facebook, 2018 https://www.facebook.com/events/d41d8cd9/sichere-grenzen-sichere-zukunft-mit-stefan-r%C3%A4pple-mdl/274369713418937/ (aufgerufen am 18.11.2020).

Radio Dreyeckland: Kraftvolle feministische und antirassistische Demo gegen sexualisierte Gewalt, 2018, https://rdl.de/beitrag/kraftvolle-feministische-und-antirassistische-demo-gegen-sexualisierte-gewalt (aufgerufen am 18.11.2020).

Rougier, Bernard (Hrsg.): Les territoires conquis de l'islamisme. Paris: Presse Universitaires de France 2020.

Schneider, Hans Joachim: Gruppenvergewaltigung, in: Internationales Handbuch der Kriminologie. Besondere Probleme der Kriminologie, Volume 2, hrsg. von Hans Joachim Schneider. Berlin: DeGruyter 2009.

Scholz, Nina / Heinisch, Heiko: Die europäische Mission des politischen Islams, in: FAZ, 2019, https://zeitung.faz.net/faz/feuilleton/2019-09-12/98dc3a2665b101ebed3845f48948c6d1/ (aufgerufen am 18.11.2020).

Schwarzer, Alice (Hrsg.): Der Schock. Die Silvesternacht von Köln. Köln: Kiepenheuer & Witsch 2016.

Schirrmacher, Christine: Strafrecht und Familienrecht im Islam. Internationale Gesellschaft für Menschenrechte, https://www.igfm.de/frauen-unter-der-scharia/ (aufgerufen am 18.11.2020).

Shehadeh, Nadia: Arabisch und nordafrikanisch aussehende Menschen™, 2016, https://maedchenmannschaft.net/arabisch-und-nordafrikanisch-aussehende-menschentm/#more-61636 (aufgerufen am 18.11.2020).

Soldt, Rüdiger: „Es war doch nur eine Frau“, in: FAZ, 2018, https://www.faz.net/aktuell/gesellschaft/kriminalitaet/prozess-gegen-hussein-k-es-war-doch-nur-eine-frau-15418674.html (aufgerufen am 18.11.2020).

Stuttgarter Zeitung. Polizeipräsident spricht von steigender Zahl von Sexualdelikten, 2018, https://www.stuttgarter-zeitung.de/inhalt.freiburg-polizeipraesident-spricht-von-steigender-zahl-von-sexualdelikten.26c308fa-b260-4e68-99a0-760975a08c18.html (aufgerufen am 18.11.2020).

Szimpla, Veronica: „Sisterhood und Bruderhorde. Genderforscherinnen zur Kölner Silvesternacht“, in: In Freiheit ist keine Metapher. Antisemitismus, Migration, Rassismus, Religionskritik, hrsg. von V.S. Vukadinović, Berlin: Querverlag 2018, S. 335-347.

Tamzali, Wassyla: Eine zornige Frau. Brief aus Algier an die in Europa lebenden Gleichgültigen. Aschaffenburg: Alibri Verlag 2020.

Weber, Mathias / Wührl, Johanna / Spalding, Sabine: Forschungsbericht. Gemeinschaftlich begangene Vergewaltigungen, hrsg. vom Bundeskriminalamt 2019.

Wettig, Hannah: An der Realität vorbei. Der intersektionelle Feminismus scheitert an der Erklärung für die Ereignisse von Köln, in: Jungle World, 2016, Ausg. 06, https://jungle.world/artikel/2016/06/der-realitaet-vorbei (aufgerufen am 18.11.2020).

Wettig, Hannah: Verweigerte Aufarbeitung, in: Jungle World, 2016, Ausg. 21 (Dossier Dschungel), https://jungle.world/artikel/2016/21/verweigerte-aufarbeitung (aufgerufen am 18.11.2020).

Wettig, Hannah: Hört auf, die Frauen zu beschimpfen. Wie der feministische Diskurs die Opfer der Silvesternacht im Stich ließ, in: Jungle World, 2016, Ausg. 51, Dossier: „Weitgehend friedlich“. Die Debatte über die Silvesterübergriffe in Köln, https://jungle.world/artikel/2016/51/hoert-auf-die-frauen-zu-beschimpfen (aufgerufen am 18.11.2020).

Wettig, Hannah: Silvester: Der zensierte Beitrag, in: Emma, 2016, https://www.emma.de/artikel/nach-koeln-bringen-fluechtlinge-eine-vergewaltigungskultur-mit-333361 (aufgerufen am 18.11.2020).

UN Women: Study on Ways and Methods to Eliminate Sexual Harassment in Egypt, 2013.

UN Women / Promundo: Understanding Maculinities. Results from the International Men and Gender Equality Survey (Images) – Middle East and North Africa. Egypt, Lebanon, Morocco and Palestine, 2017.

Ninve Ermagan

Naher Osten: Die Unterdrückung der Sexualität radikalisiert Männer

Die Kölner Silvesternacht und damit die sexuellen Übergriffe auf Frauen sind nun fünf Jahre her. Damals war ich 18 Jahre alt und ich verstand noch nicht, warum Männer aus patriarchalen Kulturkreisen, vornehmlich aus dem nordafrikanischen und arabischen Raum, Frauen sexuell belästigt und vergewaltigt haben. Immer wieder stellte ich mir die Frage: Welche Rolle spielte die Kultur der Täter? Zu dem Zeitpunkt hatte ich noch keine Antwort darauf – bis ich ein Herkunftsland der Peiniger selbst bereiste und mich mit den Problemen konfrontiert sah. Ich verstand, warum sich Männer gerade dort radikalisieren lassen, sich terroristischen Gruppierungen wie dem Islamischen Staat anschlossen.

Ich bereiste das Land meiner Vorfahren und man kann davon ausgehen, dass ich Angst gehabt haben müsste. In diesem Land mordete der Islamische Staat und er nahm sich vor allem Frauen zur Beute: Sie wurden als Sexsklavinnen verkauft und zwangsverheiratet. In der Geschichte kann man immer wieder konstatieren, dass in Konflikten Vergewaltigung systematisch als Kriegswaffe eingesetzt wird, denn Krieg wird auf den Körpern der Frauen ausgetragen. Es ist eine gezielte Waffe zur Erniedrigung des Feindes. Der weibliche Körper wird zum Schlachtfeld – seit Armeen in die Schlacht ziehen, ist sexuelle Gewalt ein Teil ihrer Strategie. Diese psychologische Kriegswaffe resultiert aus der Tatsache, dass die Frau in den nahöstlichen Clanstrukturen bis heute immer noch nicht den gleichen Stellenwert besitzt, wie der Mann. Die Ehre des Clans, der der Frau nur einen Stellenwert als Ehefrau, Mutter und Schwester beimisst, definiert sich über die „Reinheit" der Frau. Statt den Feind zu eliminieren, demütigt man die Frau und reduziert sie zu einer Waffe, die die Moral der gesamten Gesellschaft bricht.

Ich stellte mir immer wieder die Frage: Warum gibt es keinen Frieden im Nahen Osten? Warum gibt es immer wieder solche islamistischen Gruppierungen? Warum radikalisieren sich junge Männer? Und was sind das für Bestien, die vergewaltigen und köpfen? Schon bald sollte ich das mit einer Reise in den Irak im März 2017 beantwortet bekommen. Natürlich beschäftigte ich mich erstmal mit der Frage, was mit meinen assyrischen Landsleuten passiert ist und was der IS ihnen angetan hatte.

Mit der Organisation *Gishru* (auf deutsch „Die Brücke") wollten wir die Heimat unserer Vorfahren erkunden – das mitten im Krieg. Begleitet wurden wir von jungen Assyrern vor Ort. Während ich in Deutschland immer „die Assyrerin" bin, sehen mich die Leute im Irak als „die Deutsche" oder „die Europäerin". Ich habe mich von vornherein anders gefühlt. Obwohl ich zu der Zeit eine fromme Christin gewesen bin, mit meinen 18 Jahren noch keinen Sex und mit Jungs noch nicht viele Erfahrungen hatte, betrachtete man uns europäische Mädchen von Anfang an als unehrenhaft. Die Leute vor Ort hatten bestimmte Vorurteile uns gegenüber: Bestimmt hatten wir in unserem Leben schon mit zig Männern geschlafen, lebten einen sehr offenen und freizügigen Lebensstil und benehmen könnten wir uns in der irakischen Gesellschaft schon gar nicht. Natürlich sprach man das nie offen aus, aber hinter unserem Rücken wurden diese Gespräche ausgetragen. Ich gewann den Eindruck, dass ich mich mit diesen Menschen sehr gut verstehen könnte, aber sie verachteten mich trotzdem.

Die Reise änderte mein Leben. Aber besonders ein Ereignis veränderte alles. Es war der vorletzte Tag vor der Abreise. Ich verstand mich mit einem Mann vor Ort sehr gut. Er war von seiner Art schüchtern und zurückhaltend und ja – ich mochte ihn. Dennoch hatte ich nicht die Absicht, ihm körperlich nahezukommen. Das, was er aber getan hat, als wir alleine waren, gab mir zu verstehen, wie diese Gesellschaft und ihre Männer ticken. Auf einer Veranstaltung fragte ich ihn, ob wir denn nicht schonmal zum Auto laufen wollen und dort auf den Rest der Gruppe warten. Er willigte natürlich ein und bat mich, als wir das Auto erreichten, uns irgendwo zu verstecken. Ich verstand nicht, auf was er hinauswollte. Warum soll uns keiner zusammen sehen? Ich dachte zunächst, dass der junge Mann nicht mit einem Mädchen gesehen werden wollte. Dafür hatte ich aus seiner Sicht sogar Verständnis. Aber er hatte etwas ganz Anderes vor. Als wir vor einem Auto standen, wollte er, dass wir uns auf den Boden setzen. Wie gesagt: Ich ging davon aus, dass er ungern mit einem Mädchen gesehen werden wollte.

Meine Naivität stellte sich als folgenreicher Fehler heraus, denn sobald wir uns wie von ihm gefordert, auf den Boden gesetzt hatten, fing er an, mich von oben bis unten zu betatschen. In dem Moment habe ich den Mann, der mich und meine Gruppe seit einer Woche begleitete, nicht wiedererkannt. Wie ein Tier stürzte er sich auf mich und küsste mich – nicht leidenschaftlich, sondern unkontrolliert und wild. Von seiner zurückhaltenden Art war nichts mehr übrig. Das Widerlichste war, als er meine Brüste anfasste – so als ob es sich um Teig handeln würde, den er gerade durchknetet. Es hat einfach nur wehgetan.

Was ich aber überhaupt nicht nachvollziehen konnte: Warum reagierte ich wie erstarrt und stumm? Warum wehrte ich mich nicht? Der Schock war einfach viel zu groß. All das kam so plötzlich und unerwartet. Der liebe nette Junge entpuppte sich als widerliches und aggressives Monster. Ich schämte mich einfach nur für das, was sich gerade abgespielt hatte und ich nahm mir vor, mit niemandem darüber zu sprechen. Ich wollte diesen demütigenden Übergriff einfach nur vergessen. Doch eine Sache hat mich sofort verraten: Mein verschmierter Lippenstift. Ich dachte nicht darüber nach, lief völlig aufgelöst zu meiner Gruppe und ohne dass ich etwas aussprach, entgegnete mir eine Frau aus meiner Gruppe mit einem aufgesetzten Lächeln: „Oh Ninve, hast du etwa mit ihm rumgeknutscht?“ Ich wollte nicht, dass sie das von mir dachte, und schilderte ihr, was passiert war. Ich wollte vermeiden, dass die assyrischen Landsleute schlecht von mir denken, im Sinne von „Ninve ist so naiv und geht im Nahen Osten alleine mit einem Mann raus“. Meine Bitte an sie, Ruhe zu bewahren, kippte. Sie wurde wütend und fing an zu schreien, wie dieser angeblich so ehrenvolle Mann so etwas tun könne. Und durch ihr Geschrei erfuhr auch ihr Bruder, der ebenfalls mit ihr die Irak-Reise angetreten ist, dass ein Mann mich begrabscht hat.

Was sich aber im Folgenden abspielte, sorgte dafür, dass mir die Worte im Hals stecken blieben. Es sprach sich herum, was passiert war und zunächst schien es auch so, als ob diese Tat verurteilt werden würde. Auf Nachfrage der Organisation vor Ort, warum er mir gegenüber so übergriffig geworden ist, erwiderte der junge Iraker: „Es tut mir leid, aber auf was wollte sie denn sonst hinaus? Warum wollte sie bloß alleine mit mir sein? Ich habe mich nämlich endlich darauf gefreut, dass es passieren wird, denn ich hatte noch nie Erfahrungen mit einer Frau. Ich konnte mich nicht zurückhalten, als sie sagte, dass sie schonmal zum Auto mit mir vorgehen möchte.“

Ich hätte im Boden versinken können, als ich diese Worte entgegennahm. Nur weil ich gesagt habe, dass ich schonmal mit dir vorgehen wollte, heißt es nicht, dass ich dich direkt auf offener Straße „ficken“ möchte.

Was denkt er denn von mir? Und wieso kann er sich als Mann nicht kontrollieren? Mir ist sowas in meinem Leben nie widerfahren und ich zog Vergleiche zu Deutschland. Noch nie ist mir ein Mann zu nah gekommen. Ich habe genug Männer in meinem Freundeskreis, wir können zusammen rausgehen, feiern, sogar beieinander zu Hause übernachten und mir ist so ein sexueller Übergriff nie passiert. Und ich möchte auf keinen Fall damit sagen, dass so etwas auch nicht hierzulande passiert. Aber in diesen Ländern sind Frauen eine besondere Form von Gewalt und gesellschaftlicher Ausgrenzung ausgesetzt.

Ich verstand seine Antwort nicht. Sein ganzes Verhalten war für mich unbegreiflich. Deshalb wandte ich mich an einen Freund, der Journalist ist und seit Jahren den Nahen Osten bereist. Mir ist das bis dato noch nicht bewusst gewesen, aber er gab mir zu verstehen, dass das Verhalten dieser Männer aus dem Nahen und Mittleren Osten daher rührt, dass Sexualität unterdrückt und tabuisiert wird. Deshalb schließen sich gerade Männer aus patriarchal geprägten Kulturkreisen islamistischen Gruppierungen an, um dem Zugang zu Frauen zu erhalten und sich sexuell mal so richtig austoben zu können. Ich weiß, dass dieser Punkt sehr schwer nachzuvollziehen ist. Aber man möge sich vorstellen, was für eine Aggression sich bei Männern anstauen kann, wenn sie in einer Gesellschaft groß werden, wo außerehelicher Sex nicht geduldet wird. Viele dieser Männer bauen einen enormen Druck auf und die Folge daraus ist: Sie können aggressiver und gewalttätiger werden. Zu solch einer patriarchalisch geprägten Gesellschaft gehört auch die Unbeflecktheit der Frau, die die Ehre der Familie nach außen trägt. Diesen Männern ist die Unschuld des weiblichen Teils der Gesellschaft heilig. Sex vor der Ehe ist für Frauen verboten oder zumindest verpönt. Eine Frau kann nur die Ehefrau, die Tochter oder die Mutter verkörpern. Ein Mann sollte eigentlich nur zu der eigenen Frau oder den eigenen Frauen, je nach Vermögensstatus, ins Bett steigen.

Es klingt für uns im Westen sozialisierte Menschen absurd, aber die Wirkungsmacht erotisch aufgeladener Verheißungen ist in einer sexuell verklemmten Gesellschaft wie der orientalischen nicht zu unterschätzen. Für IS-Kämpfer sind Vergewaltigungen ungläubiger Frauen gang und gäbe. Es hat sich herumgesprochen, dass Frauen als Sexsklavinnen gehalten werden, und für junge Männer, die unter den Traditionen ihrer repressiven Gesellschaft leiden, ist das ein attraktives Angebot. Denn diese haben zumeist unter normalen Umständen keine Chance auf Sex außerhalb der Ehe und sind gleichzeitig zu arm, um zu heiraten.

Doch wie ging die Geschichte mit dem Iraker weiter? Mir wurde von der Organisation versprochen, dass dieser Mann sein Amt als Vorsitzender abgeben müsse. Es kam jedoch nicht dazu. Sobald ich abreiste, war das Thema vom Tisch und es war nur noch die Rede davon, wie böse die westlichen Mädchen sind. Ich hörte sogar, dass man mir einen Vorwurf machte, warum ich im Irak – als Frau alleine – mit einem Mann –, unterwegs war. Wie konnte ich das nur machen? Dann bin ich ja selbst Schuld, wenn der Mann sich an mir vergreift. Meiner Organisation wurde davon abgeraten, mich bei ihrem nächsten Besuch in den Irak mitzunehmen.

Immer wieder zog ich Vergleiche zu meiner Heimat Deutschland. Wenn ich rausgehe, sind die meisten Menschen, gerade Männer, äußerst zuvorkommend und man spürt den respektvollen Umgang miteinander. Natürlich werde ich ab und an angesprochen, vor allem wenn ich abends rausgehe oder wenn ich auf einer Party bin. Und nicht alle Anmachsprüche erhitzen mein Gemüt, aber: Ich kann rausgehen, mir ein Taxi nehmen und denke nicht sofort daran, vergewaltigt zu werden. Mir ist bewusst, dass es sexuelle Übergriffe auf Frauen auch in Deutschland gibt. Aber in Ländern wie dem Irak muss man als Frau dauerhaft damit rechnen, vor allem weil die Täter oft nicht sanktioniert werden und Frauen sich überhaupt nicht trauen, rechtlich dagegen vorzugehen. Dieses ambivalente Verhalten dieser sexuell frustrierten Männer in Ländern des Nahen Ostens irritiert mich, wenn ich mir überlege, dass diese nach außen hin ein frommes Verhalten repräsentieren, jedoch einige von ihnen, Probleme damit haben, ihre Triebe unter Kontrolle zu halten und nicht in der Lage sind, ein Gespräch auf Augenhöhe mit einer Frau zu führen. Dieses Verhalten wird durch die Tatsache hervorgerufen, dass die Sexualität tabuisiert wird und sexuelle Aktivitäten nur innerhalb der Ehe geduldet werden.

Die Unterdrückung der Sexualität in islamisch geprägten Ländern wie dem Irak, kann verheerende Folgen haben. Der Jungfrauenwahn, die Zwangsehe, die Geschlechterapartheid, das Verbot, Anhänger einer anderen Glaubensausrichtung zu heiraten – all das trägt dazu bei, dass sich Sexualität nicht frei und auf eine natürliche Art und Weise entfalten kann. Frauenrechtlerin Seyran Ateş führt in ihrem Buch *Der Islam braucht eine sexuelle Revolution* die Symptome aus. Das kann sogar so weit gehen, dass es auf Dauer Probleme wie Impotenz, Depression, Pädophilie, ein verstärktes Auftreten von Sodomie und zu einer erhöhten Gewaltbereitschaft kommen kann. Die Unterdrückung des sexuellen Triebs sucht sich genau solche Ventile: Sodomie, Bordellbesuche oder Pornographie im Internet.

Der libanesische Ex-Pornostar Mia Khalifa spricht deshalb von einer Doppelmoral der islamischen Welt. Nach außen hin vermitteln ihre Kritiker stets, fromm zu sein und sogar aus großer Leidenschaft auf Sex zu verzichten. Ja, nicht einmal einen einzigen Gedanken daran zu verschwenden. Nacktheit ist in diesen islamischen Ländern ein Tabu und beschränkt sich auf das Ehebett. Frauen tragen oft mehrere Schichten, damit die Kleidung nicht zu figurbetont ist. Khalifa darf auf Grund ihres Berufs nicht mehr in ihr Heimatland, den Libanon, einreisen, obwohl dort die Menschen leben, die sich am häufigsten ihre Videos anschauen. Nach außen hin demonstrieren sie pure Verachtung für Khalifa und hinter verschlossenen Türen geilt man sich an ihren Videos auf. Ihre Message ist eindeutig: „Ich möchte, dass andere Frauen, die sich sexuell unterdrückt fühlen, wissen: Es ist okay, auszubrechen und die Schlampe zu sein, die sie immer sein wollten." Schluss also mit dem überhöhten Machismo und der Verteufelung der weiblichen Sexualität.

„Das Verbotene ist das meist Verlangte" lautet ein arabisches Sprichwort. Und die sexuelle Verklemmtheit und der Keuschheitswahn rufen noch eines hervor: eine Zunahme sexueller Belästigungen von Frauen. In Ländern wie in Ägypten haben diese Übergriffe auf Frauen ein Ausmaß angenommen, dass die Regierung sich veranlasst sah, diesbezüglich ein Gesetz zu erlassen.

Durch diese Erfahrung wird mir bewusst, dass ich mich als Europäerin sehe, denn ich halte nichts von Geschlechterapartheid und einer Gesellschaft, die patriarchalisch-archaisch dominiert wird. Außerdem sehe ich es als ein wichtiges Privileg, als Frau anziehen zu können, was ich möchte, und rauszugehen, wann es mir passt. Ich bin davon überzeugt, dass diese Menschen durchaus moderner und toleranter werden und sich von diesem religiösen Dogmatismus emanzipieren können, wenn man ihnen einen offeneren Lebensstil aufzeigt. Aus diesem Grund habe ich es auch nicht vorgesehen, während meiner nächsten Irak-Reise weite Klamotten zu tragen. Klar war es nicht allzu freizügig, aber etwas figurbetont. Und ja, ich bin als junge Frau in den Vororten von Mossul unterwegs gewesen und habe das Ausmaß der Zerstörungen durch den IS dokumentiert. Begleitet wurde ich hauptsächlich von Männern, denen ich vertraute. Andere weibliche Aktivistinnen aus Deutschland wiesen mich darauf hin, dass man sich als Frau tugendhaft zu benehmen habe, und seine Kleidung und sein Verhalten anpassen solle. Doch ich teile diese Auffassung nur teilweise – es geht immerhin auch um meinen Schutz. Meiner Meinung nach haben diejenigen, die „tugendhafte" Kleidung fordern, das Problem nicht verstanden.

Schließlich konnte ich durch meinen guten Freund Simon Jacob, der als freier Journalist im Nahen Osten unterwegs ist, lernen, dass der Schlüsselpunkt zum dauerhaften Frieden die Frauen sind und dass wir hierzu ihre Rechte stärken müssen. Das bedeutet, dass wir uns nicht mehr zurückziehen dürfen. Wir müssen uns politisch und gesellschaftlich einbringen und auch in der Lage sein, die Führung zu übernehmen. Warum sollte ich also genauso weitermachen und dieses diffamierende Frauenbild über mich ergehen lassen und mich bewusst dem Patriarchat fügen?

Durch die Flüchtlingskrise im Jahre 2015 und der damit einhergehende Einwanderung von Menschen, die aus einem Kulturkreis kommen, in dem archaische Vorstellungen bis heute akzeptiert sind, müssen wir uns auch mit ihrem Frauenbild auseinandersetzen. In islamischen Ländern gibt es keine Gleichberechtigung zwischen Mann und Frau. Frauen sind den Männern untergeordnet und im Prinzip kann jeder Mann ihr Vormund sein. Selbst ein Fremder auf der Straße besitzt das Privileg, eine Frau darauf hinzuweisen, dass ihr Kopftuch angeblich nicht richtig sitzt. Deshalb sollte unsere offene und freie Gesellschaft auf die Flüchtlinge zugehen und sich mit den Problemen, die aus ihrer Kultur resultieren und mit unserer freien Gesellschaft unvereinbar sind, sachlich auseinandersetzen. Nur, wenn wir Missstände aus diesen von Männern dominierten Kulturkreisen beim Namen nennen, schaffen wir es, Lösungen zu finden. Dinge zu verharmlosen und unter den Teppich zu kehren, führen uns nicht weiter, wenn wir uns glaubhaft für die Rechte von Frauen einsetzen wollen. Denn dann würden wir dieses Thema Rechtspopulisten überlassen. Es muss aber von den Konservativen, den Liberalen und Linken gleichermaßen angenommen werden.

Wer sich als fortschrittlich und als Partei der Feministinnen inszeniert, sollte radikal-islamische Strömungen nicht salonfähig machen und Feminismus nicht nur als Kampf gegen den alten, weißen Mann verstehen. Kritische Stimmen sind wichtig, um Veränderungen in diesen Ländern zu erzielen. Doch was wir in Deutschland beobachten können, ist die Tatsache, dass den vermeintlichen „feministischen" Parteien Deutschlands, die gegen das Patriarchat kämpfen, eine kritische Auseinandersetzung über patriarchalisch-archaische Kulturkreise, das islamische Verschleierungsgebot, Zwangsheirat und Ehrenmorde nicht in den Sinn kommt. Die bloße Diskussion darüber wird als Islamophobie denunziert. Dieses Duckmäusertum hat sich seit der Kölner Silvesternacht 2015 nicht geändert.

Jede kritische Stimme wird als rechtes Gedankengut deklariert oder mit AfD-Rhetorik gleichgesetzt. Schnell kommt der Vorwurf, besonders an die liberalen Migranten, sie würden von Rechten instrumentalisiert. Ist das aber nicht ein Vorwurf an das linke Spektrum, dass sie diese Themen aus Angst vor Rassismusvorwürfen erst gar nicht artikulieren? Der Versuch als weltoffen zu gelten, indem man Zwangsheirat und Kopftuchzwang verharmlost und dabei die Unterdrückung von tausenden Zwangsheirat und Kopftuchzwang verharmlost und dabei die Unterdrückung von tausenden muslimischer Frauen stillschweigend in Kauf nimmt? Es gibt uns liberale Migranten, die sich vom Patriarchat emanzipieren wollen und unsere Traditionen kritisieren. Ja, sie sogar verachten.

Es wird nicht einfach für Frauen wie mich, das Thema „Sexualität" anzusprechen. Ich habe das vor einem Jahr auf einer sehr persönlichen Ebene in einem Blogbeitrag getan und werde seitdem von meiner christlich-orthodoxen Community bedroht. Mir ist seitdem bewusst geworden, wie verklemmt meine assyrischen Landsleute auch in Deutschland sind. Aber diese Probleme müssen von Frauen wie mir angesprochen werden, denn nur so können wir offen darüber diskutieren und versuchen, Lösungsansätze herauszuarbeiten, damit die Frau in patriarchalisch geprägten Kulturkreisen als gleichwertig betrachtet wird.

Davina Ellis

Und nu?

Als ich Anfang Januar 2016 die Nachrichten über die Silvesternacht in Köln gehört habe, ist für mich, ohne dass ich es damals bemerkt hätte, eine Welt zusammengebrochen. Ich und so viele andere hatten nur eine Frage: Wie konnte so etwas in unserem Land passieren? Der Gedanke, dass wir am Kölner Dom und in anderen Städten eine Art Wiederholung der Vorfälle auf dem Tahrir-Platz während des Arabischen Frühlings gehabt haben sollen, wollte zuerst nicht wirklich in meinen Kopf hinein. Mein eigenes Sicherheitsgefühl und das von den Frauen in meinem Umfeld war stark erschüttert. Es hat sicher nicht geholfen, dass ich in dieser Zeit ebenfalls Opfer eines sexuellen Übergriffes geworden bin. Noch schlimmer war, dass ich tatsächlich eine gute Stunde gehadert habe, ob ich die Polizei alarmiere oder nicht, weil der Ton in meiner Stadt, in meinem Umfeld und in der öffentlichen Debatte so unterirdisch war, dass ich mir überlegt habe, ob ich durch meine Anzeige das rassistische Narrativ verstärke. Ich war über mich und meine Reaktion erschrocken und im Nachhinein bin ich ein wenig beschämt. Dass sich der Ton der Berichterstattungen so arg auf mich auswirken würde, hätte ich nie gedacht. Das hat mir zu denken gegeben. Seitdem beschäftige ich mich viel mehr und viel bewusster mit dem Ton des gesellschaftlichen Diskurses, wenn es um (vermeintliche) Straftaten von Migranten oder Menschen mit Migrationshintergrund geht, oder dem Mangel daran, da es meist kein Diskurs sondern Stammtisch-Polemik ist. Ich habe die Vorfälle und den Umgang damit immer wieder in meinem Umfeld thematisiert. Irgendwann sagte eine Freundin zu mir: „Ja, und nu?“. Ich muss gestehen, ich war ein wenig verdattert, aber sie hatte recht. Was denn nun? Was geschehen ist, ist geschehen. Nur was ist daraus geworden? Gab es nachhaltige Konsequenzen? Hat sich wirklich irgendwas verändert? Ist es überhaupt möglich, so etwas zu verhindern?

Silvester 2015/16 sind speziell Männer aus dem nordafrikanischen und arabischen Raum aufgefallen. Statt sich der Frage zu widmen, wieso so viele Männer es für akzeptabel halten, sich zusammenzuschließen und systematisch sexualisierte Gewalt zu begehen, konzentrierten sich Politik und Medien lieber darauf gesamte Kulturkreise und Länder zu dämonisieren. Es wurde von strengeren Einwanderung und Abschiebungsgesetzen gesprochen. Die wenigen Personen des öffentlichen Lebens, die offen und bedacht das Thema der Kultur und Religion der (vermeintlichen) Täter angesprochen haben, wurden innerhalb kürzester Zeit mundtot gemacht, weil: „Islamophobie" und „Rassismus" als ständig angewandten Totschlagkeulen jede Debatte unterbinden. Den Einzigen, denen Gehör geschenkt wurde, waren wie immer die ganz Extremen. Einerseits Mitglieder der AfD und deren Umfeld, andererseits Linke und die „üblichen Verdächtigen" aus den Islamverbänden, die sich mehr darüber aufgeregt haben, dass die Polizei intern das Akronym Nafri („Nordafrikanische Intensivtäter") verwendet, als über die Übergriffe selbst. Dies hat zwar zu passionierten Streitereien geführt, konnte von der Gesellschaft aber schön beiseitegeschoben und ignoriert werden, weil eben extreme Positionen vertreten wurden. Statt an dieser Stelle das Wort zu ergreifen, ließ es die sogenannte Politische Mitte zu, dass man sie vor sich hertrieb und wählte den bequemsten Weg. Es wurde ein bisschen am Sexualstrafrecht gebastelt (Nein heißt Nein) und das Asylrecht bzw. die rechtliche Möglichkeit abzuschieben wurde verschärft. Grundlegend geändert hat sich aber nichts.

Denn es steht immer noch eine entscheidende Frage im Raum, die nie wirklich beantwortet wurde: Warum dachten diese Männer, dass Frauen „Freiwild" sind? Um diese Frage zu beantworten, muss man sich drei wesentlichen Dingen widmen: erstens dem Hintergrund bzw. der Kultur und Religion dieser Straftäter, zweitens dem Umgang mit (sexualisierter) Gewalt in Deutschland und drittens dem Umgang mit Flucht und Migration in Deutschland. Erst wenn diese drei Themen offen, ehrlich und ohne Polemik angegangen werden, wird unsere Gesellschaft die Vorfälle an Silvester 2015 aufarbeiten und zukünftige Vorfälle minimieren oder gar verhindern können.

Hintergrund / Kultur

Fakt ist: Die Täter kommen aus Ländern, in denen die Geschlechter strikt getrennt leben und agieren. In einer solchen Gesellschaft kann es keinen gesunden Umgang zwischen den Geschlechtern geben. Wie auch? Wer in einer Gesellschaft groß wird, in der „gute" Frauen sich verhüllen und unverhüllte Frauen als „Prostituierte" gelten, und dann nach Deutschland kommt, wird sicherlich überwältigt sein. Fakt ist auch, dass Übergriffe in dieser speziellen Form in Deutschland bisher nicht stattgefunden haben. Diese Massenübergriffe waren in Deutschland zuletzt Thema während des sogenannten Arabischen Frühlings. In dieser Zeit gab es auf dem ägyptischen Tahrir-Platz ähnliche Szenen und Bilder. Journalistinnen wurden sogar vor laufender Kamera beim Dreh der Demonstration von Gruppen von Männern umzingelt und attackiert. Teilweise wurden dann noch ihre nackten Körper gefilmt. Woher kommt diese wahnsinnig destruktive Energie? Was führt zu einer solchen Verachtung von Frauen? In Ägypten verhüllen sich die meisten Frauen und trotzdem ist sexuelle Belästigung dort seit vielen Jahren endemisch. Wie in allen anderen Ländern der Welt sind auch hier Kultur und Religion eng miteinander verflochten. Man kann das Geflecht lösen und die Fäden einzeln betrachten, was wir in Deutschland auch häufig tun. Aber man kann hier nicht trennen. Denn lässt man das Geflecht ganz, so sieht man ein Muster. Wir müssen auch über etwaige Muster offen ehrlich und faktisch reden. Nicht nur reden, sondern analysieren und verstehen. Bei einem so sensiblen Thema müssen objektive Fakten Vorrang vor subjektiven Gefühlen haben. Es darf keine Tabus geben. Nur so können effektive Ansätze erarbeitet werden.

Sexuelle Gewalt in Deutschland

Gewalt, allem voran sexuelle Gewalt ist ein großes, häufig „unbefristetes" Problem für viele Frauen. Sexuelle Gewalt wird in unserer Gesellschaft seit eh und je unter den Teppich gekehrt oder die Verantwortung ausschließlich auf die Opfer abgewälzt. Immer wieder passiert das Gleiche, wenn Frauen Gewalt, allen voran sexualisierte Gewalt, thematisieren. Man nimmt sie nicht ernst, ignoriert, beschimpft, bedroht und diffamiert sie. Aus allen Ecken kommen dann plötzlich Experten, die den Charakter und das Verhalten des Opfers in Frage stellen. Juristisch ist es wichtig, sich an Fakten zu halten, doch frage ich mich in solchen Situationen immer wieder, ob ich in dem Augenblick die Einzige bin, die die Widersprüche im öffentlichen Diskurs um sexualisierter Gewalt sieht. Die Zeit kurz nach den Übergriffen an Silvester 2015 war von einer Atmosphäre geprägt, in der so getan wurde, als habe es davor nie Gewalt gegen Frauen gegeben. Zuvor hatte sich kein Schwein in diesem Ausmaß und in der Öffentlichkeit dafür interessiert, ob oder wie Frauen Opfer von Gewalt werden. Seitdem ist der Aufschrei, wenn eine „deutsche“ Frau von ausländischen Männern belästigt wird, enorm. Noch „lauter“ ist jedoch das Schweigen, wenn ein „deutscher“ Mann eine Frau, egal welcher Herkunft, angeht.

Auch wenn laut Statistik die Aufklärungsquote von angezeigten Sexualstraftaten in Deutschland bei rund 80 % liegt, gibt es nur sehr wenig Informationen über die tatsächlichen Konsequenzen für die Täter. Die Informationen, die verfügbar sind, zeigen, dass es sich durchaus „lohnt“ Täter zu sein. Opfer müssen für den Rest ihres Lebens mit den Konsequenzen der Tat klarkommen. Täter haben da weniger zu befürchten. Wenn sie überhaupt vor Gericht für schuldig befunden werden, sind die Strafen lächerlich. So wurden die wenigen Täter, die überhaupt ergriffen und angeklagt wurden, in den meisten Fällen zu einem Jahr Jugendstrafe auf Bewährung verurteilt. In anderen Worten sie sind freie Menschen. Sie bewegen sich frei in der Gesellschaft und werden nichts gelernt haben, außer dass sie vor dem Gesetz und somit dem deutschen Staat nichts zu befürchten haben. Auch der Umgang mit den Missbrauchsskandalen der Kirchen zeigt, dass man als Täter in Deutschland nichts zu befürchten hat. Auch der Missbrauchsfall Lüdge zeigt deutlich, dass trotz mehrerer Hinweise über ein Jahrzehnt nichts unternommen wurde. Wenden sich Opfer an Polizei und Staat, geraten sie meist unter Rechtfertigungsdruck: Kleidung, Beruf, vorherige sexuelle Beziehungen, wurde Alkohol konsumiert? … Wenn potentielle Täter wissen, dass ihre Tat keine Konsequenzen haben wird, warum sollten sie sich zurückhalten? Gesetze alleine verhindern Verbrechen nicht. Sie bekommen erst nach einer Tat ihren Auftritt. Konsequente Ahndung und Bestrafung sollten normal sein. Wenn sogar Menschen wie Friedrich Merz, der sein Auge auf den CDU-Parteivorsitz und wahrscheinlich auch die Kanzlerschaft geworfen hat und parteiintern auf viele Unterstützer zählen kann, 1997 noch *gegen* die strafrechtliche Ahndung von Vergewaltigung in der Ehe gestimmt haben, weil es mehr Scheidungen geben könnte, wenn Frauen ihre Männer wegen Vergewaltigung anzeigen können, dann ist es wenig überraschend, dass sexuelle Gewalt in Deutschland nicht ernst genommen wird.

Umgang mit Flucht und Migration

Migranten, allen voran Geflüchtete müssen proportional zur vorhandenen Bevölkerung verteilt werden. Die Ghettoisierung in unserem Land muss konsequent beendet werden. Es bringt nichts, zugewanderte Menschen sich selbst zu überlassen oder nur zusammen mit ihren Landsleuten zu beherbergen. Alle geflüchteten Menschen müssen unter die Leute kommen, damit sie die Gesellschaft kennenlernen. Allen voran müssen junge Männer, die die Mehrheit der Geflüchteten ausmachen, präventiv in die Gesellschaft eingebunden werden, damit sie Normen und Grenzen im Umgang mit Frauen in Deutschland lernen. Gesellschaftskunde, Deutsch lernen, und über das Grundgesetz Bescheid wissen, das sollte für alle verpflichtend sein, egal aus welchen Gründen, sie in Deutschland sind. Der Staat sollte hier seinen Beitrag leisten und flächendeckende, kostenlose diesbezügliche Unterrichtskurse für alle Geflüchteten spätestens ab der Klärung des Antrags, besser aber ab Ankunft finanzieren. Der Aufenthalt in Deutschland muss an feste Bedingungen geknüpft werden, dazu gehören auch Verhaltensweisen, die explizit als inakzeptabel gelistet sind. Unterricht und Betreuung darf auf keinen Fall religiösen Gruppierungen überlassen werden, schon gar nicht Gruppierungen wie z. B. der DİTİB.

Es wäre sicherlich auch sinnvoll, Menschen das gesellschaftliche Ehrenamt näherzubringen. Statt Tage, Wochen und Monate in Flüchtlingsunterkünften zu verschmoren, könnten Menschen in unterschiedlichen sozialen Bereichen aushelfen. Nicht um Fachkräftemangel auszugleichen, sondern weil diese Aufgaben sinnvolle Aufgaben sind, Menschen ein sinnerfülltes Leben brauchen, einen Grund zum Aufstehen. Die jungen Männer würden so aus ihrem gewohnten Umfeld gezogen. Sie wären umgeben von Leuten, die Deutsch sprechen, und würden durch den ständigen Kontakt auch alltäglichen Umgang und Gepflogenheiten lernen. Am Ende des Tages, wenn man Menschen geholfen hat, also „nützlich" war, fühlt man sich viel besser und ausgeglichener als wenn man den ganzen Tag dazu gezwungen ist nur Däumchen zu drehen. Gleichzeitig erfährt man Wärme und Dank, also Bestätigung, was bei den meisten Menschen zur Verstärkung des positiven Verhaltens führt. Wie das alte Sprichwort schon sagt: „Was der Bauer nicht kennt, das frisst er nicht". Alles was wir nicht kennen und verstehen, lehnen wir erstmal ab. Und wenn mehr Geflüchtete sich unter Deutsche mischen, lernen auch die Deutschen sie kennen. Das baut Ängste und Vorurteile ab, was wiederum zum langfristigen gesellschaftlichen Zusammenhalt beiträgt. Wir können nicht in die Köpfe der Menschen sehen und ihre Gedanken ändern, wir können aber sehr wohl die Rahmenbedingungen schaffen, die ein friedliches Zusammenleben Aller fördert.

Gleichzeitig müssen Asylverfahren beschleunigt werden und Menschen mit Aufenthaltsrecht müssen sofort Zugang zum freien Arbeitsmarkt haben. Ausländische Abschlüsse müssen endlich unparteiisch anerkannt werden. Es kann nicht sein, dass ein Mensch, der in seinem Heimatland etwas gelernt hat, in Deutschland behandelt wird, als könne er nichts. Wir haben Fachkräftemangel, wenn also Menschen zum Beispiel zu Hause in einer Autowerkstatt gearbeitet haben, was hindert uns daran, die Person dabei zu unterstützen, eine verkürzte Ausbildung als Kfz-Mechaniker zu machen? Die Person könnte dann das lernen, was in Deutschland wichtig ist für den Beruf, ohne unnötig Zeit zu verschwenden. Stattdessen fängt es meist schon bei der Anerkennung des Schulabschlusses an. Ist es wirklich so wichtig, ob ein Mensch das exakt Gleiche in der Schule gelernt hat, wie sie es in Deutschland würde? Warum sollen erwachsene Menschen auf einmal Jahre lang wieder die Schulbank drücken, damit sie den deutschen Schulabschluss bekommen haben, um dann den Beruf, den sie bereits ausgeübt haben, zu „lernen“? Zusammen mit Deutsch lernen, kann das 6, 7, 8 und mehr Jahre in Anspruch nehmen. Es gibt so viele Möglichkeiten aber die bürokratischen Hürden sind absurd.

Derweil wird im Namen der falsch verstandenen Toleranz Zugewanderten, allen voran denjenigen, die durch ihre „andere“ oder gar „dunkle“ Hautfarbe auffallen, durch den Ton der öffentlichen Debatte die Mündigkeit abgesprochen. Statt von Anfang an die gleichen Erwartungen, wie an jeden anderen Menschen auch zu stellen (natürlich wo nötig mit Unterstützung), werden sie förmlich in Watte gepackt. Alle anderen sollen kritiklos akzeptieren und tolerieren, nur sie nicht. Es darf nicht sein, dass Menschen Dinge hier tun, die sogar in ihren Heimatländern verboten oder verpönt sind, und dann hier bei uns nicht zur Rechenschaft gezogen werden. Äußere Einflüsse sind ein Faktor, trotzdem ist jeder Mensch letztlich für sein eigenes Verhalten verantwortlich. Indem immer wieder gesagt wird „aber Rassismus“ oder „aber das ist deren Kultur“ wird Menschen die Fähigkeit zur Veränderung und zur Reflexion abgesprochen. Migranten sind nicht schwächer oder dümmer als Deutsche, werden aber häufig behandelt wie kleine Kinder. Nichts und niemand darf über der Kritik stehen. Dabei ist der Inhalt der Kritik entscheidend. Immer wieder wird das Anderssein betont, statt die Gemeinsamkeiten. Es ist wichtig, auf Missstände hinzuweisen und diese anzusprechen, gleichzeitig sollten auch positive Errungenschaften hervorgehoben werden. Es ist nicht alles schlecht, ganz im Gegenteil. Leider vermitteln die Medien häufig einen anderen Eindruck.

Mediale Verantwortung gehört genauso zur Migrationsdebatte in Deutschland wie politische, gesellschaftliche und persönliche Verantwortung. In Berichten werden die Nationalität oder das Geburtsland von Straftätern mal gelistet, mal nicht, was zu einer Verzerrung des Bildes führt. Entweder es werden die Nationalitäten bzw. Geburtsländer von allen Straftätern bzw. Verdächtigen gelistet oder keine. Obwohl wir für alle Menschen in Deutschland von staatlicher Seite das Grundgesetz als Zusicherung haben, ist die alltägliche Realität weit entfernt von den Standards, die uns rechtlich zugesichert werden. Entweder Schulen und öffentliche Gebäude sind neutral, sprich keine Kreuze, keine Kippa, kein Turban, kein Religionsunterricht oder sie sind es nicht. Das „Dazwischen“ welches aktuell in Deutschland herrscht, hilft niemandem und ist nebenbei bemerkt verfassungsrechtlich äußerst fraglich. Herkunft darf nicht entscheiden, wie ein Mensch behandelt wird. Selbstverständlich kann man erwarten, dass Menschen, denen Schutz gewährt wird, sich an die Gesellschaft anpassen und sogar etwas zurückgeben – man sollte es sogar. Es droht dadurch nicht der Verlust der eigenen Kultur sondern das Ergänzen durch eine weitere.

Ebenfalls wichtig ist die psychologische Betreuung von geflüchteten Menschen. Viele Menschen haben entweder schon in ihrem Heimatland und/oder auf der Flucht Schreckliches erlebt und sind entsprechend traumatisiert. Trauma kann jeden Aspekt eines Lebens beeinflussen. Menschen, die nicht psychisch ausgeglichen sind, haben geringere Chancen in unserer Gesellschaft und im Leben allgemein. Viele Konflikte in Herkunftsländern von geflüchteten Menschen werden sicher noch lange Zeit andauern. Hunderttausende traumatisierte Menschen ihren Problem und Nöten zu überlassen ist wenig sinnvoll. Sie haben mitunter schlechte Chancen sich zu integrieren oder einen langfristig positiven Beitrag zur Gesellschaft zu leisten. Es ist alles eine Frage des Gebens und des Nehmens.

Eigentlich müsste jeder wissen, dass Essen im Bauch und ein Dach über dem Kopf zwar wichtig sind, um zu überleben, aber zum Leben bei weitem nicht ausreichen. Der Mensch ist ein soziales Wesen und gesundes soziales Verhalten zu lernen, muss er im Kontakt mit anderen Menschen, in diesem Fall deutschen. Wir würden kein anderes Lebewesen bei uns aufnehmen, es dann in einen Käfig sperren, nur mit Futter und uns dann wundern, dass es aggressiv wird oder eingeht. Warum tun wir das dann ausgerechnet mit Menschen?

Erst wenn wir diese drei Aspekte heranziehen, können wir uns vorwärtsbewegen und effektiv reagieren.

Ergänzend möchte ich anmerken, dass wir als Gesellschaft wieder den Unterschied zwischen Toleranz und Akzeptanz lernen müssen. Kein Mensch kann einen anderen zwingen, ihn zu akzeptieren, geschweige denn zu mögen. Man kann Menschen aber sehr wohl zwingen, einander zu tolerieren und erwarten, dass sie respektvoll miteinander umgehen. Wir leben alle zusammen in diesem Land, ob es uns passt oder nicht. Keine Gruppe wird sich in Luft auflösen, nur weil wir sie oder ihre Ansichten nicht mögen. Das gilt genauso für z. B. „den Arbeiter aus Sachsen“, wie für „die Muslimin aus Marokko“. Unser Land hat viele Probleme, gerade mit Armut und Perspektivlosigkeit, die sich wie ein roter Faden durch alle Teile der Bevölkerung zieht. Dieser Text bezieht sich auf eine bestimmte Thematik und es würde den Rahmen sprengen auf alle Probleme unserer Bevölkerung einzugehen. Wenn es nach mir ginge, würde sich für alle in Deutschland einiges ändern. Ich würde die Schulen sanieren, mehr Jugendzentren öffnen, (angestellte) Lehrer besser bezahlen, Pflege und andere soziale Berufe wesentlich besser bezahlen damit sie wieder mehr gute Leute anlocken und, und, und. Ich kann es aber nicht. Ich kann nur reden, schreiben und hoffen.

Da habt ihr meine Meinung. Und nu?

Naïla Chikhi

Sexuelle Gruppengewalt als soziale Disziplinierung der Frauen unter dem muslimischen Halbmond

Die Schulglocke läutet, der Vormittagsunterricht ist zu Ende, vier meiner Klassenkameradinnen und ich sammeln uns im Schulhof vor dem Eingangstor unseres Gymnasiums in Algier (Algerien). Unseren Schulweg bringen wir immer in einer kleinen Gruppe hinter uns. „Gemeinsam sind wir stärker", lautet unsere Losung, denn bevor wir die Hauptstraße mit den vielen Geschäften erreichen, müssen wir an einer langen Mauer entlanggehen. Da warten sie schon auf uns, die „Hitist". „Hitist" bedeutet wörtlich übersetzt „Wandist" und beschreibt einen jungen Mann, der den ganzen Tag an der Wand lehnt und wartet! Je länger die Wand ist, umso höher ist die Zahl der aufgereihten jungen Männer, die nichts anderes zu tun haben, als Frauen zu belästigen. Sie konkurrieren regelrecht untereinander um den besten Spruch, um die gewagteste Belästigung: „Meine Hände sind groß genug, um all deine Kurven zu packen", „Gib mir deine Leggins, ich gebe dir meine Nummer", „Lass mich in die Tiefe deiner schönen Augen ... penetrieren". Sind das ganz normale beleidigende Sprüche, die nicht nur algerische Frauen von klein auf kennen? Sind das alltägliche verbale Übergriffe junger testosterongesteuerter Männer, an die sich bereits Schulmädchen gewöhnen sollten und über die sich niemand aufzuregen braucht? Oder liegt hier schon der Keim für ein weltweites unterdrückerisches Phänomen?

Gewalt gegen Frauen – und dazu gehören auch solche alltäglichen Spießrutenläufe – ist eine systematische Form der Verletzung der Menschenwürde. Sie ist in sexistischen patriarchalen Strukturen verwurzelt. Sie ist kultur-, länder- und religionsübergreifend und kann jedes Mädchen und jede Frau unabhängig von Alter, Erscheinungsbild, Verhalten, Familienstand, sozialer Schicht, Bildungsniveau, beruflicher Situation und politischer Meinung treffen.

In diesem Beitrag geht es um sexuelle Gruppengewalt in muslimisch geprägten Ländern als Instrument zur sozialen Disziplinierung von Mädchen und Frauen im öffentlichen Raum. Nichtsdestotrotz soll uns stets bewusst bleiben, dass Mädchen und Frauen, wie in den meisten Regionen der Welt, täglich auch privat beleidigt, erniedrigt, genötigt oder gar vergewaltigt werden, nicht selten von ihren männlichen Verwandten. Das, was auf den Straßen der sogenannten muslimischen Länder geschieht, ist nur das Spiegelbild dessen, was ihnen zu Hause passieren kann. Die Schilderung einiger sexueller Gruppenübergriffe in Algerien, Marokko und Ägypten soll dazu dienen, die Quelle dieses Übels sowie die begünstigenden Faktoren seiner massiven Verbreitung zu erfassen. Darauf aufbauend wird der Zusammenhang zwischen den sexuellen Gruppenübergriffen unter dem muslimischen Halbmond und denen in der Silvesternacht 2015/16 in Köln beleuchtet. Abschließend werden einige Handlungsmöglichkeiten aufgezeigt, die ein Umdenken bei den Zugewanderten, die ein reaktionäres Frauenbild vertreten, bewirken könnten.

Die eingangs geschilderte, und mittlerweile häufig bagatellisierte, systematische Belästigung, die etwa die algerischen Mädchen und Frauen täglich erleben, steht am Anfang einer Gewaltspirale, die letztlich der gesellschaftlich tolerierten oder gar gewünschten Disziplinierung der weiblichen Bürger dient. Mit sexueller verbaler Gewalt wird die Spirale angetrieben und endet zum Beispiel in organisierten Gruppenangriffen auf arbeitende Frauen. So der Fall im Jahr 2001 in Hassi Messaoud, einer Stadt in der südostalgerischen Sahara.

Die Lynchjustiz von El Haïcha

In Hassi Messaoud hatten sich mehrere Erdölunternehmen niedergelassen, die Arbeitsstellen anboten. Viele Frauen kamen aus dem ganzen Land, um dort als Sekretärinnen, Raumpflegerinnen oder Köchinnen zu arbeiten. Hassi Messaoud ist eine sehr traditionelle und konservative Stadt. Schnell wurden die neu zugezogenen Frauen der Prostitution, der Promiskuität und der Zerstörung der Familieneinheit beschuldigt. In seiner Freitagpredigt vom 13. Juli 2001 attackierte der fundamentalistische Imam der Stadt die Frauen und warf ihnen „unmoralisches“ Verhalten vor. Er forderte die männlichen Einwohner auf, gegen „den Teufel“ zu kämpfen, um die „unzüchtigen“ Frauen zu vertreiben. In der Nacht vom 13. auf den 14. Juli 2001 machten sich 300 Männer auf den Weg in die Wohneinheiten der Arbeiterinnen in El Haïcha. Fünf Stunden lang wurden diese angegriffen, geschlagen, nackt durch die Straßen geschleppt, verstümmelt und vergewaltigt. Erst als es fast niemanden mehr zu retten gab, griff die Polizei ein.[1]

Das Verbrechen dieser Frauen?
Ledig, verwitwet, geschieden oder von den eigenen Familien verbannt worden zu sein.
Das Verbrechen dieser Frauen?
Die Prostitution abgelehnt, aber eine Arbeit aufgenommen zu haben, um sich und/oder ihre Familien zu ernähren.
Das Verbrechen dieser Frauen?
Selbstständig und unabhängig zu sein. Einfach Frauen zu sein. Einfach Mensch zu sein. Einfach Bürgerinnen zu sein.

Das Massaker von Hassi Messaoud ist kein isolierter Fall. Viele waren ihm vorausgegangen. Und viele folgten ihm.[2]

Die Vorgeschichte, die diese Verbrechen erst möglich macht, scheint sich in immer wiederkehrenden Mustern zu wiederholen. Und sie hat stets etwas mit falsch verstandener Toleranz gegenüber Fundamentalisten zu tun. So auch in Algerien. In den dunklen Jahren des algerischen Bürgerkriegs wurden – neben Intellektuellen und laizistischen politischen AktivistInnen – vor allem die algerischen Frauen die primäre Beute der Islamisten: Kidnapping, Vergewaltigung bis hin zu Gruppenvergewaltigung sowie Verbrennungen waren keine Seltenheit. Nach diesen schrecklichen zehn Jahren des Krieges gegen die BürgerInnen folgte der algerische Machtapparat ab dem Jahr 1999 einer „Politik der nationalen Versöhnung“ – meines Erachtens ein fataler Fehler seitens des algerischen politischen Establishments. Denn islamistische Terroristen, die unzählige Grausamkeiten im Namen der instrumentalisierten Religion ausgeübt hatten, wurden einfach durch den damaligen Präsidenten amnestiert, unter Missachtung der Justiz. Der Staat sorgte für die scheinbar reuigen frauenverachtenden islamistischen Terroristen für Unterkunft und Beschäftigung. Die Opfer lebten von da an Seite an Seite mit ihren Peinigern. Die sogenannten „gemäßigten Islamisten“ waren sogar an der Regierung beteiligt. Und das Gefühl, dass all diese im Namen einer vermeintlich religiösen Moral begangenen barbarischen Gewalttaten ungesühnt bleiben, herrscht bis heute in Algerien vor.

Die Bikini-Revolte

Ein anderes Beispiel für einen organisierten Gruppenversuch, Frauen zu maßregeln, ereignete sich im Sommer 2017 in Annaba. Annaba liegt im Osten Algeriens. Wie in jedem Sommer, wenn die algerischen Strände sich füllen, werden die Frauen schikaniert und belästigt oder gar angegriffen. In jenem Sommer wurde in den sozialen Netzwerken ein Aufruf verbreitet, Frauen in Badeanzug und Bikini zu fotografieren und die Bilder in den sozialen Medien zu veröffentlichen. Diese mittelbare Einschüchterungsmethode sollte dazu dienen, die sich den Normen widersetzenden Frauen stärkeren Repressalien auszusetzen, damit sie sich infolgedessen von den Stränden zurückziehen. Mehrere salafistische Aktivisten und durch radikale Imame und Tele-Islamisten rekrutierte Jugendliche folgten nicht nur diesem bedrohlichen Aufruf, sondern wurden unmittelbar aktiv, indem sie Schwimmerinnen beleidigten, belästigten und sogar körperlich angriffen. Diese Frauen hatten es lediglich gewagt, nicht nur zum Strand zu gehen, sondern auch zu schwimmen, was nicht gesetzeswidrig ist. Schon das Propagieren einer moralischen Verfehlung genügt, um derlei Repressalien auszulösen. Allerdings liegt es wohl nicht in der Natur vieler algerischer Frauen, aufzugeben und sich widerstandlos zu unterwerfen. So gründete eine junge annabische Frau eine Facebook-Gruppe und lud andere Frauen dazu ein, gemeinsam die Strände der Stadt wiederzuerobern – in Badeanzügen und Bikinis.

Der Aufruf zur „Operation Bikini“ ist ein Zeichen der algerischen Frauen, dass sie ihr Recht auf freie Bewegung im öffentlichen Raum nicht aufgeben werden. Berichten zufolge erklärte eine der Organisatorinnen in einer algerischen Zeitung: „Jetzt, wo wir eine starke Gemeinschaft aufgebaut haben, haben wir beschlossen, dafür zu kämpfen, unsere Kleider und Röcke zu allen Jahreszeiten auf den Straßen der Stadt durchzusetzen. Im 21. Jahrhundert haben selbst algerische Frauen das Recht […], ihre Weiblichkeit zu zeigen, ohne sich schuldig zu fühlen.“[3]

Cherifa Kheddar, Gründerin und Präsidentin der Organisation *Djazaïrouna*, die Opfer des algerischen Bürgerkriegs unterstützt, teilte der französischen Zeitung *Le Point* mit:

> „In den frühen 1990er Jahren waren die unverschleierten Frauen Gewalt und Mord ausgesetzt, weil sie mit der Zeit zu einer sichtbaren Minderheit wurden, die, nachdem sich die Mehrheit dem islamistischen Diktat unterworfen hatte, leicht aufzuspüren war. Diese

Initiative erinnerte mich zunächst an die Widerstandsbewegung gegen das Tragen des Kopftuchs, das die Islamisten den Frauen aufbürdeten. Es erinnerte mich auch an die Morde an Frauen, die sich mutig weigerten, sich dieser neuen Gewalt zu beugen. Während des dunklen Jahrzehnts des Terrorismus, das Algerien isoliert erlebt hat, bezahlten mehrere Dutzend Frauen für diesen Widerstand mit ihrem Leben. Zu einer Zeit, als wir unsere Ideale friedlich und mit den uns zur Verfügung stehenden Mitteln verteidigten, verfügten die Fundamentalisten neben der Unterstützung eines Teils des Westens, des Staates und der NGOs über kolossale finanzielle und mediale Ressourcen [...]. Auch wenn ich nicht Teil davon bin, unterstütze ich persönlich diese Initiative voll und ganz, denn sie gibt mir Zuversicht. Ich sage mir, dass die Nachfolge der Frauenrechtsbewegung gesichert ist."[4]

Der „Horror in Casablanca"

Auch in Marokko wächst seit einigen Jahren die frauenfeindliche Machokultur. Wie in Algerien ist das bloße Gehen auf der Straße zu einem „parcours de la combattante" geworden, einem krassen Hindernislauf für die Frau. Offiziellen Angaben zufolge sind fast zwei von drei marokkanischen Frauen Opfer von geschlechtsspezifischer Gewalt.[5] Und wie damals in meiner Schulzeit sind Mädchen und Frauen bis heute stets abfälligen oder gar beleidigenden Äußerungen ausgesetzt.

Ein ganz neues perfides Phänomen der massentauglichen Disziplinierung von Frauen ist das Filmen und damit die leichte Verbreitung von Gewalttaten.

Erinnern wir uns an eine Aufzeichnung aus Marokko vom Sommer 2017, in der zu sehen ist, wie ein junges Mädchen nach einer Veranstaltung auf der Straße von einer Schar junger Männer verfolgt wird. Das online gestellte Video zeigt, wie das Mädchen panisch ihr Tempo beschleunigt, um der entschlossenen „Horde" zu entkommen. Interessanterweise fanden es viele Zeitungen nötig, darauf hinzuweisen, dass das Mädchen Jeans und T-Shirt trug, also ein gerade noch „gesellschaftlich" zulässiges Outfit! Als ob Kleidung eine Rechtfertigung für sexuelle Übergriffe wäre![6]

Ein weiterer Fall hat die Aufmerksamkeit der Medien und der gesamten marokkanischen Gesellschaft erregt. Im August desselben Jahres zirkulierte in den sozialen Netzwerken ein Video, das die ein paar Monate zurückliegende Vergewaltigung einer 24-jährigen, geistig behinderten Frau in einem Bus zeigt. Die Tätergruppe: sechs Teenager im Alter zwischen 15 und 17 Jahren. Auf den Bildern erkennt man, wie die verzweifelte und weinende halbnackte Frau misshandelt und an intimen Teilen ihres Körpers von den lachenden Verbrechern gewaltvoll berührt wird. Die Tat, die von einigen Zeitungen als der „Horror in Casablanca“ bezeichnet wurde, löste große Empörung aus.[7]

Und ein besonders gewalttätiges Video eines Gruppenübergriffes in Safi kursierte im Mai 2018 in den sozialen Netzwerken. Darin ist eine auf dem Boden sitzende Marokkanerin mit blutigem Gesicht und zerzaustem Haar zu sehen, die von einer vermummten Männergruppe mit Holzstöcken geschlagen wird. Die zwischen 28 und 31 Jahre alten Angreifer beschuldigten sie, Geschlechtsverkehr mit dem Mann gehabt zu haben, den sie im Auto begleitete, und somit den Fastenmonat des Ramadans nicht normengemäß einzuhalten, denn das marokkanische Strafgesetz verbietet außereheliche sexuelle Beziehungen (Artikel 490) und sieht eine Freiheitsstrafe von einem bis zu sechs Monaten für MuslimInnen vor, die das Fasten nicht einhalten (Artikel 222). Wahrscheinlich erlaubten sich die Männer aufgrund dieser Gesetze, Sittenpolizei zu spielen.[8]

Und seitdem? Die Empörung ist da, doch es passiert wenig von offizieller Seite. Bedauerlicherweise nehmen solche Ereignisse im Königreich zu. In Casablanca, Rabat, Marrakesch, Tanger oder Agadir organisierten hauptsächlich Frauenrechtlerinnen Demonstrationen, um gegen sexuelle Übergriffe – ob in Gruppen oder allein – im öffentlichen Raum zu protestieren. Hunderte von Frauen prangerten in zornigen Menschenansammlungen die Vergewaltigungskultur an und skandierten Parolen wie „Gesetze für Männer, Vergewaltigung für Frauen!“. Auf Plakaten war zu lesen: „Verbietet euren Töchtern nicht das Ausgehen, bringt euren Jungen Respekt bei. Nein zur Vergewaltigungskultur“. Und sogar Männer meldeten sich zu Wort, denn auch sie stellten wie Yassine Jamali fest: „Die Straße stellt in Marokko für Frauen einen Ort der Erniedrigung und der Gewalt dar. Es ist unbestreitbar. Es sei denn, alle Frauen dieses Landes leiden unter Mythomanie.“[9]

Solche entsetzlichen massenhaft verbreiteten, gewalttätigen Vorfälle schüren die schlimmsten Ängste. Sie lassen Frauen aus dem öffentlichen Raum zurückweichen, sie drängen sie in die Defensive, machen sie unsichtbar und unselbstständig. Und die Untätigkeit der Behörden gegen geschlechtsspezifische Gewalt sowie der Mangel an staatlichen Schutzmechanismen lassen zu, dass erzkonservative Religiöse ihre Normen über das geltende Gesetz stellen. Gibt es eine bessere Form der Disziplinierung?

Ja, es gibt die „sanften" und unauffälligen Methoden des ständigen latenten Drucks: Im Juli 2018 startete in Marokko eine ominöse Facebook-Gruppe eine Online-Kampagne. Sie forderte nicht nur die Gründung einer islamischen Bank, sondern ermutigte die marokkanischen Männer, ihren Frauen „unanständige" Kleidung zu verbieten bzw. sie zu verschleiern. Die Gruppe lancierte den Hashtag *#kounrajel* (sei ein Mann) in den sozialen Medien. In einem zahlreich geteilten Post war zu lesen: „Sei ein Mann und lass deine Frauen und Töchter nicht in engen Kleidern ausgehen", „Sei ein Mann und lass sie nicht 'schändliche' Kleidung tragen, die Muslime verführt und es ihnen schwermacht, sich von ihnen abzuwenden". Allerdings gibt es auch Marokkanerinnen, die sich nicht so leicht einschüchtern lassen. Der Verein *Women's Tribune* richtete eine Online-Petition an den Regierungschef und die politischen Funktionsträger, um die Entfernung des Hashtags zu erreichen. Die Gründerin und Präsidentin des Vereins sowie die UnterzeichnerInnen der Petition machen aufmerksam auf „die Zunahme einer verschärften rückwärtsgewandten Mentalität, die Jahr für Jahr für ein Klima psychischer und physischer Gewalt sorgt, das für die Sicherheit der Bürgerinnen gefährlich ist"; auch weisen sie hin auf „den Schaden, den der Hashtag *#kounrajel* (sei ein Mann) der Gesellschaft zufügen kann, indem er mit Religiosität und dem Erzeugen von Schuldgefühlen auf den Saiten des kollektiven Unbewussten spielt".[10] Fast zeitgleich konterten die mutigen Frauen der *Alternativen Bewegung für Individuelle Freiheiten* (M.A.L.I.) – eine feministische, säkulare und universalistische Frauenbewegung – mit dem Hashtag *#SoisUneFemmeLibre* (sei eine freie Frau). Der Bewegung folgten rasch Dutzende Frauen, die fordern: „Lasst uns die patriarchalischen Gebote und den Obskurantismus bekämpfen, sei eine freie Frau, frei, einen Badeanzug oder Bikini zu tragen oder nicht, frei, an den Strand zu gehen oder nicht, frei in deiner Entscheidung und deiner Wahl." Die Sprecherin der Bewegung erklärt in der Presse, dass die marokkanische Gesellschaft zunehmend konservativ wird. Ihr zufolge ist die Ursache dafür unter anderem der Einfluss der wahhabitischen Fernsehsender und Internet-Seiten, die ihren rigorosen Islam in die Köpfe der Marokkaner meißeln. Seitdem sei die Gesellschaft sexistischer, frauenverachtender und religiöser geworden. Auch stellt sie fest: „In Marokko gibt es von Kindheit an eine sexistische Erziehung. In der Schule müssen Mädchen ... ihren Körper verstecken, was bei Jungen nicht der Fall ist.“[11]

Der Kreis der Hölle

Die sexuellen Gruppenübergriffe von Hassi Messaoud, Annaba, Casablanca und Tanger sind nicht spezifisch für Algerien und Marokko. Sie finden täglich statt, in allen muslimischen Ländern. Den Höhepunkt der Frauen-Disziplinierung durch sexuelle Gruppengewalt stellten die Ereignisse auf dem Tahrir-Platz in Kairo dar.

Fast keine Frau und kein Mädchen, die durch die Straßen von Kairo gehen oder öffentliche Verkehrsmittel benutzen, unabhängig von Alter, sozialem Status oder Kleidung, entkommen sexueller Belästigung, ob verbal oder körperlich, ob durch einen Einzeltäter oder durch eine Gruppe. Die sexuelle Gewalt ist in der ägyptischen Hauptstadt zu einer „unerträglichen Normalität“[12] geworden. Wie die meisten Regime der muslimisch geprägten arabischen Länder war Ägypten – und ist immer noch – ein repressives Regime. Um es durchzusetzen und aufrechtzuerhalten, haben die politischen Mächte die Grundfreiheiten der BürgerInnen eingeschränkt und zögern selten, Unterdrückungs- und Erniedrigungsmethoden gegen Oppositionelle und vor allem gegen Frauen einzusetzen. Bei den Protesten des arabischen Frühlings wurden gewaltvollste Disziplinierungsmaßnahmen zur regelrechten Strategie, etwa mit den sogenannten „Jungfräulichkeitstests“ bei weiblichen Demonstrantinnen und dem „Taharrusch gama’ei“.

Der „Taharrusch gama’ei“ beinhaltet eine kollektive sexuelle Belästigung bis hin zur Vergewaltigung durch eine Gruppe von Männern. Er richtet sich gegen jede Frau, die es wagt, sich in einer Menschenmenge zu befinden – ob verschleiert oder unverschleiert. Bei dieser besonderen Form der sexuellen Gewalt umringt eine Gruppe junger Männer eine Frau. Während die äußeren Ringe der Männer die RetterInnen abschrecken und blockieren, befummeln, schlagen, beißen, entkleiden und penetrieren die Männer des inneren Kreises in aller Ruhe ihr hilfloses Opfer. Das ist schlimmster Psychoterror, kombiniert mit körperlicher Quälerei, aus dem es für die Frau fast kein Entrinnen gibt. Der „Kreis der Hölle“, wie diese Form der Gewalt genannt wird, kann bis zu einer Stunde dauern.

Das Phänomen ist nicht erst auf dem Tahrir-Platz aufgetaucht, es wurde nur relativiert und lange verschwiegen. Bereits 2006 gab es Berichte über diese Form der sexuellen Gruppengewalt in den sozialen Netzwerken. Die Angriffe fanden damals im Zentrum von Kairo hauptsächlich bei Feierlichkeiten am Ende des Ramadans statt[13] – ein in allen sogenannten muslimischen Gesellschaften sehr wichtiges Fest, das in Frieden und mit gegenseitigem Respekt gefeiert werden sollte.

Auch hier organisierten sich ägyptische MenschenrechtsaktivistInnen, um dieser Gewaltform Einhalt zu gebieten. So bildeten sie mehrere Initiativen, wie zum Beispiel die Operation *Anti Sexual Harassment* (OpAntiSH)[14], und brachen die Mauer des Schweigens und der Scham.

Doch diese sexistische Form der Gruppengewalt hat sich trotz aller Gegenwehr in vielen muslimisch geprägten Ländern verbreitet, in die der Islamismus eingezogen ist. Auch in Syrien wurde, vor allem seit Beginn des Krieges, Vergewaltigung als Kriegsmittel sowohl durch die schiitisch-alawitischen Soldaten als auch durch die sunnitische Opposition eingesetzt, um die gegnerische Seite zu demütigen und zu entehren.

Nach den ähnlich wie auf dem Tahrir-Platz ablaufenden Übergriffen auf dem Kölner Domplatz schrieb Can Dündar in seinem am 18.1.2016 in der *Welt* veröffentlichten Artikel: „Es war dasselbe, was sich jedes Jahr auf dem größten Platz von Istanbul, dem Taksim-Platz, zuträgt. Ein Ausdruck einer konservativen Machokultur und des Hungers auf Frauen, den diese selber produziert; Ausdruck einer Kultur, die in der Schule, bei der Arbeit, in allen Bereichen des Lebens Frauen von Männern trennt und versucht, sie in ihrer Rolle als Mütter zu Hause einzusperren."[15]

Die vermeintlich göttliche Legitimation zur Frauenverachtung unter dem muslimischen Halbmond …

Wie können all diese Abscheulichkeiten in vermeintlich zivilisierten Gesellschaften passieren? Von was wird die Gewaltspirale immer weiter angetrieben? Es gibt mehrere Gründe für die Zunahme sexueller Übergriffe gegen Frauen unter dem muslimischen Halbmond. Es handelt sich, auf den einfachsten Nenner gebracht, immer um Macht und Angst und Sex und Scham – und die unweigerliche Kontrolle über die Frau. Und immer wieder lässt sich das bereits angesprochene Muster der Tolerierung von religiösem Fundamentalismus erkennen, dem von staatlicher Seite keine Schranken gesetzt werden, um die Hälfte seines Volkes zu schützen.

Nur so ist es zu erklären, dass trotz vieler Bemühungen um Liberalisierung in einigen Ländern immer wieder so etwas wie ein Backlash, ein Rückwärtstrend, zu verzeichnen ist. Schon vor einigen Jahrzehnten nahmen in nicht wenigen ehemaligen Kolonien Frauen sehr aktiv an den Unabhängigkeitsbewegungen teil. Es wurde damals mehr und mehr selbstverständlich, dass sie beim Aufbau ihres Landes mitwirkten. Nach der Unabhängigkeit von den Kolonialmächten strebten diese Länder nach Modernität und wirtschaftlicher Entwicklung. Generationen von Frauen und Mädchen trugen nach der Unabhängigkeit kein Kopftuch (mit dem Ende der Kolonialherrschaft begann die Zeit der Enthüllung) und es wurde ihnen Zugang zu Bildung und zu Arbeit und somit zum öffentlichen Raum gewährt. Bis dahin jedoch war dieser Raum männlich. Und so verlagerte sich der patriarchale Anspruch der Kontrolle über die Frau peu à peu vom privaten in den öffentlichen Bereich. Und um diesen weder zu teilen noch zu verlieren, wählten die Männer den bekannten Weg des Angriffes als beste Verteidigung.

Im selben Entwicklungsprozess nahmen zum Beispiel in Algerien die korrupten und korrumpierenden Machtinhaber das nun unabhängige Land als „Geisel", was auch in vielen anderen ehemaligen Kolonien und Protektoraten geschah. Die Herrschenden sicherten sich ihren Einfluss häufig damit, dass sie den religiösen und patriarchalen Fundamentalisten zu viel Spielraum gaben. Sie behielten den für sich vorteilhaften wirtschaftlichen Sektor und überließen „den unwichtigen", also das Bildungswesen und das Sozialsystem, dem Klerus und den Orthodoxen. Die von den ägyptischen Muslimbrüdern stark inspirierte Religion nahm ihren Platz in den Schulen ein und stellte sich in den Dienst der politischen Mächte. So fand eine schleichende Islamisierung der Lehrpläne statt – mit der größten Gleichgültigkeit der öffentlichen Behörden und der Gesellschaft. Auf diese Weise wurden zum Beispiel meine Generation und die danach kommende von Kindesbeinen an auf Geschlechtertrennung und patriarchale Geschlechterrollen getrimmt. Bereits in der Grundschule lernten wir, dass der Vater nach draußen geht (arbeitet) und der Sohn auf der Straße spielen darf, während Mutter und Tochter zu Hause bleiben, kochen und putzen. Dies verstärkte die ohnehin bereits existierende ungleichberechtigte Erziehung der Kinder in den patriarchalen Familien, bei der die Söhne bevorzugt werden, mehr Freiheiten genießen und nach dem Konzept der männlichen Überlegenheit erzogen werden. Der Islamunterricht war, wie die Gesetzgebung, nicht nur durch die Unterlegenheit der Frauen gekennzeichnet, sondern durch eine massive Angstpädagogik: Von Anfang an sollte in die kleinen Mädchenköpfe eingepflanzt werden, wie sündhaft der Kontakt zum anderen Geschlecht sei, und wie gefährlich und schändlich es sei, sich außerhalb des Hauses und der festgeschriebenen Rollen zu bewegen. Geschlechterapartheid, religiöser Fundamentalismus, aber auch Selbstverachtung und Selbstdisziplinierung der Frau wurden und werden bis heute so in der Gesellschaft tief verankert. Diese fundamentalistische und frauenfeindliche Wertevermittlung hält seit vier Jahrzehnten Generationen von Kindern als Geiseln. Und auf diese Weise erfolgte die Erschaffung eines neuen Bürgers, eines Mutanten, dessen pervertierte Geschichte und Religion seine Triebkraft gegen jegliche Modernität oder Modernisierung seiner Gesellschaft wurden. Der Obskurantismus ersetzte das universelle Wissen und infolgedessen wurden die arabischen Frühlinge zu ewigen Wintern, vor allem für die Frauen, denn bei solchen Mutationsrückschritten waren und sind heute noch sie die ersten Leidtragenden.

Der derart manifestierte schleichende Machtgewinn der Verfechter des Islamismus wird auch durch die Behauptung gestützt, eine durch Gott legitimierte Autorität darzustellen. Prediger verbreiten in den Moscheen und in TV-Sendungen den Absolutheitsanspruch des Islam sowie die „neue“ moralische Ordnung für die Umma, die muslimische Gemeinschaft, die unter anderem auf die Unterordnung der Frau unter den Mann zusteuert. So gewannen und gewinnen sie recht schnell mehr und mehr Anhänger. Mit der Berufung auf einen patriarchalischen Gott und die damit einhergehenden (vermeintlichen) Überlegenheit des Mannes über die Frau verschärfen sich die moralisierende soziale Kontrolle, die Disziplinierung sowie die Domestizierung des weiblichen Geschlechtes. Vermeintlich religiöse Gelehrte propagieren unaufhörlich ihre rückwärtsgewandten Normen und ihre fundamentalistische Geschlechterordnung, in der eine – vor allem für Frauen – unterdrückerische Sexualmoral verankert ist, und infizieren damit Jungen und Männer, aber auch Mädchen und Frauen. Und dieses islamistische Wertesystem beginnt mit der Tabuisierung des Körpers der kleinen Mädchen, wie etwa durch das Kinderkopftuch, geht über die Obsession der Jungfräulichkeit und den fast krankenhaften Drang, die Sexualität der Frauen und sogar der Mädchen zu kontrollieren, wie etwa durch Zwangs- und Frühverheiratung, und erstreckt sich bis zur Unsichtbarmachung des weiblichen Körpers, zum Beispiel durch die Vollverschleierung. Auch die Verlagerung der Ehre des Mannes zwischen die Beine seiner weiblichen Familienmitglieder – ob der Ehefrau, der Schwester, der Tochter oder auch der Cousine – ist eine folgenreiche Bändigungsmaßnahme des weiblichen Geschlechts: Wer sich als Mädchen oder Frau nicht sitten- und normkonform verhält, bringt Schande nicht nur über sich selbst, sondern auch über die Männer ihres Kollektivs. Und diese ja so „kostbare“ Ehre wird meist mit der Ermordung der „Schuldigen bzw. Täterin“ wiederhergestellt. In anderen Worten: Hier lässt sich die Superiorität des Mannes über die Frau mit seiner Entscheidungsmacht über Leben und Tod übersetzen. Auch nach dieser „Logik der Ehre“ gilt eine Frau, die das Familienhaus ohne männlichen Verwandten verlässt – also sich unkeusch verhält und ungeschützt den öffentlichen Raum betritt –, als „sexuell zur Verfügung stehende“ Frau. Und so wachsen nicht wenige Jungen in den sogenannten muslimischen Ländern und Kollektiven von Kindesbein an mit dieser rückschrittlichen Vorstellung der Geschlechterrollen und der Sexualmoral auf. Und nicht zuletzt deshalb, weil viele gläubige Frauen ihre Stellung ebenfalls als von Gott gegeben hinnehmen, verinnerlichen sie ihre Selbstverleugnung, negieren ihre Würde und werden nicht selten regelrechte Stützen der patriarchalen Werte und erziehen ihre Töchter in der althergebrachten Weise, wie MAN(N) es von ihnen verlangt– und das geht am besten im Haus.

Die eben aufgezeigten Normen sind im Grunde genommen Disziplinierungsmaßnahmen. Und genauer gesagt: Gewaltformen. An deren Durchsetzung beteiligt sich in der Regel das gesamte Kollektiv. Aus diesem Grund können sie auch als Gruppengewalt betrachtet werden. Ehrenmode sind das eklatanteste Beispiel: Auch wenn der Täter dem Anschein nach meist allein agiert (den Mord vollstreckt), obliegt die Entscheidung zur Durchführung des Mords dem Familienoberhaupt, das in einigen Fällen von der Mutter dazu animiert wird; nicht selten wirken Geschwister und/oder nahe Verwandte bei der Planung mit.

Alle hier aufgezeigten Disziplinierungsmaßnahmen haben einen tieferen Sinn: die Frau mit allen Mitteln aus dem öffentlichen Raum und damit aus den Gefügen der politischen und sozialen/gesellschaftlichen Macht herauszuhalten und sie selbst als Bewacherin und Bewahrerin ihrer eigenen Unterdrückung zu installieren. Dann ist die Kontrolle über die Frau perfekt!

Viele ExpertInnen sehen auch einen Zusammenhang zwischen steigender Frauenbildung und Zunahme der Gewalt gegen Frauen. Durch die erkämpften Bildungs- und Berufsmöglichkeiten konnten sich viele Frauen in den letzten 50 Jahren von althergebrachten Rollen befreien und ihre wirtschaftliche Lage verbessern. Sie haben verstanden, dass Bildung und finanzielle Unabhängigkeit ihnen helfen können, aus diesem frauenverachtenden Getriebe herauszukommen. Aus diesem Grund kann die Zunahme insbesondere der sexuellen Gewalt auch mit dem Scheitern vieler junger Männer in unseren Gesellschaften in Zusammenhang gebracht werden. Ihre Erziehung zur von Gott gegebenen Überlegenheit hat zu ihrem schulischen und damit wirtschaftlichen Scheitern geführt. Infolge ihrer Arbeitslosigkeit und der damit einhergehenden finanziellen Not ist es für sie immer schwieriger, eine Ehe einzugehen – aus religiöser Sicht die einzige legitime Weise, Geschlechtsverkehr zu haben. So lassen die jungen Männer ihren Zorn am „schwächsten" Mitglied der Gemeinschaft aus – in den patriarchalischen Gesellschaften: das Mädchen/die Frau. Und so wurde zunächst die sexuelle Belästigung zu einem Zeichen der Männlichkeit, um nicht „Nationalsport" zu sagen. Das gegenseitige Befeuern und die Herausforderung zur gewagtesten Belästigung unterstützen den Abbau der Hemmschwelle, wider die geltende Sexualmoral zu handeln. Mit der Zeit, und weil die „Hitist", die beschäftigungslosen an der Wand lehnenden jungen Männer, meist zu mehreren auftreten, spielt die Gruppendynamik eine bedeutende Rolle beim Antrieb der Gewaltspirale, die bis zu, wie oben geschildert, extremen sexuellen Gruppenübergriffen führen kann.

Das heizt die von vielen Experten ohnehin verzeichnete „sexuelle Misere" in muslimischen Gesellschaften regelrecht an. Leila Slimani, eine französisch-marokkanische Schriftstellerin, erklärt zum Beispiel, dass die jungen MarokkanerInnen zwar ein Sexualleben haben wollen, aber nicht dürfen. Nicht nur, weil es ihnen und vor allem den Frauen verboten ist, sondern auch, weil sie mit der Vorstellung erzogen werden, dass es „beschämend" ist.[16] In diesem Zusammenhang schließt sie sich dem algerischen Schriftsteller und Kolumnisten Kamel Daoud an, der nach den Ereignissen in der Kölner Silvesternacht über das „sexuelle Elend der arabischen Welt"[17] gesprochen hat.

„Hchouma", die Schande oder die Scham, ist tief in der Psyche der muslimischen Menschen verankert. Auch mit der Verbreitung eines dualen Weltbildes, das alles in halal und haram (legal und illegal) einteilt, erfolgt eine weitere Zuspitzung der Gewaltspirale gegen Frauen. Denn die Einteilung in „yadjuze" und „layadjuze" (erlaubt und nicht erlaubt) gilt vor allem für die Frau. Das kann so weit gehen, dass in zum Fundamentalismus re-islamisierten muslimischen Gemeinschaften nicht der Täter, sondern das Opfer, also die Frau, beschuldigt und bestraft wird, denn sie und ihr Körper sind Gradmesser der Ehre des Mannes.[18]

Ob in Städten oder in Dörfern: Der soziale Druck auf Frauen, ob jung oder alt, ist oft so stark, dass viele von ihnen ihre Kleidung schon längst der männlichen „Sensibilität" angepasst haben. Sie glauben, durch die Verhüllung von Gott beschützt zu werden. Allerdings wissen übergriffige Männer ganz genau, dass sich unter dem Schleier letztendlich eine Frau befindet. So werden selbst die als gut muslimisch, ehrenhaft und unantastbar gekennzeichneten Frauen dennoch sexuell belästigt und angegriffen.

... darf in Deutschland nicht hingenommen werden

Sexuelle Gewalt gegen Frauen ist kultur-, länder- und religionsübergreifend. Und die Einflüsse in der muslimisch geprägten Welt, die das fundamentalistische Frauenbild stützen und stärken, sind, wie eben erörtert, vielfältig. So stellt sich insbesondere seit den massenhaften Gruppenübergriffen vor allem gegen Frauen in der Silvesternacht 2015/16 die Frage, ob ein Zusammenhang zwischen diesen Vorfällen in europäischen Städten und der sexuellen Gruppengewalt gegen Frauen unter dem muslimischen Halbmond besteht und ob diese auch zur sozialen Disziplinierung der Frauen dienen sollten.

In der deutschen Presse wurden die Vorfälle in der Silvesternacht mit denen auf dem Tahrir-Platz verglichen. Obgleich kaum Beweise dafür vorlagen, dass die sexuellen Gruppenübergriffe in jener Nacht in Deutschland geplant waren oder dass eine Verbindung zwischen den Tätern bestand, lassen die Fakten wohl jeden logisch denkenden Menschen schlussfolgern, dass diese Verbrechen sehr wohl organisiert waren oder dass zumindest eine Zusammenkunft zwischen der großen Mehrheit der Täter vereinbart worden war.[19] Wie ist es andernfalls zu erklären, dass die vielen Straftaten, von denen die Hälfte Sexualdelikte waren, in ein und derselben Nacht, ob auf öffentlichen Plätzen oder in öffentlichen Verkehrsmitteln, und wenn auch in kleinerer Dimension nicht nur in mehreren deutschen Städten, sondern auch in der Schweiz, in Österreich und in Finnland, nach demselben Muster begangen wurden? Überdies besteht eine eklatante Gemeinsamkeit bei den Tätern: Sie stammen vornehmlich aus Nordafrika und aus dem arabischen Raum, sprich aus Ländern, in die der Islamismus, seine Frauenverachtung und seine Sexualmoral schon längst eingezogen sind. Darüber hinaus wurden nach Angaben unterschiedlicher lokaler Polizeibehörden in den meisten Fällen die Frauen „unsittlich“ berührt, sexuell beleidigt, so bedrängt oder gar umringt, dass Hilfe von außen unmöglich war, und in mehreren Fällen wurde die Kleidung zerrissen. Versuchte und vollendete

Vergewaltigungen gehören auch zur Liste von Gräueltaten in jener Nacht – ähnlich wie beim „Kreis der Hölle" auf dem Tahrir-Platz in Ägypten.

Einige ExpertInnen und PolitikerInnen sahen in den begangenen Taten eine Art Ventil für persönliche Frustrationen aufgrund der seitens Deutschland unerfüllten Erwartungen. Daraus könnte man ableiten, dass ihre Taten doch nicht zum Ziel hatten, die im öffentlichen Raum feiernden Frauen zu disziplinieren. Wollten sie dadurch ihre Präsenz markieren und ihre Stärke – trotz Ohnmacht – demonstrieren? Sollte es eine Machtdemonstration gewesen sein, wäre zu fragen, ob sie sich von einer der Strategien der Islamisten haben anleiten lassen. Provokatorisch seine Präsenz zu markieren, vor allem außerhalb der bereits eroberten Gebiete, gehört weltweit zu den Standardstrategien der islamistischen Ideologie. Als Beispiele lassen sich das Gebet auf öffentlichen Straßen im laizistischen Frankreich oder die immer wiederkehrenden dreisten Versuche, das Kopftuch in den säkularen staatlichen Institutionen Deutschlands durchzusetzen, nennen. Sollte es eine Machtdemonstration gewesen sein, mit dem Ziel, geltendem Recht die Stirn zu bieten, dann haben wir darauf auf völlig falsche Weise reagiert. Anstatt die Botschaft der Täterbanden zu entschlüsseln, auf der Grundlage einer freiheitlich-demokratischen Gesellschaftsvorstellung klar Position zu beziehen sowie eine unmissverständliche feministische Haltung zu vertreten, lancierten wir unbedacht eine vielschichtige spaltende Debatte.

Anfangs wurde der Polizei angeordnet, der Öffentlichkeit die Straftaten vorzuenthalten. Dieses Schweigen wurde im Nachhinein zu Recht stark kritisiert, denn dadurch wurden zwei falsche Signale gesendet: an die Opfer von sexueller Gewalt (das Thema nehmen wir nicht ernst) und an die Täter (das Thema nehmen wir nicht ernst). Ein weiteres falsches Signal wurde den muslimisch sozialisierten Frauen gesendet, die in konservativen patriarchalen Gemeinschaften leben. Die Loyalitätspflicht gegenüber dem Kollektiv ist von vielen dieser Frauen stark verinnerlicht. So liegt die Hemmschwelle, die erlittene (vor allem häusliche) Gewalt anzuzeigen, meist höher. Sehen diese Frauen, dass die staatlichen Behörden selbst die Frauen aus der Mehrheitsgesellschaft nicht in geeigneter Weise schützen, verringert sich ihr Vertrauen in den Staatsapparat.

Neben der gegenseitigen Schuldzuweisung der Behörden entfachte sich eine politische Diskussion über die Nennung der Herkunft der Täter sowohl in Polizei- als auch in Presseberichten. Erneut vergaß man die Opfer und erneut standen die Täter im Mittelpunkt. Und ebenso schlimm: Man war bereit, die Frauenrechte für den sozialen Frieden zu opfern. In der Tat ist die Herkunft von Straftätern primär völlig unbedeutend, und nach dem Gleichheitsprinzip sollte sie entweder bei allen Tätern genannt werden oder bei keinem. Vor allem als Migrantin in Deutschland, die sich seit Langem mit der Stellung der Frau unter dem muslimischen Halbmond auseinandersetzt, bin ich der Meinung, dass jedes Verbrechen als solches behandelt werden muss, ohne dass die ethnische oder religiöse Zugehörigkeit als mildernder Umstand gewertet oder gar zu einer Rechtfertigung wird. Andernfalls werden diese Straftaten bewusst oder unbewusst für politische Zwecke instrumentalisiert, egal ob seitens der rechten oder der linken Bewegungen. Und das führt erfahrungsgemäß dazu, die Integration in die Gesamtgesellschaft zu erschweren. So nutzten populistische Strömungen nach jener Nacht die Gelegenheit, um MigrantInnen und Geflüchtete aus dem südländischen Raum stärker zu stigmatisieren und ihre fremdenhasserfüllte Propaganda zu verbreiten, während nicht wenige aus dem linken Spektrum in einem verblendeten selektiven Minderheitenschutz (vor allem wenn es dem Aussehen nach um MuslimInnen geht) verharrten.

Aber noch einmal: Sexuelle Gewalt gegen Frauen, unabhängig von wem und wovon sie angetrieben wird, ist einfach nicht hinnehmbar. Frauenfeindliche Gewalttaten dürfen nicht relativiert werden. Keine Kultur, keine Religion, keine Nationalität, rein gar nichts rechtfertigt die Verletzung der Würde und der Unversehrtheit der Frau. Man kann, bei allem Verständnis für den kulturellen Hintergrund solcher Täter, nicht für sich selbst Gleichberechtigung, Freiheit und Schutz fordern und gleichzeitig Frauenhass, Gewalt und eine infame Form des Patriachats protegieren – wie es manche allzu verständnisvollen Menschen tun. Diese vermeintliche Toleranz wird von der Mehrheit der säkularen MuslimInnen als kultureller Neo-Imperialismus und eklatanter Paternalismus in Verbindung mit verstecktem Rassismus betrachtet.

Nicht nur aus feministischer Sicht ist es im Allgemeinen, aber auch im Besonderen bei einem solchen Ausmaß von Gewalt gegen Frauen wie in der Nacht zum Neujahr 2016 essenziell, das Frauenbild dieser Täter zu analysieren und sich mit dem kulturellen und religiösen Hintergrund sowie den psychosozialen Begebenheiten der männlichen muslimischen Einwanderer auseinanderzusetzen. Welche Stellung haben die Frauen in den Herkunftsländern? Welche Geschlechterrollen werden vermittelt? Wie stark ist der Einfluss des frauenverachtenden islamistischen Gedankengutes? Nur so werden wir im Stande sein, adäquate Präventionsmaßnahmen und geeignete Strategien zur Bewältigung solch komplexer und vielschichtiger Ereignisse zu entwickeln, die diesen „verlorenen Kindern unserer Republik" das Ankommen in einer aufgeklärten Gesellschaft ermöglichen.

In den Tagen, ja Wochen, nach den sexuellen Gruppenübergriffen hat sich der größte Teil der deutschen Politik von den von Gewalt betroffenen Frauen jener Nacht sowie allen Opfern sexueller Gewalt abgewendet, um eine polarisierende Debatte zu führen, bei der es fast ausschließlich um eigene politische Interessen ging. Fünf Jahre später hat sich die Polarisierung auf allen Ebenen verschärft. In der Zwischenzeit wurde eine Zunahme der Gruppenvergewaltigungen durch muslimisch geprägte Migranten und Geflüchtete verzeichnet,[20] aber kaum geeignete Maßnahmen wurden entwickelt, um dieser Gewaltform entgegenzuwirken, geschweige denn, um ein Umdenken bei muslimisch sozialisierten Männern zu bewirken. Und währenddessen keimt die frauenverachtende und demokratiefeindliche Ideologie der Islamisten weiterhin in unseren Institutionen und sogar Schulen auf.

Aufklärung 2.0

In unserer Republik ist die Gleichberechtigung von Frauen und Männern eine der wichtigsten Säulen unserer Gesamtgesellschaft. Sie darf in keiner Weise angetastet werden. Hier befinden sich die Männer, die in einem Umfeld der Geschlechterapartheid sozialisiert worden sind, in einem geschlechtergemischten Raum, in dem das Einzige, was eine Frau beschützt, das geltende staatliche Gesetz – und nicht der männliche Vormund oder das Kollektiv – ist; in einem Raum, in dem die Frau die gleichen Rechte genießt wie der Mann und ihr Leben selbstbestimmt führen kann.

Es ist höchste Zeit, dass unsere VolksvertreterInnen ihre Augen öffnen, um die Quelle des Übels zu erkennen und ihr entgegenzuwirken. Nur so werden sie die Fehler der Machthaber in den muslimisch geprägten Ländern vermeiden. Dort fand der fatale Wendepunkt, vor allem für Mädchen und Frauen, statt, als die Politiker ihre Verantwortung zu Gunsten der religiös-konservativen Kräfte abgaben, indem sie diesen den sozialen und pädagogischen Bereich überließen.

Die im religiösen Patriarchat sozialisierten Jungen und Männer für die Gleichberechtigung von Frau und Mann zu begeistern, ist hier in Deutschland eine politische, aber auch gesamtgesellschaftliche Mammutaufgabe. Durch eine rechtzeitige staatliche Erwachsenenbildung für Migranten und Geflüchtete, durch die unsere säkularen, humanistischen und freiheitlich-demokratischen Prinzipien vermittelt werden, kann eine Veränderung der in ihren Herkunftsländern manifestierten Denk- und Verhaltensweisen erfolgen. Wie der Psychologe Ahmad Mansour oft betont hat: „Integration ist nicht nur Arbeit plus Sprache minus Kriminalität".[21] Die Männer müssen begleitet werden, um die alten Paradigmen eines rückschrittlichen und entmenschlichenden Patriarchats zu dekonstruieren, die ihnen seit der Kindheit durch obskurantistische Überzeugungen vermittelt wurden. Erst dann können neue Denkmuster angeboten, vermittelt und angenommen werden. Und damit diese Männer ihre vermeintliche Überlegenheit ablegen können, müssen sie darüber aufgeklärt und darin gestärkt werden, dass jede Bürgerin und jeder Bürger hier in Deutschland das Recht auf persönliche, berufliche und sexuelle Entfaltung hat. Auch liegt es in unserer Verantwortung, eine klare Haltung zu zeigen und ihnen begreiflich zu machen, dass hier zum einen Sexualität weder als Tabu gilt und noch weniger als Waffe gegen die Frau eingesetzt werden darf, unabhängig von deren Kleidung, Herkunft oder Religion, und zum anderen, dass die Verletzung der Menschenwürde und der Frauenrechte nicht toleriert wird. Die bitter erkämpften feministischen Fortschritte werden wir nicht in Frage stellen.

Ein Hauptcharakteristikum der islamistischen Ideologie ist ihr Frauenhass. Aus diesem Grund ist es überaus wichtig, dass die Politik auch die in Deutschland herrschenden Gewaltstrukturen gegen Mädchen und Frauen in den Gemeinschaften, in denen sich das islamistische Gedankengut etabliert hat, beseitigt – das ist Antidiskriminierungsarbeit! Diese Strukturen schränken die Freiheiten und Entfaltungschancen von Mädchen und Frauen massiv ein. Mädchen, Frauen, aber auch Jungen, die sich davon befreien wollen, geraten nicht selten in sehr bedrohliche Lagen. Hier ist es Aufgabe des Staates und seiner Behörden, diesen schutzbedürftigen Menschen zur Seite zu stehen und sie zu stärken. In Deutschland bestehen bereits zahlreiche gesetzliche Bestimmungen, um Gewalt gegen Frauen entgegenzutreten, Betroffene zu schützen und Täter zu sanktionieren. Sie gelten gleichermaßen für alle hier lebenden Menschen. Ungeachtet ihrer religiösen Überzeugung oder ethnischen Zugehörigkeit müssen Mädchen und Frauen, die Hass und Gewalt erleiden, ermutigt werden, sich dagegen zu wehren. Das erfordert die bedingungslose Umsetzung der gesetzlich vorgesehenen Sanktionen, auch bei den muslimisch geprägten Männern – ohne kulturellen oder religiösen Rabatt. Ermahnungen und leere Drohungen ohne praktische Folgen bleiben bekanntlich wirkungslos und ermutigen nicht selten die Täter, ihre Verbrechen zu wiederholen.

Wenn wir den Frauen im Allgemeinen und den Musliminnen im Besonderen, ob sie vor langem zugewandert oder neu angekommen sind, Sicherheit und Entfaltungschancen gewährleisten wollen, ist es unerlässlich, wenn nicht sogar zwingend erforderlich, uns mit dem Frauenbild in den muslimisch geprägten Gemeinschaften, in denen Mädchen und Frauen diskriminiert werden, auseinanderzusetzen – und das bei beiden Geschlechtern –, aber auch mit dem Frauenbild der vermeintlichen Muslimin, das viele unserer Medien und staatlichen Institutionen unter dem Vorwand der Achtung der Vielfalt verbreiten. Nicht selten werden beispielweise Artikel zum Thema „Integration", „Vielfalt und Toleranz" oder „Diskriminierung" mit der Abbildung einer kopftuchtragenden muslimischen Frau veröffentlicht. Dies hat mehrere Folgen: Zum einen werden moderne säkulare muslimisch geprägte Frauen nicht mehr wahrgenommen, weder von der Gesamtgesellschaft noch von den Mädchen und Frauen in den muslimischen Gemeinschaften, obwohl sie ihnen sehr wohl als Rollenmodell dienen könnten. Zum anderen bestärkt dies das Narrativ der Reaktionäre, die viel daran setzen, ein einseitiges Bild der muslimischen Frau zu etablieren: die keusche, unterworfene, religionstreue, verhüllte Frau, die für Gott alles über sich ergehen lässt, auch Gewalt. Doch noch einmal: Die Geschlechterapartheid kann nicht mit Vielfalt gleichgesetzt werden. Das verinnerlichte frauenfeindliche Gedankengut, das vielen muslimisch sozialisierten Frauen von Kindesbeinen an eingeimpft worden ist, muss beseitigt werden, wie faschistische Einstellungen in der Vergangenheit beseitigt wurden, denn es wird, oft auch unbewusst, an die nächste Generation weitergegeben.

Deshalb ist auch eine aktive und präventive Elternarbeit von großer Bedeutung bei der Beseitigung der geschlechtsspezifischen Gewalt. Für Kinder, vor allem aus patriarchalen Familien, sind und bleiben die Eltern über mehrere Jahre die größte Autorität. Die Mütter als Wertevermittlerinnen müssen darin gestärkt werden, sich der patriarchalen Ordnung zu widersetzen und sich an einem neuen Erziehungsstil zu orientieren: frei von Angstpädagogik, frei von Gewalt und gleichberechtigt. Den rückwärtsgewandten patriarchalen Lehren vieler Imame und Tele-Islamisten muss die Politik mit attraktiven, und wenn nötig verpflichtenden, Gegenangeboten begegnen. Dieser Weg hat sich in der Vergangenheit in Deutschland zum größten Teil gut bewährt, als es darum ging, sich von der christlich geprägten patriarchalen Erziehung zu lösen und eine aufgeklärte und humanistische Kinderförderung anzunehmen.

Muslimisch geprägte Mütter können bei diesem Neudenken ihres patriarchalen Erziehungsstils unterstützt werden, wenn beispielsweise bereits im Bereich der frühkindlichen Erziehung auch eine Vermittlung von säkularen, humanistischen und feministischen Prinzipien erfolgt. Diese ist ohnehin unentbehrlich, damit Kinder früh lernen, frauenverachtende Narrative zu erkennen, zu hinterfragen, sich davon zu distanzieren und vor allem sich dagegen zu wehren. Und schließlich müssen die zunehmenden Forderungen von Eltern nach Geschlechtertrennung bereits in den Kitas konsequent zurückgewiesen und bei entsprechenden Antidiskriminierungsstellen und Gleichstellungsbeauftragten gemeldet werden. Das Erziehungsrecht der Eltern darf die Gleichberechtigung von Frau und Mann, die in nationalen und internationalen Gesetzen verankert ist, nicht übergeordnet werden.

Der Rückzug der sogenannten muslimischen Staaten aus dem Bildungsbereich zu Gunsten der religiösen Fundamentalisten führte zur Etablierung und zur Bagatellisierung der Verachtung von Mädchen und Frauen sowie der Gewalt gegen sie in diesen Gesellschaften. Eines der ersten Ziele der islamistischen Strömungen ist es, Einfluss auf das Bildungssystem zu nehmen. Sie haben die Bedeutung der frühzeitigen Indoktrination von Kindern erkannt. Sie haben verstanden, dass je früher man ihre frauenverachtende Gesinnung verinnerlicht, umso schwieriger wird es im Laufe der Jahre, diese in Frage zu stellen und abzulegen. Diesen rückwärtsgewandten Kräften den Zugang zu öffentlichen Schulen zu gewähren, sei es durch kopftuchtragende Lehrerinnen, die die Geschlechterapartheid verkörpern, oder durch die Beteiligung fragwürdiger Vereine in der Bildungsarbeit, wird ihnen die Ausbildung der nächsten „Generationen Allah“[22] nur noch erleichtern. Deshalb ist es unentbehrlich, dass unsere VolksvertreterInnen sich ihrer Pflicht stellen. Dazu gehört: eine Reform des Lehramtsstudiums, der Ausbau von Fortbildungsangeboten von weltanschaulich neutralen AkteurInnen, die dem pädagogischen Personal geeignete Handlungswege vermitteln, um religiös und kulturell motivierten Konflikten in der Schule aktiver und sicherer entgegenwirken. Nicht zuletzt gilt es, die frauenverachtenden religiösen Gruppen lange vor den Toren unserer weltanschaulich neutralen modernen Schulen zurückweisen

Ebenso wichtig ist es, die Normen zu erwägen, die in der Schule den Kindern vermittelt werden, denn die Eskalation der religiösen Gebote und die damit einhergehende soziale Disziplinierung der Mädchen durch Gruppendruck und -gewalt hat mittlerweile unsere Schulhöfe erreicht. Schülerinnen sind häufiger von religiös-sexuellem Mobbing betroffen. Jungen greifen Mädchen an, weil sie sich der religiösen Konformität nicht unterwerfen, weil sie kein Kopftuch tragen oder weil sie sich mit männlichen Mitschülern anfreunden. Dieses Mobbing sollte nicht nur als rein pubertäre Provokation oder als Schwierigkeit bei der Identitätssuche interpretiert werden. Meist liegt der Grund eines solchen Verhaltens in der Nachahmung der Eltern oder des nahen Umfelds – und der übertoleranten Haltung der Aufnahmegesellschaft gegenüber fundamentalistischen quasireligiösen Bräuchen. Eine Gesellschaft, die von ihren säkularen demokratischen Grundlagen abweicht, indem sie ängstlich davor zurückschreckt, die vulnerabelste Hälfte ihrer Bevölkerung zu schützen, ist eine Gesellschaft, die an Feigheit erkrankt ist.

Sollten nicht alle Mädchen, unabhängig von den ethnischen Normen oder der religiösen Überzeugung ihrer Eltern, in unserer aufgeklärten Gesellschaft die gleichen Chancen haben, sich frei von patriarchalischen und religiösen Dogmen zu entfalten? Wir haben nicht das Recht, ihre Hoffnung auf Freiheit und Selbstbestimmung zu ersticken. Im 21. Jahrhundert sollte die positive Religionsfreiheit in einer säkularen Demokratie die Rechte von Mädchen und Frauen weder verletzen noch einschränken dürfen. Auch haben wir nicht das Recht, aufgrund kulturrelativistischer Überzeugung (Verblendung?) anderen das zu verweigern, was wir als Freiheit für uns selbst fordern, denn das ist nichts anderes als eine Form der Diskriminierung – um nicht des Rassismus zu sagen. Die Rechte der Mädchen und der Frauen sind universell, unteilbar und unverhandelbar.

Unsere Bundesrepublik darf kein Mädchen und keinen Jungen dem elenden und frauenfeindlichen Patriarchat überlassen, denn sie hat 1990 die Kinderrechtskonvention unterzeichnet und 1992 ratifiziert.

Unsere Bundesrepublik darf unter dem Vorwand der Achtung der Vielfalt nicht zulassen, dass Frauen unter dem Joch frauenfeindlicher und patriarchalischer geschlechtsspezifischer Gewalt leben, denn sie hat 1980 das CEDAW, das Übereinkommen zur Beseitigung jeder Form von Diskriminierung der Frau, unterzeichnet und 1985 ratifiziert.

Ich will weiterhin daran glauben, dass die Errungenschaften der Aufklärung und unsere säkularen humanistischen Werte immer noch für alle Menschen attraktiv sind. Ich will weiterhin daran glauben, dass alle Menschen lernen können! „Sei ein Mensch“, könnten wir hier rufen und uns mit den vielen aufgeklärten männlichen Bürgern vereinen, damit wir gemeinsam die Kunde verbreiten. Wir wissen doch: Von freien, selbstbestimmten Frauen und Männern profitiert am Ende die ganze Gesellschaft. Fürs Erste schließe ich mich meinen marokkanischen Mitstreiterinnen an und sage jedem Mädchen und jeder Frau: Sois une femme libre! Sei eine freie Frau!

Anmerkungen

1 Nach dem Massaker entschieden sich nur 39 Frauen Klage einzureichen. Allerdings erhielt keine von ihnen die vom Ministerium für Solidarität versprochene juristische Unterstützung. 2004 fand der Prozess in erster Instanz statt. Unter Druck und Drohung, sogar im Gerichtssaal, wurden viele der Klägerinnen dazu gedrängt, ihre Anklage fallen zu lassen. Im Dezember 2004 sollte der Berufungsprozess stattfinden. Jedoch wurde er vom Gericht von Biskra, eine Provinz im Osten von Algerien, auf Januar 2005 verschoben, damit alle Angeklagten anwesend sein konnten. Zum Prozess erschienen aber dann lediglich sechs Angeklagte. Drei wurden zu einer Freiheitsstrafen von acht, sechs und drei Jahren verurteilt, die drei anderen wurden freigesprochen. Die anderen Täter wurden in Abwesenheit verurteilt: 20 Täter wurden zu 20 Jahren, vier wurden zu 10 Jahren und einer zu fünf Jahren Haft verurteilt. Berichten zufolge haben nur drei der verurteilten Männer ihre Strafe verbüßt. Der Imam wurde frei gelassen und nahm kurz darauf seine Tätigkeit als Prediger wieder auf.

Appell mehrerer algerischen Frauenrechtsorganisationen: Algérie: Justice pour les femmes de Hassi Messaoud (dt.: Algerien: Gerechtigkeit für die Frauen von Hassi Messaoud, übers. Naïla Chikhi), http://www.wluml.org/fr/node/63 (aufgerufen am 16.10.2020).

Tlemçani, Salima: L'Affaire des femmes violentées à Hassi Messaoud, El Haïcha, le procès de la honte (dt.: Der Fall der vergewaltigten Frauen in Hassi Messaoud, El Haïcha, der Prozess der Schande, übers. Naïla Chikhi). Zuerst erschienen in: El Watan, 16.12.2004, http://www.wluml.org/fr/node/63 (aufgerufen am 16.10.2020).

Femmes de Hassi Messaoud, Tout sur l'affaire des femmes torturées de Hassi Messaoud en Algérie. Revue de presse, info du comité de soutien, initiatives, rendez-vous, débat Code de la famille, livres ... (dt.: Die Frauen von Hassi Messaoud. Alles über den Fall der gequälten Frauen von Hassi Messaoud in Algerien. Pressespiegel, Info des Unterstützungskomitees, Initiativen, Termine, Debatte über das Familiengesetz, Bücher …, übers. Naïla Chikhi), http://hassi-messaoud.over-blog.com (aufgerufen am 16.10.2020).

2 Neun Jahre später erlebten andere Arbeiterinnen von Hassi-Messaoud, der theoretisch hochsicheren Öl-Stadt Algeriens, ein schreckliches Déjà-vu: Im April 2010 erstatten mehrere Frauen Anzeigen gegen männliche Banden, die mit großen Messern, Keulen und Äxten bewaffnet die Frauen verfolgten, systematisch beraubten, schlugen, quälten und vergewaltigten.

Ayad, Christophe: Le retour de la peur chez les femmes d'Hassi Messaoud (dt.: Die Rückkehr der Angst bei den Frauen von Hassi Messaoud, übers. Naïla Chikhi). In: Libération, 14.4.2010, https://www.liberation.fr/planete/2010/04/14/le-retour-de-la-peur-chez-les-femmes-d-hassi-messaoud_620739 (aufgerufen am 16.10.2020).

Kaci, Nadia: Algérie, le lynchage des femmes de Hassi Messaoud se poursuit: Tu grandiras, tu oublieras et tu le feras payer aux femmes (dt.: In Algerien geht die Lynchjustiz an den Frauen von Hassi Messaoud weiter: Du wirst aufwachsen, du wirst vergessen und du wirst die Frauen dafür büßen lassen, übers. Naïla Chikhi). In: Le Monde, 23.4.2020. https://www.lemonde.fr/idees/article/2010/04/22/algerie-le-lynchage-des-femmes-de-hassi-messaoud-se-poursuit-par-nadia-kaci_1341015_3232.html (aufgerufen am 16.10.2020).

3 Originalzitat: „Maintenant que nous avons construit une communauté soudée, nous avons décidé de nous battre pour imposer nos robes et nos jupes dans les rues de la ville pendant toutes les saisons de l'année. Au XXIème siècle, même les algériennes ont le droit […] de mettre en avant leur féminité sans culpabiliser."

Pina, Céline: La leçon de liberté des Algériennes en bikini. (dt.: Die Lehre der Freiheit der Algerierinnen in Bikini, übers. Naïla Chikhi). Zuerst erschienen in: Le Figaro, 28.7.2017, https://celinepina.fr/2017/07/celine-pina-lecon-de-liberte-algeriennes-bikini/ (aufgerufen am 16.10.2020).

Chastain, Marion: Algérie: qu'est donc cette „opération bikini" pour lutter contre l'intolérance ? (dt.: Was ist diese Bikini-Operation im Kampf gegen die Intoleranz, übers. Naïla Chikhi). In: TV5 Monde, 8.8.2017, https://information.tv5monde.com/terriennes/algerie-qu-est-donc-cette-operation-bikini-pour-lutter-contre-l-intolerance-184400 (aufgerufen am 16.10.2020).

4 Originalzitat: „Au début des années 1990, les femmes non voilées subissaient les violences et étaient victimes d'assassinats, parce qu'elles ont fini par constituer une minorité visible devenue facile à traquer après la soumission de la majorité au diktat islamiste... Cette initiative m'a d'abord rappelé le mouvement de résistance au port du voile imposé aux femmes par les islamistes. Elle m'a également rappelé les assassinats des femmes qui ont courageusement refusé de se plier à cette nouvelle violence. Des dizaines de femmes ont payé de leur vie ce rejet pendant la décennie noire du terrorisme que l'Algérie a vécu isolée. Au moment où on défendait pacifiquement nos idéaux avec les moyens du bord, les intégristes disposaient de moyens financiers et médiatiques colossaux, en plus du soutien d'une partie de l'Occident, État et ONG. ... Personnellement, j'adhère complètement à cette initiative même si je n'en fais pas partie parce qu'elle me rassure. Je me dis que la relève du mouvement pour la défense des droits des femmes est assurée."

Zmirli, Amayas: La relève du mouvement pour la défense des droits des femmes est assurée. (dt.: Die Nachfolgerinnen der Frauenbewegung ist gesichert, übers. Naïla Chikhi). In: Le Point.fr, 15.8.2017. https://www.lepoint.fr/afrique/algerie-la-releve-du-mouvement-pour-la-defense-des-droits-des-femmes-est-assuree-15-08-2017-2150167_3826.php (aufgerufen am 16.10.2020).

5 Rapport ONU Femmes Maghreb 2017-2018. (dt.: UNO-Women Bericht: Frauen im Maghreb 2017-2018, übers. Naïla Chikhi). Bureau Multi-Pays pour le Maghreb, 2019; Enquête nationale de la prévalence de la violence à l'égard

des femme 2009 Haut-Commissariat au Plan, Royaume du maroc, Dépôt légal : 2012 MO 0540, ISBN : 9981-20-246-7 (dt.: Nationale Erhebung über die Verbreitung von Gewalt gegen Frauen 2009, Hohe Plannungkomission, Königsreich Marokko, übers. Naïla Chikhi), https://morocco.unwomen.org/fr/actualites-evenements/actualites/2020/01/enquete-hcp-2019 (aufgerufen am 17.10.2020).

6 Le Monde/AFP: Une scène filmée à Tanger relance le débat sur le harcèlement sexuel au Maroc. (dt.: Eine in Tanger verfilmte Szene setzt die Deabtte über sexuelle Belästigung wieder im Gang, übers. Naïla Chikhi). In: Le Monade/AFP, 11.8.2017. https://www.lemonde.fr/afrique/article/2017/08/11/au-maroc-la-traque-collective-d-une-jeune-femme-relance-le-debat-sur-le-harcelement-sexuel_5171359_3212.html (aufgerufen am 17.10.2020); Lamlili, Nadia: Maroc Tanger: Les chiffres alarmants des violences faites aux femmes. (dt.: Marokko Tanger: Die alarmierenden Zahlen der Gewalt gegen Frauen, übers. Naïla Chikhi). In: Jeune Afrique, 23.8.2017, https://www.jeuneafrique.com/467656/societe/maroc-les-chiffres-alarmants-des-violences-faites-aux-femmes/ (aufgerufen am 17.10.2020).
Übergiff: ein Dutzend junger Männer attackieren eine junge Frau aufgrund ihrer Kleidung in Tanger, übers. Naïla Chikhi, in: You Tube, https://www.youtube.com/watch?v=Rq7oJtE00Is&feature=emb_logo (aufgerufen am 17.10.2020)

7 Lamlili, Nadia: Maroc: Une vidéo d'agression sexuelle dans un bus indigne la toile (dt.: Marokko: Das Video einer sexuellen Übergridd in einem Bus löst Empörung aus, übers. Naïla Chikhi). In: Jeune Afrique, 21.8.2017, https://www.jeuneafrique.com/467380/societe/maroc-une-video-dagression-sexuelle-dans-un-bus-indigne-la-toile/ (aufgerufen am 17.10.2020); Zerouk, Lynda: Au Maroc, le viol d'une jeune femme dans un bus à l'aune de la place des femmes dans l'espace public. (dt.: Die Vergewaltigung einer jungen Frau in einem Bus in Marokko als Spiegelbild der Stellung der Frau im öffentlichen Raum, übers. Naïla Chikhi). In: TV5 Monde, 24.8.2017, https://information.tv5monde.com/terriennes/au-maroc-le-viol-d-une-jeune-femme-dans-un-bus-l-aune-de-la-place-des-femmes-dans-l (aufgerufen am 17.10.2020).

8 Khodja, Selma: La vidéo d'une agression d'un homme et une femme par des jeunes cagoulés choque la toile. (dt.: Das Video eines Übergriffes auf einen Mann und eine Frau schockiert die User/die Zuschauer, übers. Naïla Chikhi). In Huffington Maghreb, 31.5.2018, https://www.huffpostmaghreb.com/entry/la-video-dune-agression-dun-homme-et-une-femme-par-des-jeunes-cagoules-choque-la-toile_mg_5b1037dde4b05ef4c22c2e93 (aufgerufen am 11.12.2018]; Accusés d'avoir eu des relations sexuelles pendant le ramadan, deux Marocains tabassés (dt.: Beschuldigt während des Ramadans Geschlechtsverkehr gehabt zu haben, werden zwei MarokkanerInnen geschlagen, übers. Naïla Chikhi). In: France 24, 1.6.2018, https://observers.france24.com/fr/20180601-maroc-ramadan-violence-relations-sexuelles-couple (aufgerufen am 17.10.2020).

9 Originalzitat: „La rue au Maroc représente pour la femme un lieu d'humiliation et de violence, c'est indéniable, à moins que toutes les plaintes des femmes de ce pays soient de la mythomanie."

Jamali, Yassine: Marocaines, au péril de la modernité (dt.: Die Marokkanerinnen im Einsatz für die Modernität, übers. Naïla Chikhi. In: l'Économiste, 15.9.2017, https://www.leconomiste.com/article/1017479-marocaines-au-peril-de-la-modernite (aufgerufen am 17.10.2020).

10 Originalzitat: „Considérant la montée en puissance d'une mentalité rétrograde exacerbée, d'année en année, créant un climat de violence psychologique et physique dangereux pour la sécurité des citoyennes, Considérant le préjudice que le hashtag #kounrajel peut causer à la société dans la mesure où il joue sur les cordes de l'inconscient collectif avec la religiosité et de fait, la culpabilisation des esprits."

Bennis, Fathïa. Lettre ouverte : Stop à l'égarement! (dt.: Offener Brief: Halt die Verwirrung!, übers. Naïla Chikhi). Auf Avaaz, 26.7.2018, https://secure.avaaz.org/community_petitions/fr/Le_Chef_du_gouvernement_du_Maroc_et_les_responsables_des_partis_politiques_Pour_le_retrait_du_hashtag_kounrajel/ (aufgerufen am 17.10.2020).

11 Laurent, Sybille: Compliqué d'être en débardeur dans la rue: avec #SoisUneFemmeLibre, les Marocaines répondent aux hommes qui veulent les rhabiller (dt.: Es ist schwierig, im Trägertop auf der Straße zu gehen: Mit #SoisUneFemmeLibre reagieren marokkanische Frauen auf Männer, die sie ankleiden wollen, übers. Naïla Chikhi). In: LCI.fr, 8.8.2018, https://www.lci.fr/international/c-est-complique-d-etre-en-debardeur-dans-la-rue-avec-soisunefemmelibre-les-marocaines-repondent-aux-hommes-qui-veulent-les-rhabiller-2095282.html (aufgerufen am 17.10.2020); Thevenin, Cyrielle: Au Maroc, les femmes ont à combattre le hashtag Sois un homme. (dt.: In Marokko haben die Frauen mit dem hashtag Sei ein Mann zu kämpfen, übers. Naïla Chikhi). In Marianne, 31.07.2018, https://www.marianne.net/monde/au-maroc-les-femmes-ont-combattre-le-hashtag-sois-un-homme (aufgerufen am 17.10.2020)

12 Ehrhardt, Christoph: Gewalt gegen Frauen: Wo sexuelle Belästigung Alltag ist. In: FAZ, 15.1.2016, https://www.faz.net/aktuell/politik/ausland/naher-osten/sexuelle-belaestigung-ist-in-aegypten-normalitaet-geworden-14014785.html (aufgerufen am 19.10.2020).

13 Ebenda.

Abu amara, Nisrin: Le débat sur le harcèlement sexuel en Égypte : une violence sociale et politique (dt.: Die Debatte über die sexuelle Belästigung in Ägypten, übers. Naïla Chikhi). In: Égypte/Monde arabe [En ligne], Troisième série, Gouvernance locale dans le monde arabe et en Méditerranée: Quel rôle pour les femmes?, http://journals.openedition.org/ema/3012; DOI: https://doi.org/10.4000/ema.3012 (aufgerufen am 19.10.2020); Gerlach, Julia: Frust junger Männer entlädt sich in sexueller Gewalt. Im Gespräch mit Nana Brink. In: Deutschlandfunk, 13.1.2016, https://www.deutschlandfunkkultur.de/aegyptenfrust-junger-maenner-entlaedt-sich-in-sexueller.1008.de.html?dram:article_id=342325 (aufgerufen am 19.10.2020).

14 Op Anti-Sexual Harassment/Assault, https://www.facebook.com/opantish/about/?ref=page_internal (aufgerufen am 19.10.2020).

15 Dündar, Can: Vorfälle wie Silvester in Köln sind uns Türken wohlbekannt. Übersetzt aus dem Türkischen von Deniz Yücel. In: Die Welt, 18.1.2016, https://www.welt.de/print/die_welt/politik/article151114458/Vorfaelle-wie-Silvester-in-Koeln-sind-uns-Tuerken-wohlbekannt.html (aufgerufen am 23.10.2020).

16 Slimani, Leila: Sex, Lügen: Gespräche mit Frauen aus der islamischen Welt. München 2018.

17 Daoud, Kamel: La misère sexuelle du monde arabe (dt.: Die sexuelle Misere der arabischen Welt). In: The New York Times, 12.2.2016, https://www.nytimes.com/2016/02/14/opinion/sunday/la-misere-sexuelle-du-monde-arabe.html (aufgerufen am 23.10.2020).

Daoud, Kamel: Cologne, lieu de fantasmes (dt.: Köln, Ort der Fantasien, übers. Naïla Chikhi). In: Le Monde, 29.1.2016, https://www.lemonde.fr/idees/article/2016/01/31/cologne-lieu-de-fantasmes_4856694_3232.html (aufgerufen am 23.10.2020).

18 Bei meiner letzten Reise in Algerien, Anfang 2020, konnte ich mit einigen Männern und Frauen über sexuelle Belästigung sprechen. Die Mehrheit der Befragten gab als erster Grund für die verbalen sexuellen Angriffe auf Frauen an: „Langeweile und Frustration der Männer". Als zweiten Grund gaben sie an: „Das nicht-konforme Verhalten der Frauen mit den traditionellen Werten und religiösen Normen". Nicht wenige Männer rechtfertigten ihr Verhalten (bzw. das Verhalten der Belästiger im Allgemeinen) mit dem vermeintlich verführerischen Outfits der Frauen bzw. damit, dass die Frauen sie mit ihrem Kleidungsstil herausfordern, ja gar provozieren würden. Diese Aussage steht allerdings im Widerspruch mit der Tatsche, dass häufig auch verschleierte Frauen Opfer von sexueller Belästigung sind. Junge engagierte algerische Feministinnen erklärten mir zudem, dass – sei es in Algerien oder in fast allen anderen muslimisch geprägten Ländern –, die Behörden wesentlich zur Banalisierung aller Gewaltformen gegen Frauen beitragen, da sie häufig versuchen, die Opfer davon abzuhalten, Anzeige zu erstatten oder indem sie die Fälle überhaupt nicht ernst nehmen. Auch sei es nicht selten, dass die von Gewalt betroffenen Frauen gerade von der Polizei beschuldigt werden, die Fakten zu verdrehen. Und aufgrund dieses von klein an eingeimpften Scham- und Schuldgefühls kehrten die Opfer von Gewalt schweigend in ihre Einsamkeit zurück.

19 Täter in Kölner Silvesternacht haben sich verabredet. In: FAZ, 4.10.2016, https://www.faz.net/aktuell/politik/inland/gutachten-taeter-in-koelner-silvesternacht-haben-sich-verabredet-14465732.html (aufgerufen am 23.10.2020).

20 Dies liegt sicherlich auch an der Verschärfung des Sexualstrafrechts und der damit einhergehenden Definition von Vergewaltigung.

21 Mansour, Ahmad: Klartext zur Integration, Gegen falsche Toleranz und Panikmache. Frankfurt 2018, S. 173.

22 Mansour, Ahmad: Generation Allah. Warum wir im Kampf gegen religiösen Extremismus umdenken müssen, Frankfurt 2015.

Halina Bendkowski

Feministischer Geschichtsalarm

oder: Gibt es ein Happy End für emanzipatorische Bewegungen?

Warum gleich so alarmistisch, mögen manche von Ihnen bei meinem Titel „Feministischer Geschichtsalarm“ etwas reserviert denken. Alarmistisch deswegen, denn wenn wir nicht aufpassen, werden wieder die Satiriker allein die Geschichtsschreibung – auch über die Neue Frauenbewegung (historisch die 2. im 20. Jahrhundert) – übernehmen. Wer jetzt gleich das Recht der Satire verteidigen möchte, weil Satire doch alles darf, möge sich in Erinnerung holen, wie die erste Frauenbewegung, die etwas so alarmierend „hysterisches“, wie zum Beispiel das allgemeine Wahlrecht nach mehreren Jahrzehnten des Kampfes durchgesetzt hatte, in unseren Geschichtsbüchern dargestellt wurde.

Uns, Schülerinnen der Nachkriegszeit, wurde früher schulamtlich zugemutet, die erste Frauenbewegung von kleinen, aber groß gefeierten Geistern satirisch als Blaustrümpfe veralbert zu sehen, bis zum Aufmerken feministischer Lehrerinnen und deren Kritik gegen die Verballhornung von Frauenrechten. Wie sollten sich die Mädchen und Jungen so für diese erste historische Gleichstellung interessieren oder gar begeistern? Wie ungemein hässlich die Frauen, die sich für das allgemeine Wahlrecht eingesetzt hatten, von namhaften Karikaturisten nachhaltig wirkend gezeichnet wurden, lässt Frauen beim Anschauen dieser Kunst immer noch die Hand zur Faust formen. So ist es nicht erstaunlich, wenn kaum Schülerinnen oder Schüler weiter nach den Inhalten und Namen der Kämpferinnen fragten. Tatsache war, die Lehrenden hätten auch nicht gewusst zu antworten, denn die Geschichte der Frauenbewegung stand und steht immer noch auf keinem Lehrplan.

100 Jahre Frauenwahlrecht in Deutschland haben, so befürchte ich, leider auch nicht viel mehr zur Allgemeinbildung beigetragen, wenn es nicht einmal in den Kanon der Geschichtsbildung für die Schulen übernommen wird.

50 Jahre 68 ohne 68erinnen

Wenn wir heute hier dank der Erfolge der 2. Frauenbewegung, – einer davon ist die Existenz des Frankfurter Frauenreferats – das Ereignis von vor genau 50 Jahren in Frankfurt feiern, dann bitte ich vor allem die anwesenden Medien, ge-*wissen*-hafter mit der Geschichtsdarstellung der 68erinnen umzugehen. Denn diese Erfolge nach 68 waren positiv geschichtsverändernder als das immer wieder gleiche Zeigen von Parolen auf den damaligen Massendemonstrationen, die mehr oder weniger zum Nachdenken beigetragen haben. Dass immerzu die Rolling Stones mit ihrem „Street fighting man“ dazu aufspielen müssen, entsprach nicht der damaligen Situation auf den Demos, sondern dem Wunsch von Tontechnikern hinter den Pulten in den Sendern bei ihren Rückschauen, die Demos dem Rock'n' Roll anzupassen. Wie oft dabei Bild und Ton ikonographisch manipuliert sind, scheint nur diejenigen nachdenklich zu stimmen, die dabei waren und sich nicht nostalgisch dem Sound allein überlassen. Zwar wird immer wieder diskutiert, ob 68 im Westen oder im Osten, im Norden oder Süden positiv oder negativ einflussreicher war. Man ist geteilter Meinung, was eine Flut von 68er-Literatur auf den Markt gespült hat. Aber auf den meisten Podien, ob bei der Bundeszentrale für politische Bildung, in den Bildungsakademien oder bei den parteinahen Stiftungen, kam man meistens zum Echojahr 1968 gänzlich ohne Frauen aus. Eine TV- Herrenrunde zu 68 ist mir insbesondere erinnerlich, weil in dieser der Spiegel-Kolumnist Jan Fleischhauer hochfahrend beklagte, überhaupt nur zwei Frauen aus der Frauenbewegung zu kennen, Gretchen Dutschke und Uschi Obermaier. Auch keinem der anderen Anwesenden fiel dabei auf, dass genau sie es sind, die sich die Recherche über die 68erinnern und die Folgen für die Frauen und Männer schlicht ersparen. Dennoch gelten diese Männer als Experten, die die Folgen von 1968 dem breiten TV-Publikum von heute nahebringen sollen.

Wie anno 1968 wird auch 50 Jahre später mit dem Bedenken von Männern der Frauen gedacht, wie von lieb gewordenen Abwesenden, mit denen man aber offenbar genau so wenig zu tun haben möchte, wie mit Verwandten, denen man jedoch zum runden Geburtstagen gratuliert, um beim Nachlass wieder mit erben zu können.

Tomaterei …

Das, was sich Helke Sander vor 50 Jahren erlaubte zu tun; nämlich zu den Genossen des 23. SDS Delegiertenkongresses direkt zu sprechen, hat die 68er schon damals sprachlos gemacht.

Helke Sander, die Position bezog in einer Umgebung, die es nicht gewohnt war, von Frauen Positionen zu hören, artikulierte in ihrer Ansprache, ihre Warnung ernst zu nehmen, die Genossen nachdenklich zu stimmen, ob ihres Schicksals als öffentliche Maul-Helden zu agieren und zu Hause als Versager. Helke Sander ist mit ihrer sogenannten Tomatenrede in die Demokratiegeschichte Deutschlands eingegangen.

Wie bekannt, ist diese Rede wegen der Tomaten, die Sigrid Rüger warf, zur Tomatenrede geworden.

Sie konnte das Schweigen nach Helke Sanders Rede und dann das darauf einsetzende „revolutionäre Geschwafel" ihrer SDS Genossen nicht mehr ertragen, wie sie mir erklärte, als ich sie in den frühen 1980er Jahren danach befragt. Es ging ihr vor allem darum, die marxistische Beruhigung nicht mehr hinzunehmen, Frauen auf das permanente „revolutionäre Danach" zu vertrösten.

Hochschwanger, wie sie war, hatte sie keine Zeit mehr als Nebenwiderspruch theoretisch den Genossen zuzuarbeiten. Die Ignoranz, sprich Nichtbefassung der SDS Männer mit Helke Sanders Rede demonstrierte, wie wenig emanzipatorischer Verlass auf sie war, wenn es 'nur' um Frauen ging.

Den Respekt, den Sigrid Rüger durch die Tomatenwürfe erreichte, aufzuhören mit dem Weitermachen wie bisher – gereichte der überhörten Rede von Helke Sander zum unerhörten Erfolg.

Weder Sigrid Rüger noch Helke Sander entsprachen dem von den Medien gehypten Bild von Revoluzzerbräuten, wie etwa Gretchen Dutschke oder Uschi Obermaier, die die Medien – irrlichternd – einerseits als Typ Muttchen neben dem Revoluzzer und andererseits als Sexsünde Uschi, deutsche Kommunephanstasie schlechthin, imaginierten und als 68erinnen per se archivierten.

Feminismus

Helke Sander machte ernst mit einer Gesellschaftskritik, die von nun ab als Feminismus vor allem die Frauen ermunterte, sich in alle tabuisierten Räume des Überdenkens und Raumnehmens zu bewegen. Die Neue Frauenbewegung griff im wahrsten Sinne des Wortes um sich, denn Frauen überall ergriffen beinahe über Nacht die Initiative, für sich selber aktiv zu werden. Stichworte: Kinderläden, Theorie-Arbeitskreise zwecks Änderung der Praxis gegen jegliche sexistische Unterordnung durch Religion, Staat, Gewalt, § 218, Mütterdiskriminierung, Zwangsheterosexualität und gegen Benachteiligungen in Bildung für Mädchen und frauendiskriminierende Entlohnung, früher Leichtlohngruppen, heute Gender-Gap.

Geschichtsverfälschung

Oberflächlicher Journalismus diktiert zu oft eine oberflächliche Geschichtsschreibung, die vom Abschreiben lebt und sich erst sehr viel später durch eine kritische Geschichtsaufarbeitung wieder der Realität annähert. Das wohl berühmteste Fake über die Frauenbewegung bleibt das Verbrennen von Büstenhaltern, das niemals stattgefunden hat, durch ständige Wiederholungen wurde es nicht wahrer. Dass dennoch immer wieder dieses Beispiel, egal wo auf der Welt kolportiert wird, lässt ahnen, wie sehr die populäre Medien-Geschichtsschreibung über die Neue Frauenbewegung von der Beschäftigung mit Brüsten abgelenkt wird, jenseits des lila Latzhosenklischees inhaltlich nicht weiterdenken will. Valerie Solanas mit ihrem *SCUM Manifest* (Society for Cutting Up Men) ist ein anderes international wirkendes Schreckensbeispiel radikaler Verwirrung über die Frauenbewegung, der sich Solanas selbst nicht zugerechnet hatte, obwohl sie allen Anlass zum feministischen Nachdenken gab.

Diese Art von Geschichtsgebrauch diente einem Geschichtsverbrauch gegenüber der 2. Frauenbewegung, der die Erfahrungen der 1. Frauenwahlrechtsbewegung auf eigentümliche Weise wiederholen sollte. Immer wenn Frauen Rechte erreichen, kommt ein Backlash, der es den Frauen schwerer macht, ihre Rechte auch durchzusetzen.

Emanze wurde zum Schimpfwort, so dass bereits die Töchtergeneration der Feministinnen meinte, das F-Wort nicht mehr benutzen zu wollen. So zumindest schrieben immer wieder auch die sogenannten Qualitätsmedien darüber, die dadurch das Ende der Frauenbewegung wetterleuchten sahen. Wie das tiefenpsychologisch zu bewerten ist, überlasse ich Berufeneren.

Nur eines ist sicher: Wenn Frauen aufhören, ihre Frau zu stehen, dann fallen sie halt zurück.

So erklärte eine Ronja von Rönne vor drei Jahren schlicht, sie fände den Feminismus eklig und bekam dafür Aufmerksamkeiten, die weit über das pro und contra in einer *Welt*-Debatte bezüglich Netzfeminismus hinaus gingen. Von Rönne war aber nobel genug, den Springer Nachwuchs-Preis auszuschlagen: Sie sollte laut Jury als Nachwuchstalent, sprich als Heldin des Antifeminismus, gefördert werden. Ihrer Karriere als Literatin hat es nicht geschadet, denn die Ökonomie der Aufmerksamkeit funktioniert genau so; Werbung gratis.

Diese Art von künstlicher Provokation, die einst als ein Instrument der Linken bestenfalls zur Aufklärung gemeint war, ist nun von den Rechten zwecks Reaktion adaptiert worden.

Aufklärung ist deswegen im Fallen – es sei zum neuerlichen Nachdenken gegen verblödende Radikalität von allen Seiten aufgerufen. Wem Emanzipation nichts bedeutet, unterliegt immer den Antifeministen und vertut sich, darum zu bitten, emanzipiert sein zu dürfen.

Es ist wie beim Coming out: Wer es nicht praktiziert, bleibt out.

Intersektionalität

Um meinen Geschichtsalarm feministisch abzuschließen, kann ich den heute *sternchen-feministisch Agierenden meine Kritik an diesem Ort nicht ersparen.

Die Neue Frauenbewegung, die seit 1968 als 2. Welle historisiert wird, hat sich im Unterdrückungswiderstand von Klasse und Rasse, als Geschlecht feministisch gegen beider Nebenwiderspruchsregelung erheben und entwickeln müssen. Der Vorwurf der Intersektionalen, die meinen, Feministinnen hätten die Rassen- und Klassendiskriminierung nicht ernst genug genommen, kennen die Geschichte der 68erinnen nicht. Ihren Kampf von damals gar als rechtes Einknicken gegenüber der weiter existierenden Klassen- und Rassendiskriminierung intersektional als unzureichend zu kritisieren, ist schlicht eine Geschichtsverfälschung und unsolidarisch den Frauen gegenüber, damals wie heute, die den Kampf für ihre Rechte führen müssen.

Wie kommt es, dass die sexistische Gewalt gegen Frauen, gerade weil sie nicht ethnifizierbar ist, nicht überall gleich kritisiert werden sollte? Wenn das rassistisch ist, sind wir Feministinnen wieder auf *Zero* zurück deklassiert. Haben wir nicht 'unsere' christliche Kultur wegen ihres Demutdiktats für Frauen kritisieren müssen? Ist es feministisch, andere Kulturen und deren Religionen wegen ihres Demutdiktats gegenüber Frauen zu verschonen? Und ich meine alle durch den Feminismus noch nicht zivilisierten Religionen, so als ob es legitim sei, diesen wegen unseres „dekadenten" Westfeminismus zu erlauben, ihren Frauen die universellen Menschenrechte zu verweigern? Warum versagt die intersektionale Solidarität, wenn es um Frauen geht, die gegen die Verschleierung aufbegehren? Wo bleibt die Unterstützung der intersektionalen Feministinnen für die Frauen, die sich gegen ihre sie unterdrückenden Kulturen erheben?

Warum finden in den links-feministischen Medien Frauen wie Seyran Ateş, Safeta Obhodjas, Necla Kelek und alle Ex-Musliminnen weltweit, zum Beispiel die als erste weltweit bekannte Ayaan Hirsi Ali, keine feministische Unterstützung?

Sich mit Gendersternchen und einem dem entsprechenden *Sternchenfeminismus vom Feminismus der 2. Frauenbewegung abzusetzen, klingt so infantil-regressiv, wie dieser agiert und bietet der Attacke von Rechts gegen Genderei, wie die Rechten es nennen und Feminismus meinen, keinen Widerstand, da die intersektionale Verengung der Frauen bezüglich Klasse und Rasse sich selbst vom religionskritischen Feminismus distanziert hat. Das ist meiner Meinung nach ihr „Sündenfall".

Dieser 'Sündenfall' kommt die verfolgten Frauen in vom Scharia-Islam diktierten Ländern teuer zu stehen. Obwohl die Gendersternchen den LGBTIQs positive Präsenz und Realität zugestehen, protestiert keine der sternchenbewussten Organisationen, wie zum Beispiel das in Berlin durch das Gunda Werner Institut/ Heinrich Böll-Stiftung und die Hertie-Stiftung geförderte *center for intersectional justice* (cij), wenn es gegen die Verfolgung von LGBTIQs überall sonst auf der Welt geht, wo insbesondere der Islamismus gegenüber den LGBTIQs keine Gnade kennt. Das mag einer berechtigten Furcht vor rassistischen Ressentiments geschuldet sein, dennoch ist es antifeministisch und LGBTIQ-feindlich und nicht homophob, wie es sprachlich, nicht nachdenkend, verharmlost wird.

Außerhalb der Akademien bleibt die Rhetorik der Intersektionalität weitgehend unverständlich, doch beherrscht sie seit Jahren den Diskurs der gebildeten Schichten in Wissenschaft und Kunst, weitreichend bis in die gehobene Administration hinein. Alle daran Beteiligten machen damit vor allem kenntlich, dass sie Studierte sind, die nichts anderes als ihre rhetorische Allianz behaupten wollen. Ihre Behauptung, Intersektionalität habe die alte Klasse/Rasse/Geschlecht-Trias neu entdeckt, wird durch die fehlende solidarische Praxis wie zuvor beschrieben unzutreffend, führt zudem zur Geschichtsverfälschung. Mit allerdings erheblichen Folgen für das Geschichtsbewusstsein heutiger junger Frauen und Männer, die nach ihren Gender- und Cultural Studies den 68erinnen Falsches vorhalten, wie zum Beispiel die Behauptung, die 68erinnen hätten die Geschlechter essentialistisch stereotypisiert, wohingegen Intersektionalität fluide die Heteronomativität aufzulösen trachte. Hier wird der Kampf, das Schicksal der Geschlechter durch feministische Analyse zu verändern und der Zwangsheterosexualität abzuschwören, durch Gendersternchen umgewertet. Zum weiteren Missverständnis des Feminismus trägt bei, diesen als Generationenkonflikt entpolitisierend zu historisieren.

Wer schlussendlich nicht alarmiert ist, wenn die Religionsfreiheit höher geachtet wird als die Freiheit der Frauen, ohne Verschleierung gesund und sicher, ohne Gewalt und Zurechtweisung selbstbestimmt leben zu können, trägt zum Abbruch des Aufbruchs der 68erinnen bei.

Vor und nach Köln – Geschichte wird angerichtet oder Wider die *Narrativerei*!

Seitdem *Amnesty International* im Mai 2016 „the decriminalization of consensual sex work – Entkriminalisierung einvernehmlicher Sex Arbeit“ öffentlich deklariert hat, muss jedem Menschen klar sein, dass die bedeutendste und bekannteste Menschenrechtsorganisation dieser Welt in Verkennung der Realität für Frauen, Frauen weltweit einer Realität überlässt, in der es keinen Straferlass oder Strafmilderung dafür gibt, als zweites Geschlecht geboren zu werden. Denn in den meisten Ländern dieser Welt werden Frauen noch immer nicht frei wie Männer geboren, sondern unter die Obhut des Mannes, durch patriarchalische Religionskulturen dominiert, zur Unfreiheit bestimmt. Dass *Amnesty International* Frauen eine moralische Fürsorgepflicht versagt, die zu Zwangsehen, zur Prostitution gezwungen und / oder im internationalen Sexhandel aller ihrer Rechte beraubt sind, müsste Folgen haben. Meine Parole wäre: Enteignet die Profiteure der Misere!

Wie schwierig der Kampf um Geschlechtergleichberechtigung war, selbst in Ländern, die sich im Dienst der Aufklärung verstanden, hat meinen „Feministischen Geschichtsalarm“ motiviert, um das Wissen darüber nicht zu vergessen. Doch schon 50 Jahre nach Beginn der Neuen – ja, westlichen – Frauenbewegung gibt es keinen relevanten öffentlichen Protest mehr, wenn mit intersektional-akademischem Zeigefinger die Erfolge der Frauenemanzipation mit Hilfe postkolonialer Attitüde und ahistorisch als westliche Dekadenz privilegierter Frauen denunziert werden. Wie Marxisten einst die für gleiche Freiheit aufbegehrenden Frauen theoretisch als Widerspruch erledigen wollten, so agiert nun die Allianz einer unsichtbaren *Narrativerei,* die die Fiktionen zulasten der Fakten im medialen Umlauf hält. Narrative ersetzen Forschungen, wodurch ideologische Geschichtspolitik betreiben wird, bis es fast unmöglich wird, diese Narretei zu durchschauen.

Dazu gehört, *Narrativerei* über Sexpositivity und die Freiwilligkeit der Prostitution zu verbreiten.

In Köln, in der Silvesternacht von 2015 auf 2016, nahmen sich einige Männer die Freiheit heraus, um den Bahnhof herum Frauen massenhaft öffentlich sexuell zu belästigen und nötigend zu bedrohen. Die Männer, die mehrheitlich aus Kulturen kamen, in denen sie sich ohne moralisches Schuldbewusstsein berechtigt sehen, sich frei bewegende, feiernde Frauen als Freiwild zu misshandeln, handelten genauso, nämlich als Angreifer, die keine Strafen fürchten, sogar wenn sie Frauen jagen. Die anwesende Polizei konnte nicht helfen, da die misshandelnden Männer in der Überzahl waren und zudem die Autorität der Polizisten genauso missachteten wie die Integrität der Frauen.

Es ist nicht gerade aufmunternd, wenn bedacht wird, wie viele Anlässe es bereits zuvor gab, das horrende geschlechterdemokratische Versagen vieler Organisationen und Institutionen zu kritisieren, doch ausgerechnet intersektionale Feministinnen schwiegen dazu oder maßten sich gar an, den Protest als rassistisch zu verleumden.

Es sollte nicht unerwähnt bleiben, dass ich diese Überlegungen unter dem unmittelbaren Einfluss des islamistischen, tödlichen Attentats in Paris auf den Lehrer Samuel Paty und nach dem Mord an zwei betenden Frauen und einem Küster durch einen tunesischen Flüchtling in der Kirche Notre-Dame in Nizza schreibe. Ein syrischer, bekannter islamistischer Gefährder hat in Dresden einen schwulen Mann getötet und dessen Partner lebensgefährlich verletzt. In Wien hat ein österreichisch-mazedonischer Anhänger des Islamischen Staates nahe der zentralen Synagoge mindestens vier Menschen getötet und mehr als 20 Menschen schwer verletzt.

Meine Überlegungen finden am gleichen Tag statt, dem 3. November 2020, an dem in den USA gewählt wird, alle Welt weiterhin das Wahlchaos zwischen Trump und Biden verfolgt, und müde wird ob all der aktuellen Bedrohungen und eben keiner real existierenden, zivilisierenden Weltordnung.

Die Vereinten Nationen (VN) zum Beispiel hätten an einer Weltethik festhalten können, wenn sie nicht ihr moralisches Kapital verspielt hätten, indem sie zwar moralisierend die weltweite Gewalt beklagen, aber ihre Klage abhängig von den Mehrheiten in ihrem Menschenrechtsausschuss machen. Aber die Mehrheiten im Menschenrechtsausschuss der VN sind gegen die Gleichberechtigung von Frauen und vor allem immer wieder gegen Israel angelegt. Damit haben sich die VN selbst diskreditiert und der *Narrativerei* verschrieben.

Die Erklärung der VN-Menschenrechtskonvention am 10.12.1948 in Paris war nach dem Zweiten Weltkrieg zweifellos eine zivilisatorische Errungenschaft. Sie erklärte die individuellen Rechte aller Menschen für unveräußerlich und sollte universell das Recht auf individuelle Freiheit gewähren. Doch nach der Re-Islamisierung weiter Teile der arabischen Welt und des Irans postulierten die islamischen Staaten mit ihrer Kairoer Erklärung vor 30 Jahren am 5.8.1990 einen Gegenentwurf zur allgemeinen Menschenrechtscharta der VN, obwohl etliche dieser Staaten der VN-Menschenrechtscharta 1948 zugestimmt hatten. In der Kairoer Erklärung der Menschenrechte im Islam hingegen gilt nur das „göttliche“ Gesetz der Scharia. Nach der Kairoer Erklärung besteht die religiöse Freiheit darin, dass alle Menschen sich Allah unterwerfen, da dieser die islamische Ummah als das Band der Religion über das Band des Blutes stellt, jenseits des alten Stammessystems der vorislamischen Zeit. Keine freie Meinung ist erlaubt, die die Grundsätze der Scharia verletzt und die Gesellschaft der Umma entzweit. Nach der islamisch-fundamentalistischen Auslegung, die die Kairoer Erklärung bestimmt, gibt es keinen vernünftigen Grund, am Islam zu zweifeln. Eine Gleichberechtigung der Geschlechter ist nicht vorgesehen, Frauen und Männer wird die gleiche Würde zugebilligt, aus der aber nicht die gleichen Rechte abgeleitet werden. Wie unterschiedlich die islamischen Staaten die Scharia auch deuten, ob rigide wie Saudi-Arabien und Iran oder moderner wie Algerien, Tunesien und Marokko, auffallend ist, dass sie alle gemeinsam LGBT-Rechte ablehnen und die VN wie 2014 damit beschäftigen, die Anerkennung der gleichgeschlechtlichen

Lebenspartnerschaft wieder rückgängig zu machen. 2016 sorgte die Organisation der Islamischen Konferenz (OIC) dafür, dass alle LGBT-Verbände von der VN-Konferenz zur HIV/ Aids ausgeschlossen blieben.

Um einer laut ihnen zunehmenden Islamophobie zu begegnen, wollte die OIC durch eine VN-Resolution ein Diffamierungsverbot aller Propheten und Religionen gesichert sehen. Insbesondere sollten Strategien erarbeitet werden, die eine anti-islamische Medienberichterstattung verhindern. Tatsächlich hat der VN-Menschenrechtsrat im März 2007 in Genf auf Antrag der OIC solch eine Resolution für ein weltweites Verbot der öffentlichen Diffamierung von Religionen verabschiedet.

Damit haben die VN das Recht der Menschen, vor Religionen geschützt zu werden, sang- und klanglos aufgegeben. Religionsfreiheit für die Unterdrücker und Rechtlosigkeit für deren Gepeinigte. Das ist die Schariaisierung der VN.

Wie schwer sich seitdem die VN damit tut, zeigt das Hin und Her zu den Resolutionen und der eher versteckten, vorsichtigen Korrektur bei der Antirassismus-Konferenz in Genf am 24. April 2009. Die arabischen NGOs blieben enttäuscht.

Im Menschenrechtsausschuss stellen die arabischen Staaten weiterhin die Mehrheit. Dementsprechend klingen die Lobeshymnen für die Fortschritte in der arabischen Welt, wenn Frauen in Saudi-Arabien erlaubt wird, Auto zu fahren, oder im Iran die Mäßigung der Schariapolizei gegenüber Frauen positiv erwähnt wird.

Wie weit die Verharmlosung von Frauenrechten Einzug in die westlichen Debatten gehalten hat, zeigt die Vorsicht derjenigen, Probleme beim Namen zu nennen. Diejenigen, die es tun, sollen, als rassistisch attackiert, aus ihrem mainstreaming ausgeschlossen bleiben.

Ein konkretes Beispiel des Problems: Die Humboldt-Universität zu Berlin (HU) plant aktuell zum 70. Jahrestag der Europäischen Menschenrechte (4.11.1950) die Veranstaltung „70 Jahre Europäische Menschenrechtskonvention – 70 Jahre gleiche Menschenrechte für Frauen“. Leider verspricht auch dieses Jubiläum der Menschenrechte nichts Gutes, um der *Narrativerei* konkret zu begegnen. Denn zum Schluss heißt es in der Einladung: „Ist ein Gender Mainstreaming der Menschenrechte in Europa gelungen und werden intersektionale Diskriminierungen erfasst?“

Ich bezweifele die Genderkompetenz des veranstaltenden Lehrstuhls für Öffentliches Recht und Geschlechterstudien, wenn ich die Allianz mit all denjenigen sehe, die in den letzten Jahren mit erhobenem intersektionalem Zeigefinger zur Delegitimierung des politischen Feminismus beigetragen haben. Um meinen Zweifel zu verdeutlichen, möchte ich den Einladungstext einer ihrer früheren Veranstaltung im Jahr 2020 in Gänze wiedergeben, damit der Vorwurf einer falschen Paraphrasierung meinerseits nicht erhoben werden kann. Auch bei dieser Veranstaltung geht es nebenbei um Köln:

„In der Nacht zum 25. Januar 2013 tauschten sich die feministischen Aktivistinnen Nicole von Horst, Jasna Strick und Anne Wizorek auf der Social-Media-Plattform Twitter über Alltagssexismus und sexuelle Übergriffe aus, nachdem von Horst bereits eigene Erfahrungen damit geteilt hatte. Anne Wizorek schlug vor, solche Erfahrungen unter dem Hashtag *#aufschrei* zu sammeln, und innerhalb weniger Tage kamen so zehntausende Einträge zu Sexismus und sexualisierter Gewalt zusammen. In Deutschland begann eine breite öffentliche Sexismus-Debatte – mit Höhen und Tiefen.

Diese Debatte war auch Teil einer feministischen Bewegung zur Implementation des „Nein heißt Nein“ Prinzips in das deutsche Sexualstrafrecht. Bundesregierung und Bundestagsmehrheit zeigten allerdings erst Interesse für das Thema, als nach den Übergriffen in der Silvesternacht 2015/16 am Kölner Hauptbahnhof eine erfolgreiche rassistische Vereinnahmung möglich wurde. Hier wurde das Recht gegen sexualisierte Belästigung und Gewalt mit rassistischen Zuschreibungen verknüpft, was bis zu Verschärfungen im Aufenthaltsrecht führte. Von Horst, Strick und Wizorek waren Mitinitiatorinnen des Hashtags *#ausnahmslos*, unter dem sich viele Feminist*innen einer rassistischen Vereinnahmung widersetzten und tatsächliche Lösungen gegen sexualisierte Gewalt boten.

Wo stehen wir heute, sieben Jahre nach *#aufschrei* und vier Jahre nach *#ausnahmslos*? Was hat die Sexismus-Debatte seitdem verändert und was hat die internationale #MeToo-Debatte auch in Deutschland bewirkt? Was bleibt im Kampf gegen Sexismus und sexualisierte Belästigung weiterhin zu tun? Welche Bedeutung haben dabei netzfeministische Aktionen? Müssen wir Sexismus-Debatten in Zeiten des rechtspopulistischen Backlashs ohnehin ganz anders führen?

Nicole von Horst, Jasna Strick und Anne Wizorek sitzen anlässlich dieser Veranstaltung erstmals gemeinsam auf einem Podium. Die drei Initiatorinnen von *#aufschrei* berichten von ihren politischen Aktionen, ihren Erfahrungen und diskutieren mit dem Publikum. Moderation: Prof. Dr. Ulrike Lembke.“

Was ist daran genderkompetent, wenn man selbst noch im Rückblick die feministische Kritik an der Kölner Silvesternacht 2015/16 generell als „eine erfolgreiche rassistische Vereinnahmung" kritisiert beziehungsweise alle Kritik pauschal als rassistisch erklärt? Geht es noch frauenfeindlicher und un-wissen-schaftlicher?

Warum feiert der HU-Lehrstuhl zum Beispiel am 18. Dezember 2019 das 40-jährige Jubiläum der VN-Frauenrechtskonvention *Convention on the Elimination of All Forms of Discrimination against Women* (CEDAW)?

Denn, ja, Frauenrechte sind Menschenrechte!

Doch warum schlussfolgern dann die Rechtswissenschaftlerinnen nicht, dass CEDAW keine sozialen Transferprobleme mit sich bringt, obwohl von den arabischen Staaten ratifiziert, ohne dass diese die Forderungen kulturell akzeptierten oder innenpolitisch legalisierten? Wenn viele Männer aus Kulturen kommen, die sich noch in Deutschland mehr an ihren Herkunftstraditionen orientieren wollen und Frauen und Homosexuelle bedrohen, die gerade diesen Kulturen zu entfliehen versuchen – ist das kein Thema für Intersektionale?

Ein intersektionaler Ansatz, der ausgerechnet Feministinnen für ihre Religionskritik als rassistisch erklärt, ist schlicht antifeministisch. Die 68erinnen ff. waren sowohl theoretisch als auch praktisch intersektionaler als die heutigen deutschen Intersektionalen, was die jahrzehntelangen Auseinandersetzungen mit Rasse, Klasse und Geschlecht der 68erinnen beweisen.

Dass nun mehrere Generationen von StudentInnen der Culture und Gender Studies ihre Lehrenden zitieren und ohne historisches Wissen behaupten, Feministinnen der 2. Frauenbewegung seien intersektionalen Forderungen nicht gerecht geworden, ist die Schuld der Gratis-Intersektionalen. Ihre AdeptInnen sind nun in der Politik, in der Administration, in Fortbildungsinstitutionen und Akademien. Dort kontrollieren sie vor allem eine verwirrende Sprachakrobatik, mit der sie *Sternchen* für das korrekte Labeln ihres identitären Selbstverständnisses als Konsens anfordern. Sie demonstrieren damit vor allem ihre Zugehörigkeit zu einer akademischen Elite, die sie von den Nichtstudierten distinguiert.

Kimberlé Crenshaw, die Begründerin der Theorie der Intersektionalität in den USA, hat dagegen inhaltlich die besondere Situation der schwarzen Frauen als Opfer von Polizeigewalt thematisiert. Schwarze Frauen, die Opfer von Polizeigewalt wurden, sind, anders als schwarze Männer, namen- und bedeutungslos geblieben, daher forderte Crenshaw in ihrem *Say*

Her Name-Projekt zumindest posthum die erforderliche Aufmerksamkeit öffentlich ein.

Diese Realität kann man nicht auf Deutschland übertragen. Sich des Rahmens einer Theorie zu bedienen, ist nur sinnvoll, wenn man die Realitäten der Probleme konkret werden lässt. Und diese Probleme sind in Deutschland anders. Sucht man aber nach Konkretisierungen hiesiger Theorietreibenden an den Universitäten, in den Akademien oder in Stiftungen, entdeckt man nur den poststrukturalistischen Jargon, der sich allein postfeministisch realisiert.

Ich empfehle den Lesenden die Lektüre der Verlautbarungen des *center for intersectional justice* (cij) und des intersektionalen Gunda Werner Instituts (GWI) der Heinrich Böll Stiftung. So wenig inhaltliche Intersektionaltität wie dort wurde noch nirgendwo angewandt. Nun könnte man sich generös über die elegante Harmlosigkeit des cij wundern und das Skurrile mancher Veranstaltungen des GWI einfach ignorieren, aber die Entwicklung trifft mich hart. Um persönlich zu sein, ich gehöre zu einer der Mitbegründerinnen des GWI, habe mich einst für die Gründung engagiert verausgabt, da wir Gründerinnen hofften, mit dem Feministischen Institut für Feminismus & Geschlechterdemokratie einen Thinktank zu etablieren, der über jene Kapazitäten verfügen sollte, die uns immerzu fehlten, um die Fortschritte unseres gesellschaftlichen Engagements zu sichern.

Intersektionale Feministinnen, die Gewalt gegen Frauen nur aufgreifen, wenn es die ihrer Anschauung nach 'richtigen' Täter sind, sind so rassistisch / nationalistisch, wie sie es denjenigen vorwerfen zu sein, die gleich ihnen die Realität zurechtstutzen. Beiden Seiten, den tatsächlichen Rechtsaußen und den beschriebenen Intersektionalen, sind vor allem Frauenrechte egal.

Wider die Narrativerei! – oder Fakten statt Fiktionen!

Heute wird mit Menschenrechten so Politik gemacht, als ob die VN-Menschenrechtscharta 1948 nur noch gut genug ist, um sie als Grundierung bei diffuser Narrativerei zu nutzen. Das ist das Versagen der VN, weil sie sich der Aufweichungen ihres Auftrags nicht öffentlich genug verwahrt haben. Für Frauen, Homosexuelle und Juden in Israel werden die Menschenrechte zwar immer in Phrasen verkündet, aber nicht garantiert, wie es die Geschichte der VN zeigt.

Selbst öffentlich-rechtlich wird trotz besseren Wissens in Phrasen gesprochen, zum Beispiel wird behauptet, Indien sei die größte Demokratie der Welt. Ist Indien das, angesichts der Gewalt gegen Frauen? Die sich aufdrängende Frage lässt die JournalistInnen nicht über ihre Zunge stolpern.

Dass Zionismus postkolonial als Imperialismus präsentiert wird, lässt auch in Deutschland die Medien trotz ihrer deutschen Geschichte nicht zurückschrecken. Palästinensern, die behaupten, gegen eine Besatzung zu kämpfen, gehört die narrative Sympathie. In der Konsequenz heißt das aber nichts Anderes, als mit der Auslöschung Israels zu kumpaneien. War nicht gerade die Gründung Israels ein Votum der VN gegen die Geschichte der Vernichtung der Juden? Müsste, anstatt Narrative zu verwenden, die Berichterstattung nicht faktenorientiert arbeiten?

Um zum Ende zu kommen, wo immer die Frauen zu finden sind.

Die Prostitution, die nichts anderes gebietet als die Unterordnung von Frauen, wird im Westen als Sexwork bagatellisiert. Immer mehr vorgebliche Studien zur Prostitution enden mit dem Ergebnis, das Problem sei zu heterogen und zu komplex, um politisch entschieden zu werden. Nein, das ist es nicht. Es ist einfach zu verstehen, denn nur arme Frauen werden weltweit über den internationalen Sexhandel an die „Freier“ durch Zuhälterringe ausgeliefert. Es bedarf keiner weiteren Studien, warum Frauen aus Afrika und den osteuropäischen Ländern hier im Westen in die Prostitution eingeschleust werden und wer davon vor allem profitiert.

Seitdem es die „Hurenbewegung“ gibt, wird zwar gegen das Opfernarrartiv protestiert, denn nicht alle, die sich prostituieren, sind Opfer. Als ob wir es nicht wüssten? Manche machen gutes Geld mit Männern, die meinen alles kaufen zu können. Nur trifft das auf die wenigsten zu. Die sich selbst feiernden Dominas wissen, was zu tun ist, wenn sie geschlechtskrank werden. Dumm sind sie nur dann dran, wenn die Leber streikt, weil zu viel Illusion in Alkohol ertränkt wird. All die anderen, die ohne Illusionen in das Gewerbe getrieben werden, brauchen Ausstiegshilfen, je persönlich unterstützender desto besser. Natürlich mit Respekt für die Prostituierten, aber gegen die Prostitution!

All die Kritik gegen die puritanischen Feministinnen, die nichts von sexpositiver Pornographie und lustvoller Prostitution verstünden, wird ad absurdum geführt, wenn man die zahlreichen „Hurenforen“ der Männer liest. All die Tricks, die ich von vielen Prostituierten gehört habe, die sich der Anmaßungen der „Freier“ zu erwehren wissen, werden in den“ Hurenforen“ von den Männern durchschaut und Neulinge ins Know-how eingeführt, sich nicht in die Irre führen zu lassen. Wie ungehemmt sich dort

Männer austauschen, um es den Frauen heimzuzahlen, dass sie sich von ihnen ausgenommen fühlen, ist schwer erträglich.

Der Klassiker bleibt das Argument für die Ausweglosigkeit in der Wiederholungsschleife, nur durch Prostitution würde die Gewalt gegen Frauen verringert. Ich zitiere bewusst die Sprache der „Freier" nicht, in der sie über ihre Gier nach Teenies berichten und ihre unglaubliche rassistische Missachtung aller Frauen, die sie nicht verstehen und auch derer, die sie nicht verstehen wollen, insbesondere, wenn sie um Schonung gebeten werden. Einige zeigen sich sogar verunsichert, dass es sich wohl um Sexsklavinnen handeln könnte, aber sie werden von den Dauerfreiern umgehend belehrt, dass die Frauen, die jammern, am durchtriebensten seien. Man kennt die Huren beim Namen und beschreibt ihren Geruch, ihre Vor- und Nachteile, sich gebrauchen zu lassen und die Finessen, was man so alles mit ihnen anstellen und wie weit man mit ihnen gehen kann. Man will sich nicht täuschen lassen, denn es geht ja gerade darum, die Frauen für Geld zu versklaven.

Wenn ich an all die Konferenzen denke, an denen ich selbst teilgenommen habe, und an all die Lektüren zur Prostitution im feministischen Diskurs mit Anrufung von Foucaults Dekonstruktion, schäme ich mich dafür, soviel Zeit elitär verschwendet zu haben. Zwar fand ich es schon immer intolerabel, dass „Freiern", anders als Frauen, sexistisch gewährt wird, sich sexuell nicht beherrschen zu lernen, doch ich folgte dem Narrativ der Sexworkerinnen, was ihre Selbstbestimmung in der Prostitution betrifft. Mein Verständnis und meine Sympathie galt eindeutig den Prostituierten und ihrem Wunsch, sich nicht mehr verstecken zu müssen und durch Einzahlen in die Sozialversicherung dafür zu sorgen, durch das Gesundheitssystem und Rentenversicherung geschützt zu sein. Ich stimmte 2001 der rot-grünen Liberalisierung der Prostitution zu. Dass die Schwedinnen bereits damals forderten, die Prostitution abzuschaffen, kam mir unrealistisch vor, denn das Gerede / Narrativ vom ältesten Gewerbe der Welt stimmte mich realpolitisch, ließ mich glauben, mich für eine Verbesserungen für die Prostituierten einzusetzen. Wie recht die Schwedinnen hatten, die Prostitution ganz einfach als falsch darzustellen. Denn wenn Männer Frauen kaufen können, um Sex zu haben, muss man sich nicht wundern, dass sie Frauen dafür büßen lassen, wenn sie kein Geld haben. Ob Prostitution und Pornographie Gewalt gegen Frauen abbaut?

Die Kommunikation über Frauen, wie sie in den Hurenforen stattfindet, ist Gewalt gegen Frauen. Für diese Gewalt machen die Männer Werbung und beschreiben ihre Erfolge, Frauen zu malträtieren. Wenn man bedenkt, dass diese Männer Söhne, Freunde, Ehemänner oder Väter gar von Mädchen sind, muss einem angst und bange werden. Auch ihre Söhne werden nichts anderes von solchen Vorbildern lernen. Dirty Talking halt, nennen sie es, wenn man sie dafür kritisiert. Ich habe mich als feministische Männerforscherin schon immer gewundert, wie wenige der Männer, die ich durchaus schätzte, öffentlich, jenseits des Psychologischen, sich dazu kritisch äußerten. Und zwar zumindest normativ, wenn es denn schon so verdächtig geworden ist, moralisch aufzutreten.

Warum trotz aller Kämpfe von Feministinnen gegen Gewalt – überall auf der Welt – ausgerechnet die Frauen aus den Ländern, wo ihnen per Gesetz durch Religion und Kultur ihr Menschenrecht verweigert wird, keine aktivierende Solidarität zuteil wird, bleibt ein Rätsel.

Selbst die Frauen aus diesen Ländern, die es geschafft haben, durch Flucht aus diesen Kulturen ihre Stimme zu erheben, werden intersektional zurechtgewiesen, sich nicht instrumentalisieren zu lassen.

Was ich in meiner Kritik als Anrichtung der Gewalt kritisiere, sollte nicht einfach abstrakt 'strukturell' deklariert werden, wie es leider die meisten tun. Daraus entwickelten sich positive wie negative Narrative, je nach Präferenz, die ich als große Narrativerei anklage.

Inwieweit konkret das Versagen der Vereinten Nationen und *Amnesty Internationals* hinsichtlich der Gewalt gegen Frauen Folgen hat, wollte ich mit den Beispielen gegen die Menschenrechte von Frauen verdeutlichen. Das bedeutet nicht, dass die Vereinigten Nationen mit ihren Friedensmissionen (z. B. Schutz für indigene Völker und für das Klima) und *Amnesty International* mit ihren Schutzkampagnen für Gefangene keine wichtige und richtige Arbeit leistet.

Umso erschreckender ist, wie wenig kritische Literatur es gegen die *Narrativerei* gibt, wenn man im Internet dazu recherchiert.

Warum interessieren sich gut ausgestattete akademische Institutionen selbst in Jubiläumssymposien zu Menschenrechten nicht für die Folgen der Narrative? Wieso bleiben selbst ebenso gut ausgestattete öffentlich-rechtliche Nachrichtensender hinter den Realitäten zurück, wenn sie über Indien, ungeachtet der Situation für Frauen, immerzu als größte Demokratie berichten. Das ist nur ein Beispiel, um kenntlich zu machen, wie desinformierend, beziehungsweise nachlässig gegenüber Frauen berichtet wird.

Je mehr ich mich in meine Aufgabe begeben habe, die Ignoranz gegen Gewalt gegen Frauen aktuell zu kommentieren, umso unverzeihlicher finde ich das Scheitern bis zu den Frauenbeauftragten, die in vermeintlich guter

Absicht, mit „Respekt vor den Freiern", den Respekt vor Frauen aufgegeben haben. (Nachfragen erwünscht!)

Was durch die Liberalisierung der Prostitution in Deutschland zu Lasten der Betoffenen geschehen ist, auch mit Toleranz durch intersektionale narrative Umbenennung als Sexarbeit, hängt im rechtsfreiem Raum.

Wenn mein Text nun wegen des Abgabetermins enden muss, und die Lesenden so unzufrieden bleiben, wie ich es bin, liegt es nicht an mir, sondern an den Verhältnissen, die ich nur ansatzweise ins Bewusstsein bringen konnte.

Wie Abstraktes mit Konkretem in der Anrichtung zur Gewalt gegen Frauen zusammenhängt, hoffe ich jedoch verdeutlicht zu haben. Frauen sind tatsächlich die Letzten, die verschont werden, sobald Religionen oder die Lust der Pornografen den Frauen ihren Platz un-heimlich zuweisen. Dank der praktizierten intersektionalen Allianz muss diesem den Frauen zugewiesenen Platz mit Feminismus pro Geschlechterdemokratie aufs Neue begegnet werden.

Literatur

Bendkowski, Halina: Von der Notwendigkeit der Freiheit, sich nicht selbst behindern zu müssen. Plädoyer für einen dogmatischen Feminismus!, in: Haug, Frigga / Reimer, Katrin (Hrsg.): Politik ums Kopftuch, Hamburg 2005, S. 35-40.

Bendkowski, Halina: Warum ich für den Erhalt des Berliner Neutralitätsgesetzes eintrete, Initiative PRO Berliner Neutralitätsgesetz, 2018, http://pro.neutralitaetsgesetz.de/1050-2 (aufgerufen am 5.11.2020).

Lembke, Ulrike: Von #aufschrei bis #MeToo: Wo stehen wir im Kampf gegen Sexismus und sexualisierte Belästigung?, Veranstaltung am 22.1.2020, Humboldt-Universität zu Berlin | Juristische Fakultät, https://www.rewi.hu-berlin.de/de/lf/ls/lbk/veranstaltungen/von-aufschrei-bis-metoo-wo-stehen-wir-im-kampf-gegen-sexismus-und-sexualisierte-belaestigung (aufgerufen am 5.11.2020).

Terres des Femmes im Gespräch mit Halina Bendkowski: „Säkularität bedeutet die Aufklärung ernst zu nehmen und die Macht der Kirchen und aller Religionen im öffentlichen Raum zurück zu halten", Terres des Femmes, 2020, https://www.frauenrechte.de/unsere-arbeit/themen/gleichberechtigung-und-integration/aktuelles/4475-terre-des-femmes-im-gespraech-mit-halina-bendkowski-saekularitaet-und-berliner-neutralitaetsgesetz (aufgerufen am 5.11.2020).

Autorinnen

Mina Ahadi, geboren 1956 im Iran, gründete das *Internationale Komitee gegen Steinigung*, ein Netzwerk aus 200 Organisationen, und das *Komitee gegen Todesstrafe*. Als Koordinatorin und Sprecherin beider Komitees arbeitete sie weltweit mit Frauen- und Menschenrechtsorganisationen zusammen und rettete dadurch vielen zum Tode verurteilten Menschen das Leben.

Khulud Alharthi ist eine freie Journalistin, Kolumnistin für *Die Welt am Sonntag*. Sie hat dem Islam abgeschworen und ist 2019 aus Saudi-Arabien geflohen. Als politische Aktivistin brachte Khulud den Mut auf, sich für die Frauen in den islamischen Ländern einzusetzen und mit dem politischen Aktivismus gegen die unterdrückenden, patriarchalischen Regime zu beginnen. Sie hat einen BA-Abschluss in englischer Literatur der König-Abdulaziz-Universität. Khulud schreibt über Frauen und ihre persönlichen Erfahrungen. Ihrer Auffassung nach sind alle Schmerzen der Frauen ihre eigenen. Ihre Qualen haben eine Farbe und einen Geruch, die sie an ihre Vergangenheit erinnern.

Halina Bendkowski, Soziologin, erklärte sich als feministische Aktionsforscherin auch zur ersten feministischen Männerforscherin. Sie engagiert sich als Agentin für Feminismus für die Geschlechterdemokratie und hauptsächlich gegen Gewalt gegen Frauen engagierte.

Sie ergänzt ihre 2018 gehaltene Rede „Feministischer Geschichtsalarm“ zur 2. Frauenbewegung, gehalten als Einführung zu Helke Sander: „Resümee – 50 Jahre nach dem Tomatenwurf“ im Römer, Kaisersaal, Frankfurt am Main, am 14.9.2018, mit dem aktuellen Kommentar „Vor und nach Köln – Geschichte wird angerichtet oder Wider die *Narrativerei*!“

Naïla Chikhi, geboren 1980 in Algerien, unabhängige Referentin für die Themen Integration und Frauenpolitik. Sie war Dozentin für Deutsch als Fremd- und Zweitsprache bei den BAMF-Integrationskursen, später Referentin für Flucht und Frauenrechte bei der Frauenrechtsorganisation *Terre des Femmes* e.V. sowie Workshopleiterin bei MIND-Prevention, der Mansour-Initiative für Demokratieförderung und Extremismusprävention. Heute engagiert sie sich in verschiedenen Gremien, und leitet Fortbildungen für PädagogInnen sowie Workshops für junge weibliche Geflüchtete und Migrantinnen. Naïla Chikhi vertritt einen säkularen universalistischen Feminismus.

Davina Ellis, jüngstes Kind eines auf Jamaika geborenen britischen Soldaten und einer deutschen Mutter, ist hauptsächlich in Deutschland, England und Jamaika groß geworden. Sie ist „Anarchistin im Herzen weil forever young" und „pragmatische Demokratin im Kopf". In die Welt des Schreibens ist sie „irgendwie hereingestolpert". Sie liebt Streitgespräche, schlechte Filme und (Death)Metal. Außerdem engagiert sie sich bei der *Giordano-Bruno-Stiftung* (gbs) und der *Säkularen Flüchtlingshilfe.*

Ninve Ermagan, geboren 1998, arbeitet als freie Journalistin und studiert Geschichte und Politikwissenschaften. Sie ist Mitglied des *Zentralrats Orientalischer Christen in Deutschland.* Sie setzt sich für den Schutz unterdrückter Minderheiten, der Christen und Jesiden, ein. Darüber hinaus beschäftigt sie sich mit der Rolle der Frau in patriarchalisch geprägten Kulturkreisen, denn die Frau ist der Schlüsselpunkt zum dauerhaften Frieden, weshalb ihre Rechte gestärkt werden müssen.

Melanie Götz, Soziologin M. A., vor 20 Jahren zunächst in LGBTI-, dann feministischen und frauen(rechts)politischen Zusammenhängen aktiv, verfolgt seither kritisch die Umbrüche vom Feminismus der Neuen Frauenbewegung zum heutigen intersektionalen/Queer-Feminismus.

Monireh Kazemi verließ Mitte der 1980er Jahre nach mehreren politischen Zwischenfällen ihre Heimat, den Iran. Im Oktober 1988, ein Jahr vor der Wende, begann sie schließlich mit ihrem Studium in Berlin. In ihrer neuen Wahlheimat fand sie schnell ein Zimmer in einer gemischten WG, von der sie viel über Bürgerrechte und Gleichberechtigung in einer demokratischen Gesellschaft gelernt hat. Das hat ihr Selbstbewusstsein für ein selbstbestimmtes Leben enorm gestärkt.

Janina Marte, Studium der Soziologie und Ethnologie in Freiburg sowie der Kulturwissenschaften in Leipzig. Zuvor in der antifaschistisch und antirassistisch orientierten politischen Bildungsarbeit aktiv, beschäftigt sie sich heute überwiegend mit den Themenschwerpunkten Antisemitismus, Feminismus, Kulturrelativismus und Islamismus. Zuletzt wirkte sie bei der Leipziger Initiative gegen Islamismus und *Terre des Femmes e.V.*

Rebecca Schönenbach ist Vorsitzende von *Frauen für Freiheit e.V.* Der Verein setzt sich für die Sicherheit aller Frauen ein, denn die Freiheit und Sicherheit von Frauen ist die Grundvoraussetzung einer freien Gesellschaft. Schönenbach ist Diplom-Volkswirtin, zertifiziert in Schariafragen bezüglich Islamic Finance und Spezialistin für islamischen Extremismus. Die Bekämpfung von politischen Formen der Gewalt gegen Frauen sieht sie als essentiell für die Prävention von Radikalisierung.

Hannah Wettig schreibt als freie Journalistin seit 20 Jahren über arabische Länder und Migration, unter anderem für die *Jungle World*, *Emma* und *Die Welt*. Zu ihren Schwerpunkten gehören Geschlechterverhältnisse, Feminismus und Islamismus. Zu diesen Themen führt sie auch Workshops für die irakisch-deutsche Organisation *Wadi* durch. Sie hat fünf Jahre in Kairo und Beirut gelebt.

Feminististisches Bündnis Heidelberg (Hrsg.)

Was kostet eine Frau?

Eine Kritik der Prostitution
304 Seiten, kartoniert, Euro 18.-
ISBN 978-3-86569-317-4

Im Patriarchat zu leben bedeutet für viele Frauen, mit Armut, Ausbeutung und sexualisierter Gewalt konfrontiert zu sein. Die Prostitution stellt dabei eine besondere Bedrohung für Leib und Leben dar – von ihr betroffen sind vor allem Frauen in ökonomischen, sozialen und emotionalen Abhängigkeitsverhältnissen. In den Beiträgen dieses Sammelbandes wird die Verflechtung von Patriarchat, Kapitalismus und Prostitution aus feministischer Perspektive analysiert. Entgegen gängiger Debatten rückt zudem der Freier als Täter in den Fokus, der durch Sexkauf Gewalt gegen Frauen ausübt.

Wassyla Tamzali

Eine zornige Frau

Brief aus Algier an die in Europa lebenden Gleichgültigen
Aus dem Französischen übersetzt von Lou Marin
Mit einem Nachwort von Naïla Chikhi
175 Seiten, Klappenbroschur, Euro 15.-
ISBN 978-3-86569-308-2

In der Debatte um Identitätspolitiken setzt die algerische Feministin Wassyla Tamzali dem Mythos der kollektiven Identität die Erinnerung an den Kampf für Freiheit und Gleichheit entgegen. Sie verteidigt den universalistischen Feminismus der Gleichberechtigung gegen kulturalistische und postmoderne Einschränkungen. Ihre besondere Kritik gilt jenem Teil der europäischen Linken, die die Ideale und Ziele der Revolte von 1968 vergessen haben und sich kulturrelativistischem Denken ergeben.

Lale Akgün

Platz da! Hier kommen die aufgeklärten Muslime

Schluss mit der Vorherrschaft des konservativen Islams in Deutschland
240 Seiten, kartoniert, Euro 18.-
ISBN 978-3-86569-298-6

Selbstverständlich gibt es aufgeklärte Muslime, betont Lale Akgün, die es seit langem stört, dass das Bild des Islams in Deutschland mittlerweile von fundamentalistischen Stereotypen bestimmt wird. Davon profitiert nicht nur die fremdenfeindliche Rechte, sondern auch der politische Islam. Als säkulare Muslimin will Akgün auch andere darin bestärken, sich vom konservativen Gebots-Islam zu emanzipieren.

Alibri Verlag | www.alibri.de